JN298431

猿投古窯
さなげこよう

日本陶磁の源流

大石訓義 [著]

雄山閣

図版1　白瓷　短頸壺　重要文化財　9世紀　松永コレクション　福岡市美術館所蔵
高25.6cm　口径12.2cm　底径17.2cm

　9〜10世紀にかけて、猿投窯で盛んに造られた短頸壺の逸品。通常、蓋をともない火葬蔵骨器として出土する例が多い。この壺は美術品としての価値ばかりではなく、猿投窯の技術とその背景を知る上で極めて貴重な情報を提供しています。技術的には、まず肩の最大胴径の部分から釉ダレが始まっていることに注目したい。これはとりもなおさず、器体の上から篩のようなもので灰釉パウダーを振り掛けたことを示しており、自然釉のごとく柔らかな釉調に仕上がるために、筆者の常用する施釉方法でもあります。また、9世紀のものが総じて胴幅が広く肩の張りが強いのに対し、時代が下るほど縦長に変化しますが（Fig.16参照）、これは技術・センスの差、というより造る手順に起因します。あるいはロクロの性能が向上したのかもしれませんが、Fig.16が一気に挽き上げているのに対し、本品は、まず深鉢状に成形し、ある程度乾いたところで粘土紐を継ぎ足して上部を仕上げます。継ぎ足した部分は腰部に比べ水分が多いために収縮が大きく、口縁部が下がり、結果、肩が張り、メリハリのある造形になるのです（「技術編」ロクロ参照）。さらに注意すべき点は、灰単味ではこのような安定した釉調にはならず、明らかに長石質原料を20〜25％混入しており、既に長石の使用法と効果を理解していたことになります。ちなみに、この調合比率を逆転させれば青磁の基礎釉になります。この事実は猿投陶の真相を知る上で極めて重要な意味を持ちます（詳細は「資料編」猿投私見参照）。

1

図版2　白瓷　多口瓶　重要文化財　９世紀初期　愛知県陶磁資料館所蔵
径16cm　高22cm

　三好町黒笹36号窯出土。四足壺とともに猿投白瓷を代表する作品、重要文化財に指定されています。底が抜け落ち、窯内に放棄されたものですが、時代の産んだ造形とでもいえましょうか、神器と仏器を兼ね備えたような実に不思議な形をしており、見る者を古代に誘(いざな)います。この瓶の用途は定かではありませんが、奈良の薬師寺に類似の三彩多口瓶が伝えられているところから、実用品というよりも祭器として用いられた可能性が高いと思われます。肩に複数の注口を持つ、いわゆる子持ち壺は、中東から中央アジア、中国、そして朝鮮半島に至るまで広範囲に見られる器形です。猿投陶の意匠は、後述する淨瓶（図版9）のように、仏教の伝来に伴い、遠くインドなどからもデザインを取り入れ、伝播の過程で本来の用途とは別の意味付けをされる例も間々あります。

図版3　白瓷　四足壺　筆者作
径23×高16cm

多口瓶とともに猿投白瓷を代表する一品。信長の実弟で、利休七哲の一人に数えられる大名茶人、織田有楽により唯一、猿投陶で茶道具に見立てられた、京都市・相国寺慈照院に伝わる、重要文化財・四足壺の模写。他に京都清水寺、大津市比叡山延暦寺など、また、緑釉陶にも類例があります。この種の壺は蔵骨器として使用される例もあるようですが、正確な用途は定かではありません。須恵器の獣足壺の流れとみる向きもありますが、同じ獣足壺といえども、須恵器と白瓷は文化系統が異なります（「資料編」灰釉陶器とは参照）。中国の古陶磁は、その原型を殷時代の青銅器に求める意匠が多く、呼称もそれに準ずるようですが、唐時代に越州窯で焼かれた青磁器、水盂（水盛器）ともよく似ています。胴を巻く三本の突帯は呪術的な意味でもあるのでしょうか、この時代、盛んに用いられた意匠であり、経筒外容器などにも見られ、猿投窯衰退後は常滑の三筋壺などに引き継がれてゆきます。
尾北窯の篠岡97号窯からも4個体分の破片が出土しており、猿投窯だけの専売品ではありません。

図版4　猿投青瓷　琮形五角瓶　筆者作
径21.5cm　高16cm

　考古学では「猿投窯は青磁を目指した」とされていますが、実はその論拠はハッキリしていません。なぜならば、発掘調査、あるいは出土品からは青磁釉が試された痕跡を見出すことができないからです。猿投陶の意匠は舶載青・白磁、あるいは、法隆寺献納宝物などの金属製法器をモデルとする例が多いのですが、「真似た」のと「目指した」のとでは意味が違い、それを以って「青磁を目指した」とするには、根拠が希薄ではないでしょうか。
　図版4・5・6及びFig.15は、青磁の釉石と陶土の存在を確信し、猿投古窯跡周辺から

採取される原料のみを使用し筆者が完成させた青磁「猿投青瓷」(「資料編」古陶の呼称参照)です。その発色は高麗青磁と越磁の中間色、といった雰囲気をかもし出し、決して舶来物に劣るものではありません。この結果は、従来の「灰釉陶器が猿投窯にて開発された理由」といわれる、「豊富な陶土の存在」とか「物流の利便性」も然ることながら、猿投窯が「青磁を目指した」窯であろう有力な論拠となり得るのではないでしょうか。数ある候補地の中から、さして陶業地にふさわしいとは思えないこの地をピンポイントで推挙したテクノクラート(恐らく渡来技術者)は釉石と青磁土の存在を知っていた、としか思えないのです。にもかかわらず、青磁の実現に至らず灰釉陶器の開発に止まった理由とは何か？　「資料編　猿投私見」にてそのあたりの事情を推理します。

「琮(そう)」とはその原型を長江文化草創期、紀元前5～6000年頃にまでさかのぼる玉石に刻まれた算木様の意匠で、通常内側が円形、外側が方形をしています。円は天を、方は地を意味する「円天地方」の思想に基づくともいわれ、琮形瓶自体もその機能を具えていますが、巨大な五円玉のような円壁(へき：翡翠の一種)と方琮、対で呪術的祭礼に用いたとされています。後には優れた玉器の所有は権力の証とされ、戦国時代、至宝「和氏の璧(かしのへき)」をめぐり国家の存亡にかかわる大事件にまで発展しており、「完璧」はこの故事からきているのはご存知の通りです(『史記』　韓非子)。ちなみに、青磁色の推移は、後漢(25～220)から西晋(265～316)にかけての緑色透明な珪酸ガラスに始まり、大理石様の発色を以って上、瑪瑙様を特上、そして宋に至り翡色、つまり翡翠の発色を以って至上とします。しかし、翡色と呼ばれる表面をコーティングしたようなマッタリとした釉調は狙って出せるものではなく、宋磁といえども多分に偶然性に頼る発色といえましょう。筆者は火止めの際、炉内の残留カーボン濃度が影響するのではないか、と考えております。

日本では、尾張徳川家に伝わる(現東京国立博物館蔵)四角柱の重要文化財「青磁琮形瓶」が伝世品としてよく知られていますが、琮形瓶の多くは粉青釉(失透青磁)が分厚く施され、大小の慣入が釉面を走り、その器形とともに重厚感をかもし出しています。平安時代には喫茶の文化はありませんでしたので、頑ななまでに茶道具には手をだしませんでしたが、猿投青瓷の完成に際し、本作品は伝統的な方形琮瓶を五角にアレンジし、「置き水指」に仕立てたものです。

図版5　猿投米色青瓷　長頸筍瓶　筆者作
径13cm　高22cm

　本品は南宋時代（1127〜1279年）、龍泉窯にて盛んに作られた、いわゆる筍瓶をアレンジしたもので、猿投青瓷を酸化焼成したものです。青磁の分類ではこの手のモノを「米色青磁」と呼びますが、中国では本来、ライスではなく「栗の実」の色を意味し、郊檀下官窯にて優れた作品が焼かれています。その特徴は、造形もさることながら、二重慣入のかもし出す釉薬の絶妙な発色にあり、まさに玉器と呼ぶにふさわしい風格をただよわせ、見る者たちを魅了します。
　慣入とは釉薬と素地の熱膨張率の差により、冷却時に生ずるヒビのことですが、通常、釉薬の方が収縮率が大きいために一重の慣入になります。ところが、郊檀下官窯青磁は時間の経過とともに収縮率が逆転し、釉薬と素地の接点近くで細かい剥離現象、すなわち「シバリング」が発生し二重慣入となり、釉調をさらに趣きあるものにします。猿投青瓷でも採取場所により釉石が微妙に異なり、種類によっては写真のごとき見事なシバリング現象がおき、宋磁に勝るとも劣らない青磁になります。しかし、残念ながらこの釉石は既に使い果たし、今後この釉調の再現は困難かもしれません。

図版6　猿投青瓷蓮弁鉢　筆者作
径39cm　高12.5cm

　青磁の魅力とは、焼き物の持つその永遠性とともに、釉中に含まれるわずかな鉄分と素地土が反応し、清流の深淵のごとく分厚い釉層が織り成す美しい翡色にあるのはいうまでもありません。また、使い込むほどに慣入部に古びが入り風格を増してゆく、いわゆる「育つ」焼き物であることも、人々を魅了する理由の一つに数えられましょう。
　しかし、初心者は青磁の表面にばかり目がゆきがちですが、実を申しますと、青磁の真髄は釉薬を通して見る素地の品格といっても過言ではないのです（「資料編」4章　猿投白瓷の真相参照）。青磁自体は単純な石灰釉であり、釉石の研磨度合い、釉厚、焼成方法も大事な要素には違いありませんが、慣入の入り具合、透明・失透感、発色、表面の艶の様子など、多くは素地土が決め手であり、その性質によりまったく結果が異なる極めてデリケートな焼き物なのです。その貴重な粘土も開発工事で既に失われ、筆者の手元にある2トンほどを残すのみです。この土をやはり近くで産する凝灰岩質の粘土と混ぜ合わせ、配合比率により慣入の大きさ、発色などを調整して目的とする青磁に近づけるのです。図版6はつや消し・半失透・百砕慣入にシバリングを散らしたオーソドックスな青磁蓮弁鉢です。自然の素材を相手に仕事をしていますと、焼き物は「作るもの」ではなく、その土地の素材が「生み出すもの」ではないかとつくづく思うのです。

図版 7　須恵器　器台付遊蛙多口壺　筆者作
径15cm　高36cm

　須恵器はそれまでの野焼き土器とは違い、ロクロと窯を使用することにより得られる堅牢な焼き物であり、5世紀半ばに朝鮮半島からもたらされました。その機能性とシャープな造形は、たちまち支配層を魅了し、雄略天皇の命により河内国、上・下桃原（陶邑）にて 新漢陶部高貴 らにより生産が開始されます（「資料編」第1章　須恵器の時代参照）。
<small>やまとあやすえつくりべのこうき</small>
須恵器は焼き締め陶器の一種であり、日本列島のどこにでもある火山灰の固化した凝灰岩系の粘土で制作が可能なために、その技法はたちまち全国に拡散し、須恵器は8世紀半ばまで全盛を誇ります。しかし、間もなく次世代の焼き物、猿投灰釉陶器（猿投白瓷）の登場により、その座を猿投窯に譲り、徐々に衰退に向かいます。しかし、須恵器の制作・炭化焼成という独特の技法はそのまま白瓷窯に引き継がれ、猿投の陶土を使用し、大陸からの舶載陶磁器の国産化を目指す、という焼き物革命の一翼を担うのです。

図版8　須恵器　台付七連杯　筆者作
径31cm　高24cm

　6世紀前半、東海地方を中心に古墳の副葬品として作られた器形。名古屋市池下古墳、あるいは　遺存状態がよく、器種の豊富さから一括して国の文化財指定を受けた矢作川右岸台地に位置する豊田市大塚古墳（直径30m）の出土品などがよく知られています。本品は大塚古墳の須恵器に使用された粘土そのものを探し当て、多少アレンジして筆者が再現した台付七連杯です。
　それにしても、初期須恵器のデザインの発想の豊かなこと。このような器に料理が盛られ、目の前に据えられたらどうでしょうか。蓋を取るのに、禁を冒すような、小宇宙を覗き込むような、はたまたパンドラの箱を開くような不思議な気持ちになること請け合いです。
　時代は前後しますが、平安期には、蟹蜷（ヤドカリ）・霊蠃子（ウニ）・小蠃子（巻貝の一種）・石華（磯の生物、亀の手・フジツボなど）・鯉鱠（鯉のナマス）・雉（キジ）・楚割（鯛・鮫・鮭などの魚肉の干物）・干鳥・海月（クラゲ）・モムキコミ（キジの内臓の塩辛）・置鮑（殻付きのアワビ）・栄螺子（サザエ）・石陰子（磯貝の一種）、などを食しており（「陶芸編」平安の宴参照）、人間の「美食」に対する飽くなき執着は古今を問いません。6世紀にも既にかなりの珍味が揃っていたと想像しますが、貴方ならこの器でどのような演出をなさいますか。

図版9　白瓷　淨瓶　8世紀末　本多コレクション　愛知県陶磁資料館蔵
径11.5cm　高28cm

読んで字のごとく、お清めした水を肩の子口から入れ、上部の口から注ぐ密教法器、法隆寺献納宝物の響銅製淨瓶（白鳳－奈良時代）、福島県郡山市出土の二彩淨瓶などがよく知られています。本来は金属製ですが、大変に貴重なものであり、大寺院といえども容

易に手に入るものではありません。白瓷淨瓶は代用品として畿内をはじめ、各地の寺院などに納められ、猿投窯では長期にわたり生産された定番製品の一つであります。貴族の日常を描いた平安絵巻の片隅にも登場するところから、宮中では水注ぎとしても日常使用されていた様子がうかがえます。

アジャンタ石窟群は前1世紀から6世紀にかけて断崖をくり抜いて築かれた、世界遺産にも登録されている大小30窟からなるインドを代表する仏教遺跡の一つです。第26石窟はインド最大の涅槃仏（7m）で知られていますが、台座に淨瓶のレリーフが彫られているところから、仏教とともに、はるばるインドから伝わった、聖なるデザインであることがわかります。

だいぶ前の話になりますが、お世話になりましたインドの友人（政府関係者）から、ムンバイ（旧ボンベイ）にて政府主催の陶磁器展を開催するので賛助出品をしてほしい、との依頼を受けました。インドと日本を結ぶ焼き物といえば淨瓶が思い浮かび、白磁の筆立てとともに進呈したのです。しばらくして丁重な礼状が届きましたが、その手紙を見て吹きだしてしまいました。…。尾篭な話で申し訳ありませんが、南アジア各地では現在でも少し田舎に入ればトイレで排泄後、紙ではなく、右手で水の入った容器（多くは空き缶）を持ち背後から流し、手前から左手指で洗浄して事をすますのが普通です。したがって、イスラム教徒と同様、不浄な左手で握手をしたり、物をやり取りしたり、食事をするのはタブーなのです。筆者の生活にかかわることですので、絶対に口外しないでいただきたいのですが、実をいいますと、淨瓶の本来の用途は高貴なお方の使用する「お尻洗浄器・ビデ」だというのです。なるほど。経験者ならば、その使い勝手の良さに合点がゆくはずです。筆者は淨瓶の奇想天外ながら、その精錬されたデザインに常々感服しており、考えた人間は天才ではないかと敬意の念を持っておりましたが"用の美"とは、まさに淨瓶のことをいうのですね。しかし、日本に伝えられる長い道中、どうやら"洗"の字を何処かに置き忘れてきたようです。…。これで淨瓶は売れなくなります。

図版10　唐白磁千足硯を模した蹄脚硯　筆者作
径21cm　高10cm

　文房四宝（墨・硯・筆・紙）の一つ、蹄脚硯の写しです。鏡面を支える脚が馬蹄に似ているところからこの名が付けられました。古代中国では、松脂で固めた丸薬のような軟墨を乳棒のようなもので擂りつぶして使用したともいわれますが、六朝時代（222年〜）に入りますと陶器製の硯が主流になります。
　大陸では、唐代（618〜907年）、既に磁胎に透明釉を施した白磁が完成しており、その製品は当然、日本にも持ち込まれていました。猿投窯、あるいは尾北窯で盛んに生産され、平城京などに納められた蹄脚硯は、元々、唐の白磁千足硯をモデルとしたものです。
　尾北・猿投窯跡からは、"調用窯"という性格上、風字硯、円面硯、猿面硯、宝珠硯、鴨首硯、獣面硯、三足硯など、いろいろな種類の硯の破片が出土します。伝世のものでは、正倉院に伝わる有名な風字硯「青斑石（蛇紋岩）硯」。東京国立博物館蔵の法隆寺献納宝物に、大甕の破片を加工して硯に見立てたもの。伝聖徳太子愛用ともいわれる使い込まれた須恵器の猿面硯。などがよく知られています。
　個展などに陶硯を出品しますと珍しがられますが、石製の硯が登場するのはずっと後で、端渓などに産する石製の硯が唐代（618〜907年）に登場し、宋（960〜）に入り主流になるようです。日本に伝えられるのが、通説では11世紀に入ってからとされますが、『和名類聚抄』巻5・21に"硯　書譜云用硯　五甸反　法石為第一　瓦為第二　和名須米須利"とあり、まだ発見例はないようですが、既に『和名抄』編纂時の931年には、最高級品として石製の硯が使われていたことを示しています。

図版11　白瓷　火舎　10世紀　筆者作
径28cm　高8cm

香炉の一種。大きさは40cmを越すものから6cm内外、有蓋・無蓋、いろいろあります。日本では、火舎を中心に据え、両脇に六器（埦皿3口ずつ）、花瓶を外側に配置する密教の供養具として使用されます。しかしその用途は広く、十二単など衣服を衣紋掛けに吊るし、下で香を焚き、香り付けするための器でもあります。この「燻衣香(くのえのこう)」を最大限に活用したのが平安京きってのプレイボーイ、光源氏です。薫香焚き込んだ衣服をまとう光源氏が歩む後を、えもいえぬ貴風が追い、風下には姫たちがひしめいた（筆者の想像ですが）といいますから、効果てき面です。ついでながら、香に関する記述は、

・595年：『日本書紀』推古天皇3年、
　　沈水(ちんすい)（香木の一種：沈香(じんこう)）、淡路島(あはじのしま)に漂着(ひよ)れり、其の大きさ一囲(ひといだき)。島人(しまひと)、沈水といふことを知らずして、薪(たきぎ)に交(か)てて竈(かまど)に焼(た)く。其の煙気(けぶり)、遠く薫(かお)る。即ち異なりとして献(たてまつ)る

　　　　　　　　　　　　　　　―『日本書紀』　岩波書店　1993年版

とあるのが最初です。
さらにディープな話をしますと。中国の大作映画などに時々その場面がでてきます。皇帝に夜伽をする前に、女性は燻炉（火舎）をまたぎ、香を体に移してから寝室に入るのです。淨瓶にしても、火舎にしても、決して象徴的なものではなく、高貴な方々の使用する洗練された実用具なのです。

13

図版12 白瓷 花文手付瓶 筆者作
径15.5cm 高21cm

　原型は平安中期頃に盛んに輸入された唐代の越磁をモデルとしており、やはり猿投窯では大量に生産された定番製品の一つです。猿投では主に最高級品である緑釉刻花手付瓶の素地として黒笹K-90号窯などにて生産されましたが、平安宮中の宴の様子を詳しく伝える「類聚雑要抄(るいじゅうざつようしょう)」によりますと、酒注には提(ひさげ)（片口に取っ手をつけた銀器）を、水注には片口銀器を使用しており（「陶芸編」平安の宴と飲食器参照）、この手付瓶がどのように使用されたのかハッキリしません。ただ、平城京、有力寺社、地方の豪族邸跡、古墳などからの出土例が多く、銀器、あるいは舶来青・白磁を使用するまでには至らない格式の宴席に用いられたのかもしれません。造り方は、紐造りにより大方の形を作っておき、ロクロで仕上げますが（「技術編」ロクロの実際参照）、瓶子と同様、形が単純なだけに"味"を出すのはなかなか難しく、ロクロの腕とセンスを磨くのには打って付けの器形といえましょう。

図版13　猿投　袈裟襷文経筒外容器　筆者作
径18cm　高43cm

　お釈迦様の滅後、「正法」「像法」を経て、法力が効力を失う「末法」の世に入ります。永承7年(1052年)が末法元年とされ、飢饉、疫病、天災、盗賊の横行、僧侶・寺の腐敗などの現実が重なり、民衆の間に不安が蔓延します。時代は前後しますが、鴨長明の『方丈記』によりますと、平安も最末期、養和の大飢饉(1181・82年)では、平安京は42,300余の餓死者で埋まり、腐臭が蔓延し、加茂川に放り込まれた遺体が堰をなしたといいますから凄まじい。長い間、退廃の世が続き、56億7000万年後に、ようやく現在修行中の弥勒菩薩が仏に昇格し、再び仏法が復活する。その時まで経文を守らなければならず、銅製の経筒に収めた経を白磁香合などとともに陶器製の外容器に納め、土中に埋めておく埋経塚が盛んに造られました。つまり、経筒外容器は、古代のタイムカプセルなのです。

図版14　常滑　経塚壷　筆者作
径37cm　高39cm

　猿投窯ではいろいろな種類の経筒外容器が焼かれましたが、その流れを引き継ぎ、平安末期には、渥美窯にて、さらに改良の加えられた製品が数多く造られ、伊勢地域、熊野本宮、奥州藤原氏など有力寺社、個人などに納められます（「資料編」第2章参照）。また常滑においても、経筒外容器の代用品として経塚壷と呼ばれる中型の壷が盛んに焼かれ船で全国に運ばれています。
　焼きぬいた土の表情には野武士のごとき荒々しい魅力があり、その意味で、壷にかんしては平安末期から鎌倉初期にかけての常滑壷が筆者は好きで、窯を焚く時には必ず何本か入れます。本品は比較的耐火度の低い常滑の「田の土」で造った経塚壷ですが、釉薬の流れ具合がうまくいった例です。猛火を浴び、本来ならば倒れているところですが、壁に寄りかかって助かった運のよい壷です。

はじめに

　本書を手にされている読者諸姉兄は、「猿投古窯」にかぎらず、焼き物全般に既にある程度の知識をお持ちの方々だと思います。御承知のように、「猿投古窯」は、朝鮮半島から伝えられた須恵器の技法により、中国大陸から持ち込まれる青磁や白磁を、尾張地方（現愛知県）の原料を用いて国産化を図り、その模索する過程において、本邦初の高火度施釉陶器、「猿投白瓷」を産みだしたことで知られています。

　昭和29年（1954）にその存在が知られて以来、名古屋市近郊という事情もあり、すさまじい開発の波に追われるように、多くの識者が見守る中、短期間に集中して綿密な発掘調査が行なわれました。その結果、おびただしい数の古窯が次々と姿をあらわし、それまで空白であった奈良－平安期の日本陶磁史を一気に埋める大発見となったのです。

　「猿投古陶」は本邦初の国風陶器といえますが、日本陶芸の原点というにとどまらず、伝統文化の多くが芽生えた古代社会の諸事諸々を内包した、時代の証言者でもあります。

　古代の史実を探る行為は、複雑な立体ジグソーパズルに挑むようなものであり、困難を極めますが、焼き物はその解明に重要な役割を果たしてきたのは御存じの通りです。裏を返せば「猿投古窯」を深く掘り下げてゆく行為は、東アジア情勢をはじめ、流通・経済、文化・技術の移入、政治形態の推移といった、古墳－平安期の歴史の一面を発掘することにほかなりません。その意味でも、発掘調査で得た情報を、関係する各学問分野に蓄積された成果と照合し、いろいろな角度から検討を加え、質の高い結論を得るのが歴史学・考古学の責務だと思うのです。

　8世紀中頃の灰釉陶器発生から、粗雑な山茶埦窯に転落する12世紀まで、猿投窯の推移は、発掘調査に主導的な役割を果たされた名古屋大学名誉教授、楢崎彰一氏の論文をはじめ、各自治体の「発掘調査報告書」、愛知県陶磁資料館の「研究紀要」などに詳しく報告されています。考古学は一面、統計・

分類学でもあり、発掘に汗を流し、圧倒的に出土品に接する機会の多い研究機関の公論に対し、確かな論拠なくして意見を述べることはできません。「猿投論」は、ここしばらくは、よほどの発見でもない限り、社会学的な考査が加えられるものの、今日までに蓄積された、古窯の分布・発掘状況、器形の推移といった考古学的根拠に基づき定義化が進められる、というのが実情ではないでしょうか。

　考古学は主観を最小限に抑え、発掘調査から得た客観的データを濃縮し、推論の精度を高めてゆく学問であり、それから得た成果は一面の事実を語るものに違いありません。しかし、同じ窯で焼かれた陶器でも、寺社、あるいは宮廷、国衙など需要者側から出土した場合、状況によっては社会・歴史学は別の結論を導くこともあり、必ずしも、その連携がうまくいっているとは限りません。

　いずれにせよ、歴史・考古学の目指すところは、調査結果が当時の人々の営みといかにかかわり、今日の我々にどのような遠因をもたらしているのか、明らかにすることにあります。「結論」という最後の一点は研究者の主観にゆだねられますが、確かなデータに深い思慮を加え、精錬された「結論」には必ず感動が伴うものです。"事実は小説より奇なり"というではありませんか。一見、非日常的と思われる「平安時代の焼き物」ですが、吟味された資・史料を正確に確実に一つひとつ積み重ねてゆくと、そこには古今を問わぬ、かなり興味をそそるドラマが展開するはずです。題材としては申し分なく、優れた脚本に仕上げるためにも、説得力のある確かな論拠が必要であり、編年に出土物をちりばめるだけの機械的作業であってはならないと思うのです。

　焼き物は、繊維、鍛冶とならび、「原料・技術・生産・需要」の4要素により成り立つ古代の主要産業の一つであります。「生産」は出土状況からある程度、推測は可能ですが、「原料・技術」につきましては人文科学系による解釈には限界があり、机上の推論を重ねた論調が目につきます。

　筆者は陶芸入門以来、一貫して東海地方における古代陶の研究をライフワークとする、恐らく唯一人の猿投陶の専門家です。時々、猿投陶の"レプリカ造り"と勘違いされますが、本業は、古陶から多くを学び、新たな"美"

を模索する陶芸家であります。猿投陶の再現は、古陶の技法を習得するのに必要なトレーニングとして始めたのですが、結果的に実験考古学の分野に足を踏み入れることになりました。長年（2008年現在31年）の実践経験から得たノウハウ（情報）が、「猿投論」における技術・生産面の推論を補強し、補足、あるいは、修正するのに貢献できるのではないかと考え、執筆を始めたのが本書です。

「猿投論」とは、すなわち「猿投古窯の定義」のことにほかなりません。しかし、古墳-鎌倉期700年の長期におよぶ「猿投古窯」の背景は広く深く、流動的であり、そこに「定義」を求めるのは容易なことではありません。「原料・技術・生産」は工学系であり、比較的に因果関係がハッキリしていて説明しやすいのですが、難しいのは「需要」を取り巻く環境です。時代・政治・経済・社会・物流・技能など諸事情が相互に関連し、「猿投論」を捉えどころのないものにしています。しかし「猿投古窯」の専門書を執筆するに当たり、この点に触れないわけにはゆきません。古文書をひも解き、調査報告書を見直し、先達諸氏の研究成果、お知恵を拝借し、可能な限り客観的なデータに基づき、「確かな点」、「推論の信頼度」、「不明な点」、を浮き彫りにし、今後、検討すべき課題を鮮明にするのも本書の役割といえましょう。

青磁の祖形とはいえ、灰釉薬を施しただけの猿投陶は単純な焼き物です。しかし、決してあなどってはいけません。単純なだけに、陶芸の基本のすべてが凝縮されているのです。たとえ、茂る枝葉の一葉から入ろうとも、追求することによって幹にたどり着き、ついには根っ子に到達する。そこに至り、初めて木全体が把握できるように、日本の焼き物を突き詰めてゆくと必ず猿投陶にぶつかります。猿投陶をさらに深く追求してゆくと、その過程において"焼き物の何たるか？"、実に多くの知識が与えられ、おのずと陶芸全般を理解できるようになるはずです。その意味で、本書は「猿投古陶」の専門書とはいえ、図らずも、ハイ・アマチュアの陶芸入門書としての性格をも併せ持つ内容となりました。読者諸姉兄が焼き物の蘊奥（もっとも奥深い部分）に触れ、陶芸のみならず、日本文化に対する造詣をさらに深めていただく一助になることを願い、かなり専門的かつ高度な技術的内容を含みますが、できるだけ噛み砕き、分かりやすい表現に努めたつもりです。

"作品を以って持論の証とする"のが"物造り"本来の在り方ですが、それを不慣れな文章に翻訳するのにはかなり苦労しました。文の構成など、読みづらい面、未熟な面多々あるとは思いますが、どうぞ御容赦を賜りたい。

2008年5月　大石訓義

目　　次

はじめに　1

〔Ⅰ〕猿投古窯資料編

猿投古窯とは？　10

第1章　猿投古窯の変遷 ——————————————15
1．古墳時代後期〜奈良時代中期（5世紀中期〜750年）
須恵器の時代 ——————————————18
須恵器の伝播経緯　18
美濃須衛窯　30
尾北窯　31
猿投窯　32

2．奈良時代中期〜平安時代中期（750年〜950年）
須恵・白瓷兼業の時代 ——————————33
灰釉陶器とは？　41
弘仁瓷器について　44

3．平安時代中期〜末期（950年〜1100年）
猿投窯の最盛期から衰退、終焉へ ——————47

第2章　猿投窯を取り巻く諸事情 ————————51
1．陶工たちの制作環境 ——————————51
2．資源消費と生産量 ———————————56
陶土　58
薪　60
猿投窯の資源消費量と生産量　62

5世紀後半以降～750年　63

　　　750年～950年　64

　　　950年～1100年　65

　　　猿投製品の需要・供給バランス　66

　３．尾張・美濃の古道・物流事情 ——————————68

　　　尾張・美濃の古道　68

　　　陸運　74

　　　水運　79

　　　渥美窯と常滑窯　80

第3章　技術からみた猿投古窯 ——————————83

　１．猿投古窯の陶土 ——————————83

　２．ロクロの回転方向 ——————————85

　３．水濾について ——————————88

　　　須恵器の本場　新羅の水濾方法　89

　４．釉掛け ——————————91

　５．白瓷窯について ——————————92

　　　窖窯構造の推移　94

　　　薪の樹種と窯構造の相関関係　97

　　　燻焼還元焔焼成　103

　　　分炎柱　105

　　　船底ピット　108

第4章　猿投私観 ——————————111

　１．古陶の呼称 ——————————111

　　　土器・土師器　111

　　　須恵器　114

　　　青瓷・白瓷　115

　２．青瓷私見 ——————————118

　　　猿投窯消滅の根本原因　118

　　　猿投白瓷の真相　122

〔Ⅱ〕猿投古窯技術編

1. 原料について ────────────────── 132
   焼き物と粘土　132
   猿投古窯の陶土　134
   粘土ホール　138
2. 轆轤（ロクロ）技術 ────────────── 139
   ロクロの歴史　139
   ロクロの実際　142
   古代の陶技　146
   歪み　150
3. 釉薬の原理 ──────────────────── 151
   ゼーゲル式と天然原料　152
   猿投山周辺の釉薬原料　154
   伝統釉薬の主原料―灰　157
   釉薬の取り扱い　159
4. 窯焚き ───────────────────── 160
   基本　162
   ガス窯　164
   須恵・白瓷窯　166
   薪投入口の開閉問題　172
   炉材　176
   焼き締め陶と灰釉陶　178
   窯出し　181
5. 燃料について ─────────────── 183
   燃料のいろいろ　186
   薪作り　189

〔Ⅲ〕猿投古窯陶芸編

1．焼き物の美 ──────────────── 193
　素　材　194
　土地柄　199
2．猿投陶、美の本質 ─────────── 201
　猿投窯の思想的背景　202
3．古陶の復元 ──────────────── 206
　原料・技法と造形　208
　主観の排除　210
　元を写す　211
4．平安時代の宴と飲食器 ──────── 213
　平安京の宴　215
　宴席の飲食器　217
5．私見－美術・芸術とは何か？ ──── 221
　美と哲学　223
　日本の美　231
　物の見方　234

コラム

編年について　16	粘土は何故粘るのか　134
国司苛政上訴　40	骨壺の話　157
ワンについて　60	左馬　161
東山道神坂峠　74	「真・善・美」　203
傾斜角90度の酸化窯　102	貝の形　227
鉛丹　124	ピュタゴラス教団　229

あとがき　237　　　編年表　239　　　参考文献　249

Ⅰ 猿投古窯　資料編

猿投古窯とは？

Fig.1　猿投山遠望(豊田市加納町から)

　日本の文化をたどると、その起源の多くは奈良－平安期にゆき着きます。焼き物も例外ではありません。猿投古窯。知る人ぞ知る本邦初の国風陶器であり、日本陶磁の原点ともいうべき学術的にも美術史的にも重要な古窯であります。

　愛知県尾張東部から三河西部の低丘陵地に、籐四郎焼あるいは行基焼と呼ばれる無釉の塊や小皿の破片などが出土するのは以前から知られていました。しかし、この辺りで焼き物といえば、山一つ向こうの瀬戸か美濃、あるいは常滑など中世以降の窯を指すのであり、それらは瀬戸周辺の低級な雑器窯くらいとしか認識されていませんでした。

1954年頃、灌漑のために木曽川中流域から水を引き、尾張東部の丘陵地を貫き知多半島南部に至る愛知用水の土木工事が行なわれました。工事に伴い沿線に点在する古窯の破壊が進み、地元の貴重な文化財が失われるのを憂いた、企業家であり古陶磁の研究家としても知られる故本多静雄翁（1898～1999年）は、それらの窯址から出土する古陶器を買い集めたのです。翁はその中に釉薬が施されたと思しき奇妙な陶片があるのに気付き、早速発見現場に出向き掘り返したところ、おびただしい数の陶器片が出てきました。これが瀬戸に先んじ本邦初、人工施釉の灰釉陶器を産み出した猿投古窯発見のきっかけとなったのです。

　翁の働きかけにより名古屋大学、楢崎彰一教授指導の下、精密な発掘調査が行なわれ、その結果、古墳時代後期から鎌倉初期まで、700年の長きにわたり操業した一千基を超す古代から中世初期にかけての大窯業地が姿を現したのです。その分布は名古屋市東部から豊田市西部、南北は瀬戸市から刈谷市北部まで、およそ20キロ四方の広域に及び、この大発見によりそれまで空白であった奈良－平安期の陶磁史が一機に埋められたのです。

　愛知県、三河と尾張を分かつ霊峰、猿投山（629m）の西南方向に位置するためにその名を冠し、猿投山西南麓古窯址群（さなげやませいなんろくこようしぐん）、略して猿投古窯と名付けられました。命名の経緯は、筆者がまた書きをするよりも、猿投古窯の発見に重要な役割を果たした御本人、本多静雄翁の著書『愛陶百寿』（里文出版）から抜粋させていただくのが適切だと思います。

　そして、その最初のときに加藤唐九朗さん、それから名古屋大学の澄田教授、楢崎助教授と私の四人で、黒笹の第三号のところに立って、この古窯群の名前を付けないと、何かと具合が悪いじゃないかと言うことになりました。それで私は、ちょうど尾張と三河の境で、つまり国境に沿った両側に窯がある。尾三国境の古窯跡群と名づけたらどうかと申しましたら、澄田教授がちょっと考えて、いや、またこの窯址は、後から後から発見されてくるかもしれんから、もっと広い名前が良いだろう。ここから見ると猿投山の頂上が見えている。あそこから西の方と南の方、猿投山西南麓古窯址群としたらどうかと澄田教授が申されました。そお、それが良い、窯址がたくさん出るでし

ょうからね、と私も言ったわけですが、それで結局これを略して猿投古窯と命名したもので…。

　昭和31年(1956年）との事です。広域に及ぶ、掴みどころのない古代の大窯業地に古式ゆかしい「猿投」の名を冠したのは卓識といえましょう。しかし、その後の調査の結果、古窯の中心地は名古屋市東部から三好町にかけての低丘陵地であることが判明しました。そのために「猿投古窯」という名称は地理的にも陶磁史的にも、遠く離れた猿投山周辺に点在する中世以降の瀬戸系窯と混同、誤解されやすく、紛らわしい名称になってしまったことは否めません。結果は残念なことになりましたが、しかし、既に学術的に定着した呼称であり、今更変えても混乱を招くだけです。ここは、発見者、命名者の名誉を尊し、「猿投古窯」の呼称を是とすべきだと思います。

　「さなげ」。何とも不思議な響をもつ名前ではありませんか。その名の由来

Fig.2　猿投神社境内

は、猿投山を御神体とする三河国・三ノ宮、猿投神社（延喜式には狭投神社とも記載）の『由緒記』によりますと、

「景行天皇五十三年、天皇伊勢に行幸、常に猿を愛し、玉座に侍しむ。猿に不詳あり。天皇憎みて伊勢の海に投げ給う。その猿、鷹取山に入る。日本武尊東征の時、壮士三河国より来て従う。平定の後、尊に曰く、先に慈恩を蒙れる猿なり勅恩に奉ずるため、こ従（貴人の供をすること）し奉ると言い終わって鷹取山に入る。猿投山の称、これより起こる」

第12代、景行天皇（西暦71年の即位、在位60年）は、見染めた美濃の娘を迎えに長男、大唯命を遣わしますが、そのまま同棲してしまい帰ってこない。そこで、弟の日本武尊を説得に向かわせるのですが、兄を殺してしまい天皇の怒りを買い非業の最期を遂げる話は『古事記』でお馴染みです。経緯は定かではありませんが、猿投神社はまさにその大唯命を主祭神とする神社であり、猿投山の中腹に墓碑がひっそりと立ちます。

本編では人文・自然科学の両面から、次編では技術面を、そして最後に美術品として猿投陶の徹底分析を試みるわけですが、その前に猿投古窯の概略を説明しておきますと、

・5世紀中頃、朝鮮半島から須恵器の技術が伝えられ、大阪府南部の陶邑にて生産が開始されます。暫くして、名古屋市東部の東山丘陵地においても須恵器の生産が始まり、そこで焼かれた須恵質埴輪は大王の陵墓を飾った。これを以って猿投窯の起源とする・

・朝鮮半島の須恵器の技術を駆使し、猿投に産する原料を用い、大陸からの舶載青磁の国産化を図るという、8世紀半ばにおける最先端文化・技術・情報を結集したハイテク窯。

・青磁を模索する過程で本邦初の高火度施釉陶器、すなわち猿投灰釉陶器（白瓷）を産みだす。それらの意匠は中国からの舶載青・白磁をはじめ、法隆寺献納宝物である金属器（佐波里）などがモデルとされた。

・以降、11世紀までの300有余年にわたり本邦、最大規模かつ最高の技術を誇り、その窯跡は鎌倉初期の山茶埦窯までを含めると総数1千基を超える。

・官営窯とされる性格上、硯などの文具類をはじめ、香炉・仏具・祭器・高級食器など特殊器種が数多く生産され、その供給先は藤原京・平城京・平安京・官衙・寺社・貴族階級・地方豪族など、支配層に限られていた。

・平安も時代とともに移ろい、社会や政情の変化、技術の拡散に伴い各地で粗悪な製品が乱造されるようになり、猿投窯製品はかつての須恵器同様、次第にその特殊性を失い衰退に向かう。しかし、その技法は北に瀬戸・美濃へ、南に渥美・常滑、遠くは越前にまで伝承され改良を加えつつ、後の六古窯と呼ばれる、今日なお存続する中世窯に引き継がれ、日本陶磁の礎となる。

といったところでしょうか。神器・仏器・祭器・文具など、猿投窯の産み出した多様な焼き物は、単に器物というに止まらず、まさに日本国の生い立ちを物語る時代の証言者といえます。猿投窯発見以来50余年、目ぼしい窯跡の発掘調査はほぼ終わり、窯跡の状況・分布、出土品の種類・寸法・形状の推移といった統計・分類的データはほぼ出そろいました。それら膨大な資料が物語る猿投窯が、誰により開発され、どのように運営し、どのような役割を果たしていたのか、可能な限り客観的なデータに基づき、従来の見解とは異なる"造る側"の視点からその真相に迫りたいと思います。

第1章　猿投古窯の変遷

　本章の目的は2つあります。一つは、これまでの発掘調査により判明している猿投古窯の情報を読者諸姉兄に伝えること。いま一つは、その情報に潜む真相を模索し、そこから整合性のある猿投窯の推論を導き出すことです。

　猿投古窯は日本陶磁史における大発見であり、発掘に必要な資本と優秀な人材が投入され、その結果まとめられた「猿投編年」は膨大な発掘データに裏付けられた確かな資料です。「猿投古窯」の定説化はこの「編年」に沿って進められてはいますが、しかし、出土事例を年代配列した「編年」はいわば「縦軸」であり、単独で絶対年代を絞り込み、背景を固定するためには、客観的な論拠の補強を必要とします。焼き物に限りませんが、厳密にいえば、古文書の記述、消費地における確かな物的証拠、歴史学との相関性など「横軸」と交わり、初めてその座標が定まるのではないかと思うのです。考古学は水面に浮いた氷の一角という限られた資料から水面下の多くを予測し、より合理的な推論を導く学問ですが、研究者個々人の見識に依存する部分も多々あり、しばしば論争の火種となります。

　たとえば、灰釉陶器のみならず、陰刻文を施した緑釉陶器の素地など多くの器種を生産し、猿投窯が最も華やいだ時期を象徴する窯として黒笹地区のK‐90号窯がよく知られていますが、かつて90号窯の実年代の推測は生産地と消費地で割れていました。窯跡の灰原から宋銭である皇宋通宝（1039年）が出土し、これを根拠に操業を11世紀とする楢崎説。消費地である平城京の側溝からK‐90号様式の碗・皿が木簡や皇朝十二銭（708〜963年に日本で鋳造された銅銭）を伴い多数出土したことから、9世紀後半から10世紀初頭を主張する高島忠平説。そのくい違いは実に150年近くに及び、「猿投編年」の信頼性まで揺らぎかねませんでした。双方とも古銭・木簡という可動物を根拠にしているため、有力な目安とはなりましょうが、それを以って時代を特

定するのが適切かどうか、裏付の信憑性という考古学上の根深い問題も浮上します。

あるいはまた、"猿投窯は官窯である"というのが考古学の暗黙の了解ですが、しかし、その論拠は、猿投窯を代表する製品の特徴、すなわち、法量規格、　優れた品質、　豊富な器種、　特殊な器種生産を可能にする情報、刻文瓷器の数少ない製造元、　緑釉瓷器との関連、　官衙・支配層に限られる供給先など、これらを総合判断すると官の関与を考慮せざるを得ない、とする漠然とした認識に頼っているのです。

猿投窯を取り巻く諸事情は多岐に亘り、「縦軸」と「横軸」が複雑に絡み合い、各論レベルで真剣な討議・研究がなされている最中であり、確たる猿投古窯論がまとまるのには、まだしばらく時間がかかりそう、というのが正直な印象です。

各研究機関の倉庫には、まだ整理の追いつかない膨大な資料が眠っています。また近年、飛鳥・藤原京跡などから陶邑産に混じり、新たに猿投産の須恵器が見つかるなど状況も流動的ですが(注1)、それをいい出したらキリがありません。

社会やテクノロジーが複雑化した今日とは違い、焼き物は、古代において

> **コラム**
>
> **編年について**：考古学において、出土品の年代配列は通常「編年」という形で説明されます。つまり出土品をグループ「属性」に分類し相対年代を割り出そうというものです。サンプルの数が多いほど「属性」の精度は高まりますが、厳密にいえば、研究者の意向が入りやすい「属性」の信頼度が常に問題になり、他地域の出土品、あるいは絶対年代との整合性にズレが生じ、しばしば考古学上の争点になります。
>
> 陶邑と猿投、あるいは九州・東北などの焼き物は、それぞれ研究者の想定により編年分類されていますが、各地域における専門家同士間の認識基準という一面があり、一般には分かりにくいのが普通です。しかし、猿投古窯に関しては、多くの研究者が討議を重ね、その結果、巻末に付した、誰にでも分かりやすく、実年に対応した編年表が作成され、濃尾地域における焼き物の年代判定の基準になっています。博物館の展示なども注意して見ますと、この編年表に沿って陳列、説明がなされているのに気付くはずです。

Ⅰ　猿投古窯　資料編

常に最先端の技術と最新の文化を取り込んだ、時代の指標ともいうべき代物であるのは御承知のとおりです。土器から須恵器、そして灰釉陶器へと明快に進化する猿投古窯の歩みは、背景にある歴史の推移と歩を同じくしたに違いありません。そして、その仮定が正しければ、これまでに考古学が蓄積した成果を信頼できる「横軸情報」と絡め、対比することにより猿投古窯の大要が浮き彫りになるのではなかろうか。そのような想定の下に、少し味けないとお感じかもしれませんが、『日本書紀』『続日本紀』などの古文書と猿投窯の変遷を照合する形で、猿投古窯の何たるか、その実態を模索してみようと思います。なお、技法につきましては「技術編」を。寸法・形状の推移といった、さらなる詳細をお知りになりたい方は、末尾にあげた各機関発行の研究紀要、発掘調査報告書、年報などを参考にしていただきたい。

　表1は数多くの発掘調査を指揮された楢崎彰一名大名誉教授がまとめられた、5世紀後半から1100年における猿投古窯の地区別・時代別の「須恵器窯」、「須恵・白瓷兼用窯」、「白瓷窯」の集計データです。平安中期以降に乱築された800基ともいわれる山茶埦窯は含みません。1980年作成とデータは少し古く、数に多少の変動はあるものの、傾向に変わりはありません。実年別に集計してあるため分かりやすく、この表に沿い猿投陶の変遷を、〜750年、

地区	年	〜750	750〜950	950〜1100	時期不明	計
東山		48		12		60
岩崎		13	30	17		60
折戸			40	20		60
黒笹		1	48	49	9	107
黒笹南部			17	25	1	43
鳴海	鳴海	11	44	15	14	89
	有松			5		
瀬戸				19		19
計		73	179	162	24	438

表1　猿投窯各地区古窯跡数
(『日本陶磁全集6　白瓷』楢崎彰一編　中央公論社　1980年)

〜950年、〜1100年と、大きく三期に分けて説明してゆきたいと思います。

　表に見るように、猿投窯は、時代、窯跡の密度により大きく、東山（H）、岩崎（I）、折戸（O）、黒笹（K）、井ヶ谷（K）、鳴海（N）の6地区に分けられ、少し前までは、小牧市篠岡（S）を中心とした尾北窯も飛び地として猿投窯に含むのが考古学上の分類でした。しかし、近年、「猿投編年」を軸とした東海各地の古窯の解釈に異論がではじめ、現在では猿投窯と尾北窯を分けて論ずるのが常識となっています。

　なお、本書に記す各古窯の年代につきましては、巻末の『愛知県古窯跡群分布調査報告（Ⅲ）付猿投窯編年について』（1983・3　愛知県教育委員会）[注2]の編年表に従うこととします。

注1　猿投窯における須恵器生産の変革期について　城ヶ谷和広　愛知史研究　第9号　平成17年発行
注2　『愛知県古窯跡群分布調査報告（Ⅲ）付猿投窯編年について』―考古学の努力により、尾張地域の古窯調査は最終盤にさしかかり、寸法・形状の変化・器種の推移といった大まかな分類作業はほぼ終わりつつあります。それに基づき主要な窯を指標とした「猿投編年図表」が作られ、学術的にもほぼ定着し、専門家の間でも、新たな出土遺物の発見はこの表を基準に比較・検討され、年代判別の確定に大いに活用されています。

1．古墳時代後期〜奈良時代中期（5世紀中期〜750年）須恵器の時代

須恵器の伝播経緯

　猿投古窯入門の第一歩は、須恵器から始まります。今日、科学技術は大いに進歩を遂げ生産手段は多様化しましたが、焼き物自体は昔と変わらず、シリカ・アルミナを熱変質させるという素朴な原理で造られているのです。その意味において、須恵器は、今日におけるあらゆる焼き物の基本であり、多くの学術書が諸先生方により執筆されています。しかし、ここで膨大な須恵

Ⅰ　猿投古窯　資料編

器大系の断片を語っても仕方がありません。本項の主旨は、須恵器の考古学的側面を述べることではなく、伝播の経緯を明らかにし、古代の産業がいかにして興り、発展したのか、続く猿投陶の史実の解明に役立つ情報を得ることにあります。

　東洋における焼き締め陶の発生は、そのルーツを中国山東省、龍山文化（ＢＣ2400〜2000頃）の灰陶にまでさかのぼります。陸続きである朝鮮半島には三韓時代（3世紀頃、辰韓、弁韓、馬韓：のちの新羅、任那、百済）にその技術が伝えられ、壱岐や九州北部の弥生末期の遺跡からは半島産の硬陶が出土しており、古代の交流の様子をうかがい知ることができます。三国時代（4〜7世紀頃、高句麗、新羅、百済）中期には友好関係、若しくは支配下にあったとされる半島南部の小国、伽耶を経由して須恵器が倭国にもたら

Fig.3　新羅土器　車輪装飾双口瓶　筆者作
巾18cm　奥行10cm　高18.5cm

されます。丈夫で華麗なその造形は最先端のファッションとして、たちまち支配層の心を捉えたのはいうまでもありません。数多くの須恵器が半島から持ち込まれ、それまで玉や剣、鏡といった呪術的な性格をもつ古墳の副葬品が一斉に須恵器をはじめ、金属装飾品、馬具などに取って代わります。そして、その時期は5世紀前半に集中するのです。

　須恵器から、古(いにしえ)に思いを馳せるのは楽しいことですが、想像から答えを引き出すことはできません。そこで、頼りになるのが、720年、天武天皇の皇子、舎人親王(とねりしんのう)（676〜735年）らにより編纂された、これ以上さかのぼることのできない最古の記録、正史『日本書紀』です。その信憑性をめぐってはいろいろ御意見もおありかとは思いますが、本編に必要な情報を得るのに細部の是非までは問いません。720年といえば奈良時代の初期、須恵器が全盛であった頃の記録であり、これを疑って何を根拠に話ができましょうや。

　『日本書紀』雄略天皇（在位456年〜479年）7〜9年の条によりますと、475年、百済は高句麗に首都、漢城（現ソウル市）を攻め落とされ一時滅亡しますが、倭の五王の一人、「武」とされる雄略天皇の加勢を得て都を熊津（現忠清南道公州市）に移し再興を図ります。時代は降りますが、南部の小国「伽耶」も混乱する半島状勢に振り回され、長い戦禍を経た挙げ句、562年、ついに新羅に降伏し、その歴史を閉じるのです。

　日本において須恵器の生産が開始され、全国に拡散するのが5〜6世紀にかけてのことであり、奇しくも朝鮮半島の動乱期と時を同じくします。弥生時代中期以来、半島からの輸入に頼っていた鉄の生産も出雲や九州で開始され、また、漢字が使われ始めるのもこの頃から、といわれます。戦禍を逃れ、あるいは敗退し、百済や伽耶から何波にもわたり数10万人規模の難民、あるいは亡命者が倭国に押し寄せ、その中の最先端の知識、技術を持つ者たちが、古代日本の文化・産業の発展に大いに貢献した事実を古文書は書き記しています。これまでに判明している焼き物関係の考古学的データを、『日本書紀』、『続日本紀』の記述と照らし合わせてみますと。

Ⅰ　猿投古窯　資料編

	古文書の記述	古窯の変遷
前90年	第10代崇神天皇（在位紀元前97～前30年）7年8月の条 即ち茅渟県の陶邑に大田田根子を得たてまつる…(中略)…陶津耳のむすめなり。	「陶」文字の初見。年代の信憑性はともかく、陶邑が茅渟県にあった(注)という記述。 注：茅渟県は和泉国一帯の古名。陶邑は『古事記』では河内美努村とある。
26年	第11代垂仁天皇（在位紀元前29年～後70年）3年の条 天之日槍、菟道河（宇治川）よりさかのぼりて北近江国の吾名邑に入りてしばらく住む…（中略）…近江国の鏡邑の谷の陶人は、天之日槍の従人なり。	新羅の王子、天之日槍が陶人を伴い北近江の吾名邑にしばらく滞在。陶人は滋賀県鏡邑（竜王町付近といわれる）にて陶業を営んだ"との記述ですが、須恵器を生産した証拠は見つかっていません。実年代は不明ですが、古代、琵琶湖―大阪間は宇治川（淀川）を舟で往来していた様子がうかがえます。
284年	第16代応神天皇（在位270～310年）14年の条 この歳、弓月君、百済より来帰した、そして奏して、「臣、自国の人夫百二十県をひきいて帰化する。然れども新羅人が拒むに因りて、皆伽羅国に留まれり」ともうす…（中略）…「襲津彦、三年を経ても帰らず。必ずや新羅の拒むに由りてうごけないのであろう。汝等、すみやかに往りて新羅を撃ちて、其の道路を拡け」とのたまふ。…（中	百済から弓月君が大勢（10万人規模？）を引き連れ帰化を望むが、新羅に阻まれ加羅国にとどまり身動きできない。襲津彦を救済に遣わすが、三年過ぎても戻らない。そこで、平群木菟・的戸田、両宿祢を再度遣わし、新羅を討ち、帰朝を実現する"との記述。渡来した実年代は不明ですが、弓月君の一団は製鉄、土木、治水、養蚕、縫製などの最先端技術を持つ殖産氏族、古代日本の文化・産業の発展に多大な貢献をした秦氏の祖といわれる。国の形成に、特殊技能を持つ渡来人たちが果たした役割は決して小さくはありません。否、「倭人の定義」にもより

21

	略）…そこで弓月の人夫をひきいて、襲津彦とともに来り	ましょうが、渡来人により倭国が誕生した可能性も決して否定はできないのです。
290年	応神天皇20年の条 倭漢直の祖の阿知使主、その子都加使主、ならびに己が仲間17県をひきいて、来朝す。	前後して秦氏と双璧を成す東漢氏の祖・阿知使主が技術集団を引き連れ帰化します。以下に記述があるように、漢氏は陶業とは大変に関わりの深い氏族なのです。
463年	第22代雄略天皇（在位456年〜479年）7年の条 天皇、大伴大連室屋に詔して、東漢直掬に命じ、新漢陶部高貴（須恵器の技術者）・鞍部堅貴（馬具の技術者）・画部因斯羅我（画工）・錦部定安那錦（高級織物の技術者）・訳語卯安那（通訳）らを、上桃原・下桃原（河内国）・真神原（明日香）の三か所に移住させる。	このあたりから、年代、記述共に現実味を帯びます。天皇は大連室屋に詔を発し、東漢直掬に河内、明日香3か所に須恵器・馬具・画工・織物の各技術者、及び通訳を配し、産業を興すよう命ずる。いわゆる技能者に対する古代の赴任命令ですが、多様な技術集団を束ねる渡来系氏族、漢氏の活躍ぶりをうかがい知ることのできる一文です。上・下桃原には陶邑も含まれ、時代的にも考古学の調査結果と符合します。4〜5世紀にかけて、大仙稜古墳に代表される大型の前方後円墳や円墳が盛んに築造されるのはご存知のとおりですが、河内にて須恵器の生産が開始されるのも倭王権の強い意志が働いたことに疑問の余地はありません。
472年	雄略天皇16年7月の条 詔して、桑に適した国・県に桑を植えさせる。また秦の民を散らし移して、庸・調を献	繊維は食料、焼き物と並ぶ重要な調納品です。秦一族は治水・土木・灌漑などに長じているほか養蚕のエキスパートでもあり、庸調増献のために桑の栽培に適し

I　猿投古窯　　資料編

	じさせた。	た各地に移住を命ぜられ、産業育成に貢献する具体的な記述。ちなみに、機織のハタは秦氏の名前がその由来です。
	同10月の条 冬十月に、詔して、「漢部を集めて、其の伴造の者を定めよ」とのたまう。姓を賜ひて直（以来漢氏の姓はすべて直）という。十七年の春三月二日に、土師連等に詔して、「朝夕の御膳盛るべき清器を進らしめよ」とのたまう。ここに、土師連の祖の吾笥は摂津国の來狹狹村、山背国の内村・俯見村、伊勢国の藤方村、及び丹波・但馬・因幡の私の民部を進呈。名つけて贄土師部という。	朝廷は、朝夕の神饌（神々に捧げる食事）に使用する高級食器の開発を漢氏に指示。翌年には実行に移すべく、土師連の元締、吾笥が摂津（大阪府能勢町付近）、山背（京都府綴喜郡八幡町）、伊勢（三重県津市藤方）、丹波・但馬（京都・兵庫県）、因幡（鳥取県）から民部（豪族に所属する職人）を進上し、エキスパート集団「贄土師部」を組織する。次々と詔を発し、古代の産業育成に尽くした雄略天皇の偉業は、讃えられて然るべきでしょう。 ＊この頃、東山111号窯にて須恵器の生産を開始、猿投窯興る。6世紀前葉、継体天皇の外戚となった尾張連草加はさらに勢力を伸ばし、中央といえども干渉をためらう権力を誇り、自領で生産した須恵器は尾張を中心に美濃・参河にも流通する。熱田神宮に隣接する尾張連草香の墓といわれる東海地方最大の前方後円墳、断夫山古墳（全長151m）の墳丘を飾った須恵質円筒埴輪は東山窯で焼かれたことが判明している。
539年	欽明天皇（在位539～571年）元年、8月の条 秦人・漢人等、諸藩に帰した	帰化を望む秦・漢一族に戸籍を与え各地に配置、秦一族には7053戸と秦伴造の姓を与えた。尾張・美濃国にも多くが割り

23

	者を召集して、国郡に安置し、戸籍に編成した。秦人の戸数は総べて七千五十三戸。大蔵掾(おおくらのふびと)を秦の伴造とした。	振られ(注)、最高級の絹織物"美濃絁(あしぎぬ)"を献上するまでに成長。秦氏や漢一族が移住した地は調納物の産地として発展を遂げた。須恵器もその一つであることはいうまでもない。 注:『古代の美濃』野村忠夫　教育社
600年前後		*この頃、尾北窯の初源、下原2号窯(現春日井市)にて須恵器生産を開始。焼かれた須恵質埴輪が双子山古墳(春日井市：全長94m、前方後円墳)の墳丘を飾るが単発に終わる。
607年	第33代推古天皇（在位592～628年）15年 法隆寺建立。	*この頃、岐阜県各務原市須衛町の天狗谷にて須恵器生産を開始、美濃須衛窯(みのすえ)が興るが、在地向けの少量に止まり、供給の多くを猿投窯・陶邑など他産地に頼る。古墳築造も下火になり、須恵器は副葬品など装飾性の強いものから耐水容器など実用品の度合いを増してゆく。
645年	第36代孝徳天皇（在位645～654年）元年の条 「先ず以て神祇を祭ひ鎮めて、しかるべくして後、政事(まつりごと)を議(はか)るべし」ともうす。是の日に、倭漢直比羅夫(やまとのあやのあたひひらぶ)（工人大山位(たくみだいせん)）を尾張国に、忌部首子麻呂(いむべのおびとこまろ)を美濃国に遣して、神に供(たてまつりひ)る幣(奉献物)を課す。	祭祀に供する幣(奉献物)を調達するよう官工人を尾張と美濃に遣わし、制作指導(？)をする。幣とは孝徳天皇即位の儀式に使用する高級須恵器であり、陶邑のみならず猿投窯・美濃須衛窯からも調達している点が注目される。この時期、尾北窯はまだ操業を開始していない。 続いて8月、有名な「改新の詔(かいしんのみことのり)」、すなわち、律令制が布告される。豪族の土

	八月五日に、東国の国司を任命する。そこで国司に詔していわく「天神の寄託を奉るとおり、方に今始めて万国を修めようとしている。国家の所有する公民、大小（豪族の）所有の人衆を汝らは任地に行って、皆戸籍を作り、そして校田とせよ。	地・民の私有を禁止し、王権による統一国家を構築する公地公民制を発令(注)。律令制の根幹制度である班田収受法を徹底する戸籍作りの指示を発する。 注：国が戸籍に基づき、貴族から私奴婢に至るまで、身分に応じた農地を割り当て、収穫の一部を祖として徴税する制度。しかし最近では、この記述は後に脚色された、とする説が有力で実際には663年、白村江の戦いで敗退し、唐・新羅連合軍の報復を恐れた天智天皇が、挙国態勢で対応するために、豪族たちを統合した、というのが多くの専門家の解釈です。
660年	第37代、齊明天皇（在位655～661年）6年の条 冬十月に、百済の佐平鬼室福信、佐平貴智等を遣わして、来て唐の捕虜百人余を献上した。今、美濃国の不破・片県、二郡の唐人等である。又、援軍を乞い救援を要請した。	660年といえば、倭国の総力援護も空しく、唐・新羅連合軍に大敗し、百済が滅びる年です。百済の残将、佐平鬼室福信が唐軍の捕虜百人を献じて、百済軍巻き返しの援護を中大兄皇子（後の天智天皇）に再度要請。 捕虜たちは美濃国、不破・片県両郡に送られる。
663年	第38代天智天皇（在位626～672年）2年8月の条 白村河の戦いにて大敗 律令制実質発令	百済・倭国軍、唐・新羅連合軍に大敗、多くの難民とともに朝鮮半島から撤退する。美濃須衛窯では、この頃から生産量を拡大、難民化した百済の陶工たちが各陶業地に割り振られ、須恵器の制作に従事した可能性は検討されるべきであろう(注)。

		注：この推論を確認する方法のひとつは全国規模で古代のロクロの回転方向を調べることです。何故ならば、ロクロを左回転で挽くのは日本だけだからですが、この点に着目する研究者は少ない。重要なことですので「第3章ロクロの回転方向」にて詳しく述べます。
672年	第39代天武天皇（在位673～686年）元年の条。 壬申の乱勃発。 七月二十六日、将軍等は不破宮に向かい、大友皇子の頭を捧げて（大海人皇子の陣）営の前に献じた。 …これより先に、尾張の国司の守、少子部連鉏鈎（ちいさこべ むらじ さひち）、山に隠れて自ら死んだ。天皇のたまわく、「鉏鈎（さひち）は功がある者なり、罪無くして何ぞ自ら死なん。それ隠謀でもあったのか」とのたまふ（注）。 八月二七日に、諸の勲功ある者に恩勅して、天下に顕かに襃賞をした。 注：勝利にもかかわらず尾張守鉏鈎の自決はスパイ説、情勢を見ての寝返り等、諸説ある。 ―以上『日本書紀』坂本太郎・家永三郎・井光貞・大野	天皇継承を争う天下の大乱、「壬申の乱」では美濃国は直ちに大海人皇子軍を援護し、近江との国境（不破の関）を制圧、大友皇子軍の東進を阻み、大海人皇子を勝利に導き、後の天武天皇擁立に重要な役割を果たす。これを機に、美濃須衛窯は急速な発展を遂げる。 やはり大海人皇子に付いた尾張国にも最大級の便宜が与えられ、この機に乗じ、*尾北窯も須恵器の生産を開始、参入まもないにもかかわらずその製品は藤原京に納められた。飛鳥・石神遺跡から「尾山寸」を刻した須恵器が出土し、尾北・篠岡78号窯製の横瓶と判明している（注1）。また、中央から瓦の范型とともに制作技術も供与され、篠岡2号窯（瓦・須恵兼業窯）にて、他に先駆け瓦の生産を開始するなど、猿投窯を押し退け、たちまち尾張国の有力な窯場にのし上がる。 猿投窯は東山地区から東へ展開し岩崎17号・41号窯式にて法隆寺献納宝物である

	晋校注岩波書店。（一部筆者改変）	金属製仏具（佐波理）の写し、円面硯といった特殊な器種の制作を開始、少量ながら飛鳥・藤原京などに納品するものの(注2)、基本的には近在向けの保守的な生産に留まる。 注1：『年報　平成4年』尾張猿投窯と尾北窯　城ヶ谷和広　愛知県埋文センター 注2：『愛知県史研究　第9号　平成17年3月』　猿投窯における須恵器生産の変革期について　城ヶ谷和広　愛知県発行
701年	第42代文武天皇（在位696～707年）大宝元年6月8日の条。大宝令発令 すべて官庁の諸務は新令（大宝令）に準拠して行なうようにせよ。	8世紀前葉、美濃須衛窯は、筑前・備前・讃岐・播磨・摂津・和泉・近江とともに須恵器の貢納国に指名され、時代を代表する窯場にのし上がります。官窯、若しくは国衙窯と目される老洞1号窯で焼かれた「美濃国」刻印のある須恵器がこの時期、集中して平城京や伊勢斎王宮などに納められますが、さして陶業地にふさわしいとも思えないこの美濃須衛窯の目を見張るような発展をプロデュースしたのは誰であろうか？
706年	慶雲3年7月20日従5位下、笠朝臣麻呂を美濃の守に任ずる。	陶業をはじめ各産業の発展に多大な貢献をした美濃の守・笠朝臣麻呂なる人物がいる。朝廷の信任も厚く、その影響力は尾張をはじめ周辺国にも及んだ。
708年	第43代元明天皇（在位707～715年）和銅元年3月13日…従4位の下、宿祢太麻呂を尾張	笠朝臣麻呂の果たした業績として、①"三野"から"美濃"への国名表記の改定・定着の推進②"美濃（国）"印の国

	の守と為し、従5位の上、笠朝臣麻を美濃の守と為し…	衙窯の経営③美濃不破関の整備④席田・池田郡の分割・建置⑤これと深くかかわる美濃国平野部の広域条理の設定⑥大宝末年からの宿題であった吉蘇路（岐蘇山道）の難工事の完成⑦たき当耆郡の醴泉への元正天皇行幸の演出⑧美濃・尾張・参河・信濃四か国の按察使への就任など等。退官後就任した右大弁の職も早々に辞し、沙弥満誓を名のり出家したという。 ――『古代の美濃』野村忠夫著教育社より抜粋
709年	和銅2年5月5日<u>尾張国愛知郡の大領外の従6位の尾張宿祢乎己志に外の従5位の下を授ける。</u> 同9月26日…尾張の守従4位の下、佐伯の宿祢太麻呂…・美濃の守従5位の上、笠朝臣麻呂に、当国の田一十町、穀二百斛、衣一襲を賜ふ。その政積を美めたるなり。	美濃の守・笠朝臣麻呂、尾張の守・佐伯宿祢太麻呂、国造・尾張宿祢乎己志、の三人がそれぞれの所領を管轄。 "愛知郡は大領外"とわざわざ記してあるように、<u>律令制が布告された後も熱田神宮を奉る尾張氏代々の領地である尾張国愛知郡は、国造の姓を与えられ、これまで通りの実権が認められた。</u>ちなみに律令制定後、国造の姓を与えられたのは出雲大社、籠神社、日前神宮・国県神宮など有力社を擁する出雲・丹波・紀伊国など小数に限られる。
710年	元明天皇和銅3年3月10日平城京遷都奈良時代。	<u>美濃須衛窯と歩調を合わせるがごとく、尾北窯も最盛期を迎える。この時期の指標・高蔵寺2号窯は、製品の法量（寸法）規定も厳格に定められ、"官用窯"である可能性は極めて高い。各種硯や法隆寺献納宝物（金属器）の写しなど、最先端の器種も焼かれ、この頃の尾北窯は猿投</u>

I　猿投古窯　資料編

		窯ではなく美濃国との関連に注目すべきは当然であろう。
713年	和銅6年7月7日美濃・信濃二国の境、道を経るに険阻にして往艱困難なり、仍りて吉蘇路を通す。	翌、和銅7年2月、笠朝臣麻呂に食封70戸と田6町を賜い、…（中略）…吉蘇路（木曽路）を開通した功によってである。
716年	第44代元正天皇（在位715～724）霊亀2年6月20日 美濃の守従4位下、笠朝臣麻呂を尾張の守兼任とす。	「壬申の乱」では尾張氏も大海人皇子を擁護し、天武朝の実現に貢献しており、恩典を受けて然るべきである。しかし、猿投窯は須恵器の調納国からもはずされ、基本的に岩崎41号窯式に準じた保守的な生産に甘じているが、その事情とは？
719年	養老3年7月13日…始めて按察使（国守の上に位階し複数の国を管轄する）を置き、…美濃国の守従4位の上、笠朝臣麻呂をして尾張・参河・信濃を管らしめ、…。	猿投窯の位置する尾張東南部・愛知郡は、国司といえども力及ばぬ尾張氏の治外法権的な領域であり、"調用窯"としては使い勝手が悪い。いきおい、美濃須衛・尾北両窯を重用したのではなかろうか。
720年	養老4年10月9日従4位上、笠朝臣麻呂、14年におよぶ美濃の守を退任。右大弁（現在の事務次官、若しくは官房長官クラス）に任ず。『日本書紀』完成 —以上『続日本紀』全現代語訳宇治谷孟講談社	笠朝臣麻呂の離任後、美濃須衛・尾北窯とも徐々に衰退し、やがてその座を猿投窯に譲ることになる。

美濃須衛窯

　美濃国は「壬申の乱（672年）」、「関が原の戦い（1600年）」と、しばしば天下を二分する戦いの大舞台となるなど、東国から畿内への侵攻を阻む軍事上の要衝に位置します。また、岐阜県南西部、現垂井町に国府を置き、岐阜・大垣・各務原市あたりを中心に、古代の大動脈、東山道が走り、交通・物流の拠点としても多いに栄えました。当時のこの地域における窯業をはじめ、養蚕・繊維などの繁栄は、こうした背景とも決して無縁ではありません。

　韓国の忠清南道を旅したことのある方ならばお分かりかと思いますが、美濃須衛窯の中心地、各務原市周辺は山を背に、大河木曽川を南に望む河岸台地に位置し、百済の都、扶余とよく似た渡来人にはいかにも懐かしい土地柄であり、対岸の犬山城の地勢など、新羅に攻め落とされ、多くの女官が山上から白馬江に身を投じた扶蘇山城と錯覚するほどです。

　木曽川をはさんだ対岸の尾北をはじめ周辺には、4世紀初期の多数の前方後方墳、5世紀前後の昼飯大塚古墳（全長150m・前方後円墳）、中期の坊の塚古墳（全長120m・前方後円墳）、また、70～90m級の前方後円墳、数10m規模の円墳・方墳大小がひしめき、その数3000基ともいわれ、倭王権とも深いかかわりを持つ大きな支配力が存在していた様子がうかがえます。

　美濃・尾北地域において主流であった、東日本に特徴的な前方後方墳が4世紀前半に姿を消し、前方後円墳に取って代わり5世紀前後に最大化する。そして6世紀前葉にはその中心が尾張の南部に移り、6世紀末から7世紀初頭にかけて再び美濃・尾北に円墳、方墳を築く新たな支配力が台頭します『第9回　春日井シンポジウム　2001』（春日井市教育委員会）。ちなみに、円墳は朝鮮民族に特徴的な墓式なのは御存じの通りです。濃尾地域における古墳の推移の解釈は専門家に委ねる分野ですが、その規模と数、形状の変遷は、有力者の存亡と、土地の盛衰を示すバロメーターといえましょう。

　かような事情を背景に、美濃須衛窯は7世紀初頭、各務原市北部の天狗谷にて須恵器の生産を開始し、8世紀前葉をピークに11世紀頃まで続いた岐阜市東部から関市南部に分布する130基余の中規模窯跡群を指します。美濃、

あるいは尾北に割り振られた渡来人である秦氏や漢氏の一群は、差別を受けながらも織物や陶器産業の発展に大いに貢献し、徐々にその影響力を増しゆき、確かな地位を築いていった様子がうかがえます。「壬申の乱」の貢献をキッカケに、中央より多大な便宜を受け、さらには辣腕国司・笠朝臣麻呂の実力を背景に飛躍的な発展を遂げますが、笠朝臣麻呂の離任後は徐々に衰退し、陶器生産の中心は猿投窯に移ってゆきます。調用窯としての役割を終えた後も、甕や雑器といった在地の需要をまかなう程度の実用品を細々と焼き続けますが平安後期、400年におよぶ窯の火を落とします。

尾北窯

　尾北窯とは、いうまでもなく尾張の北、中央自動車道と名神高速のジャンクションに挟まれた北西側、半径2kmほどの篠岡丘陵に集中する100余基の窯を中心に、周辺に散在する合わせて132基（1983年3月現在　斉藤孝正氏集計）を数える中規模の古窯群を指します。6世紀前葉に春日井市北部に興った下原古窯を初現とし、同市内の双子山古墳（全長94m）の墳丘を飾る須恵質埴輪を焼きますが、短期間で操業を止め、7世紀後半になり本格的に須恵器の生産を開始します。篠岡地区の窯跡発掘調査は猿投に遅れること15年、名古屋市のベッドタウン、小牧市桃花台ニュータウンの開発工事に伴い急遽行なわれました。昭和46年から昭和59年9月の12年間で101基の窯体を確認、うち37基を発掘調査し、現時点（平成19年）で完存する数基の山茶椀窯を残し、他は全て滅失しています。その内訳は、

須恵器・瓦兼業窯　4基。須恵器窯　25基。須恵器・灰釉窯　22基。
灰釉窯　42基。須恵器・灰釉・緑釉兼業窯　4基。灰釉・山茶椀窯　2基。
山茶椀窯　9基。
　　　　　　――『小牧市遺跡分布地図』小牧市社会教育委員会　1986より

猿投窯

　猿投窯の集中する尾張国愛知郡は、天皇家の象徴の一つ、天叢雲剣（あめのむらくものつるぎ＝草薙の剣）を奉る最高位の官幣大社、熱田神宮を擁し、また、地勢的にも東海道の陸路、三河湾の海路を制する交通、物流、軍事の要衝でもあります。美濃国同様、古来より倭王権と密接な関係を有する天孫・天火明命（あめのほあかりのみこと）を租神とする尾張氏の勢力圏であり、古くは、日本武尊と尾張乎止与命（おとよのみこと）の娘、美夜受媛（みやずひめ）とのロマンスに始まり、第26代、継体天皇（在位507～531年）の皇后、尾張連草香（むらじくさか）の娘、目子媛（めのこひめ）は第27代安閑、28代宣化、両天皇の御母堂として知られ、その権勢のほどが想像できます。

　5世紀末から6世紀にかけて強大な力を誇った尾張連草香にとって、最先端の技術・文化である須恵器窯を私有し、自領の需要を満たすのは、まさに権威の証しであります。窯を築くのにうってつけな未開の低丘陵地と無尽蔵の陶土資源に恵まれた領地を持つ尾張氏にとり、須恵器の生産を開始するのに何の支障がありましょうや。早々に技術者を招き入れ、須恵器を焼き始めたのはいうまでもありません。一説には、陶邑から技法が伝えられたとされますが、サンプル数が少なく断定までには至らないものの、筆者の確認した限りにおいてH-111号窯のロクロは左回転であり、何らかのかたちで渡来系の陶工が須恵器制作に関与したのは間違いないと思います（第3章　ロクロの回転方向参照）。

　以上が正史『日本書紀』『続日本紀』の語る、須恵器が日本に定着するまでの経緯と、美濃須衛窯・尾北窯・猿投窯の変遷を照合した結果、浮かび上がる古代の濃尾地域の窯業事情です。こうした記述を基に、さらに検討を加えるのが学問というものでしょうが、私見を述べても仕方がありません。古文書に記された事実を損なわない範囲のコメントに止めたいと思います。

　しかし、阿知使主（あちつかのおみ）を祖とする技術集団・漢氏一族により須恵器の技術が広められたこと。雄略天皇の詔命により、やはり漢氏一派が河内・陶邑にて須恵器の生産を始めたこと。神饌に使用する高級清器を造るため、「贄土師部」という専門集団が組織されたことなど。また、秦氏も、漢氏と同じように、

Ⅰ　猿投古窯　資料編

各地にて養蚕・土木など多方面に及ぶ起業を命じられ、渡来人が古代日本の産業育成に貢献した様子。東アジア情勢、法制など社会的要因による物流・経済の変遷、特に、「壬申の乱」を決起に美濃須衛・尾北両窯が目覚ましい発展をとげたこと。権力者のリーダーシップがいかに国家、産業の盛衰に大きな影響を与えるか。など等、古代の出来事と猿投窯を取り巻く諸事情との関連を具体的に把握していただけたのではないでしょうか。

2．奈良時代中期～平安時代中期（750～950年）
　　須恵・白瓷兼業の時代

Fig.4　初期白瓷　長頸瓶　筆者作
径14cm　高23.5cm

奈良時代は明治維新と同様、先進国の技術・文化を積極的に取り入れ、刑罰の「律」、秩序の「令」、仏法の「慈悲」を柱に、政・官・民、一丸となって「唐」に追い着け・追い越せの気概に満ちた時代であります。大きな権限を与えられて赴任する国司の人間性はその地の盛衰を大きく左右し、強いては国家の存亡を担うキーパーソンであり、中央はかなりシビアにその業績を監視しています。庶民を慈しみ、産業を育成し、農業を発展させ、善政を行ない調納増献に尽くした国司にはそれなりの処遇を与え、"仏法の教えに沿う厚い仁徳の政治"を一生懸命に心掛けていたのです。歴代天皇も手を焼いた、官人による怠慢、搾取はきのう今日に始まった慣習ではなく、その伝統は古く根深い。猿投窯の背景を理解するのに役立つ情報と思われますので、その様子をあげますと、

・元明天皇　霊亀元年（715）5月1日：
　人民をいつくしみ導き、農耕や養蚕を勧め働かせ、養い育てる心を持ち、飢えや寒さから救うのは、まことに国司・郡司の善政である。一方自分は公職にありながら、心は私腹を肥やすことを思い、農業を妨げ利を奪い、万民をむしばむようなことがあるならば、実に国家の大きな害虫のようなものである。
　そこで国司・郡司で、人民の生業を監励し、人々の資産を豊かに足りるようにした者を上等とし、督励を加えるけれども、衣食が足りるに至らない者を中等とし、田畑が荒廃し、人民が飢えこごえて、死亡するに至るものを下等とせよ。そして十人以上も死亡するようであれば、その国郡司は解任せよ。また四民（士・農・工・商）にはそれぞれ生業がある。いまその人々が職を失って流散するのは、これまた国郡司の教え導くのに、適当な方法をとらないからで甚だ不当である。このような者があったら必ず厳重に処罰して見せしめとせよ。これからは巡察使を派遣し、天下を手分けして廻らせ、人民の生活ぶりを観察させる。
　　　　　　　―『続日本紀』全現代語訳　宇治谷孟　講談社

Ⅰ　猿投古窯　　資料編

	古文書の記述	古窯の変遷
757年	第46代孝謙天皇（在位749～758年）天平宝元年5月の条 養老令布告 官人を選考して、位階を定めるのに、格に依拠して進級する階数を定めているが、その結果人々の位階が高くなり適当な官職に置かれること難しくなった。そこで今後は新令に依ることにせよ。この令は朕の外祖父故太政大臣の藤原不比等が、勅命をうけて編集した律令である。これを諸司に布告して早く施行するようにせよ。 注：尾張氏は、その後も代々続いた熱田神宮の大宮司の職に留まるが、影響力はさらに弱まり、平安末期には外孫である藤原季範(すえのり)（1090～1155）にその座を譲り、歴史から姿を消す。	＊八世紀も半ば過ぎ、猿投窯において本邦初の高火度施釉陶器、すなわち青磁の祖形である猿投灰釉陶器が一応の完成をみる。そして、この成功が猿投を他の追随を許さない古代日本を代表する窯業地に押し上げるのです。しかし、それまで調用窯からもはずされ"蚊帳の外"に置かれていた、尾張氏の所領・愛知郡にて最先端の灰釉陶器が開発されるのは何故か？ 孝謙天皇は朝廷を中心とした国家基盤をより強固なものにするために大宝令を改変した「養老律令」を布告、私有地の公領化をさらに強力に推し進める。この布告により、尾張氏一族の力はほぼ削がれ、国司の権限が尾張氏の支配地であった猿投古窯の散在する愛知郡にまで及ぶようになる。 新たに開放された新天地には無尽蔵ともいえる粘土資源、燃料の宝庫であるほとんど手付かずの森林、窯を築くのに適度な斜面の低丘陵、陶器の生産には打って付けの条件が揃っている。 それまで尾張氏の下、陶器造りにかかわった者たちには引き続き自由な生産活動を認めるとともに、舶載陶磁器の不足を補う製品を開発・製造する特別チームが新たに編成され、鳴海32号窯式にて本邦初の灰釉陶器（白瓷）が誕生する。

灰釉を溶かすためには少なくとも1200℃以上の高温が必要であり、そのために猿投窯では火力の強い炉内の手前に灰釉陶器を、比較的低い温度でも生産が可能な須恵器や食器類を奥に配置し、生産の効率化を図った。その比率は平均的な白瓷窯で、およそ２：３であり、白瓷の窯は自ずと須恵器の生産を伴うのです。腕の良い陶工たちにより制作され、しかも長時間、高温で焼かれた良質の須恵器が白瓷とともに大量に生産され、中央の関心は次第に猿投窯に移り、尾北窯、美濃須衛窯は在地の需要を細々と賄う程度に生産縮小を余儀なくされる。

時代の経過に伴い素地はより白く緻密になり、灰釉も美しい淡緑色に進化、製作技法も安定し、製品も食器類をはじめ、各種硯、平瓶、浄瓶、三足壺、多口瓶、薬壺など多種に及び折戸10号窯式を指標とする、猿投窯が最も充実する時期をむかえる。器種はさらに多様化、釉薬による引っ付き防止や、効率良く窯詰めを行うために、中国で使われていたものと同じ"三叉トチン（Fig.7）"や"ツク"といった種々の窯道具を用い生産の効率化が図られ、畿内のみならず東山道を経由し信濃、東国へと販路を拡大してゆく。民窯、私窯、入り乱れ、窯数を急速に増すが、窯の数に気を奪われてはなりません。中央に納品を義務付けられた「調用窯」はいつの時代でも10基にも満たず

I　猿投古窯　資料編

		（次章2．資源消費と生産量参照）、それらが鳴海NN-32号窯・折戸O-10号窯といった時代をリードする指標窯を指すものと考えられる。陶工たちは、さらに品質の向上を図るため、より質の良い陶土を求め移動し、最終的に黒笹地区に腰を落ち着けます。
		しかし、この白瓷窯が"官窯"なのか、官主導の"贄土師部"的な、特殊な目的を持つ技術集団によるものなのか、はたまた地方の有力豪族に与えられたライセンス生産による"調用窯"なのかは不明です。が、民部省、宮内省といった中央、あるいは国衙が深く関与しているのは間違いありません。
790年	第50代桓武天皇（在位781～806年）延暦9年11月3日の条。 国司による正税の着服に手を焼いた朝廷は改定公廨稲（くげいとう）を発令、 —以上『続日本紀』全現代語訳宇治谷孟講談社	律令制は容赦のない徴税の無理がたたり、浮浪・逃亡・逃散・戸籍偽装・私度僧の増加など、庶民たちによるあらゆる抵抗を受け、100年を経ずして弱体化してゆきます。そこで桓武天皇は延暦9年、改定公廨稲を発令、税の未収分を国司、あるいは郡司に補填させ、律令制の建て直しを図る。しかし、規定量さえ中央に納税しさえすれば後は国司の裁量、余剰物品は市場に出回る機会を得るが、反面、
794年	延暦13年平安遷都。	「水戸黄門」の脚本のごとき悪代官と悪徳商人との間に癒着を生み、庶民は益々不利益を被る、という場面を思い浮かべてならないのですが、テレビの見過ぎでしょうか（コラム：国司苛政上訴）。国
815年	『日本後紀』弘仁6年の条 猿投陶を語るのに必ず引用される、弘仁6年瓷器の技術指導に関する記述。俗に「弘仁	

	瓷器」と呼ばれる次の文です。 ＊丁丑。造瓷器生尾張國山田郡人三家人部乙麻呂等三人傳習成業。准雜生聽出身。 －『日本後紀』吉川弘文館	司はさらに多く私腹を肥やす結果となり、律令制はますます弱体化してゆく。 この頃の指標となる窯としては黒笹地区南部の井ヶ谷78号窯式があげられ、各種硯、淨瓶、長頸瓶、有蓋坏類、獣足壺、有蓋壺、平瓶など、生産器種はさらに充実してゆきます。9世紀後半〜10世紀半ばの猿投窯は焼成技術も安定し、流行を敏感に捉え、越州窯から持ち込まれる"唐草宝相華文青磁"など最先端のデザインを模し、器体に牡丹・飛雲・蝶などの陰刻線文を施すようになる。宮中の正月に行なわれる御歯固（おはがため）、寺社・国衙の儀式など、特別な用途に使用される緑釉陶器（青瓷）の生産が鳴海地区にて開始されるのもこの頃からです。 より白い器肌の焼き物を目指した猿投灰釉陶器は最高級品とされる緑釉陶器「青瓷」に対応し、「白瓷」の名を冠する焼き物にまで成長します。増える需要に猿投窯だけでは対応できず、K-14号窯にて刻花文陶器が焼かれ始める10世紀前後には、休止していた尾北窯を再稼動し、篠岡S-47号窯を皮切りに白瓷の生産を開始
905年	延喜5年藤原時平により『延喜式』編纂開始	します。ここで注目すべきは、再開早々、調納に耐える製品を生産し、さらには役所の配給に頼る鉛丹を大量に消費する緑釉陶器さえも、S-48号をはじめ、S－4・5・81号窯の4か所にて焼かれているという事実です。

I 猿投古窯　資料編

年代	事項	
918年	高麗王朝興る	生産器種も猿投窯とほとんど変わらず、猿投の工人が指導に入ったと唱える向きもありますが、焼き物は非常に秘匿性の高い職種であり、行政区の違う場所に簡単に技術供与をするものでしょうか、疑問が残ります。いずれにせよ、<u>調納器種は中央により種類・法量ともに厳しく規定されており、「調用窯」で比較をするかぎり、同じような製品になろうとも、何の不思議はありません。このような事情を勘案しますと、猿投の"調用窯"同様、いや、それ以上に尾北窯には官の関与が強く働いていた、と考えられるのです</u>が、いかがでしょう。
927年	延長5年藤原忠平により『延喜式』完成	しかし、尾北窯製品の実態は必ずしも明らかとはいえません。桃花台公園の一角に篠岡47号窯が移設され、小牧城歴史館に出土品の一部が散列されているに過ぎず、出土遺物の分類・整理の進行状況も明らかでなく公開もされていません。事情によっては、猿投窯とは別系統の支配が関与した可能性も否めない（第3章窯床面の傾斜参照）重要な窯跡にもかかわらず、<u>尾北窯の製品、例えば四足壺、各種硯などは猿投製品の範疇に紛れ込み、流通の実態がよく掴めないのです。今後、消費地における灰釉陶器の原産地の特定が、尾張瓷器の史実を解き明かす上で重要な課題となるのは必至です。</u> 灰釉陶器、緑釉陶器とも最も器種が豊富に揃う猿投窯の最盛期を象徴する窯とし

て、黒笹の米ヶ廻間谷筋に並ぶ、K-14・90・89号といった一連の窯が官窯、若しくは官窯的性格を持つ可能性は非常に高い。

この頃、東濃地域でも多治見市の光ヶ丘1号窯にて灰釉陶器の生産を開始し、大原2号窯、虎渓山1号窯などがそれに続きます。

コラム

「国司苛政上訴」： 地方の郡司や百姓らが、国司の非道を直接太政官、あるいは朝廷に訴える行為のことをいいます。20数件の記録が残るが、中でも有名なのが988年に訴えられた尾張の守藤原である。中国の故事をも引用する31ヶ条におよぶ、あまりにも格調高い訴状が「尾張国郡司百姓等解文」として残されており、その名文ゆえに悪逆非道の国司として名を残した不運な男である。内容の一部を記しますと

尾張国の郡司百姓等解し申す官裁を請ふの事

裁断せられんことを請ふ、当国守藤原朝臣元命、三箇年内に責め取る非法の官物、□びに濫行横法三十一箇条の愁状
- 一、裁断せられんことを請ふ、例挙の外に三箇年内に収納せる加徴の正税　三万千二百八束の息利十二万九千三百七十四束四把一分の事
- 一、裁断せられんことを請ふ、交易と号して誣ひ取る絹・手作布・信濃布・麻布・漆・油・苧・茜・綿等の事
- 一、裁定せられんことを請ふ、守元命朝臣、庁務無きに依つて、郡司百姓の愁ひを通じ難きの事　　…等々。

以前の条の事、憲法の貴きを知らんがため言上すること件の如し。望み請ふらくは件の元命朝臣を停止し、改めて良吏を任じ、以て将に他国の牧宰をして治国優民の褒賞を知らしめんことを。仍りて具さに三十一箇条の事状を勒し、謹みて解す。

http://homepage2.nifty.com/SHAKA/NSIRYOU/HEIAN/021401/HTM より

Ⅰ　猿投古窯　資料編

灰釉陶器とは？

　701年に布告された大宝律令は、唐の律令法を日本の国情に沿うよう改変した本邦初の本格的な法令であり、長安を模した平城京はまさに律令法の牙城、今日の永田町をもしのぐ中央集権都市であります。

　この頃、唐は玄宗皇帝（在位712〜756年）の治世、政治は安定し、文化は爛熟期にあり、盛んに派遣された遣唐使により最先端の文物が日本に持ち込まれます。色鮮やかな唐三彩、青磁、白磁などの陶磁器もその一つでした。それらは、かつて須恵器と同様、支配層の所有欲を大いにかき立てたに違いありません。しかし、その頃の舶載陶磁器はまさに宝器であり、触れることのできるのは高級官司、有力貴族など、ごく一部に限られていたに違いありません。それを補完する新たな焼き物の開発に着手するのは時代の必然といえましょう。

　初期の灰釉陶器（白瓷）には須恵器の伝統的器形に木灰を施した例も見られ、須恵器の高級品、あるいは、その延長線上にあると思われがちですが、それは違います。須恵器は仏教伝来以前に朝鮮半島の文化を伴い、主に古墳の副葬品や祭祀に供する目的で持ち込まれた呪術色の濃い、無釉の焼き物です。

　それに対し、白瓷は、当初、希少な舶載青磁を補完する目的で開発されましたが、その貴重さゆえに仏教思想が加味され、法隆寺などに納められた鉄鉢・金鋺・水瓶・淨瓶といった金属製仏具の代用品として生産が始まり、舶載品に準じた高級品として、平城宮、興福寺といった寺社、宮廷、国衙などの支配層に納められた、須恵器とは文化系統の異なる大陸系の焼き物なのです。硬く焼き締まった灰白色の素地に、よく溶けた灰釉のグリーンはよく映え、灰黒色・無釉の須恵器とは明らかに別物であり、副葬品としての役割を終えた須恵器は、その堅牢さから耐水容器として実用の度合いを増してゆき、白瓷は貴族階級、寺社、官衙など然るべき場所に納められる。その品質・機能からして、差別化は当然といえましょう。

Fig.5　初期灰釉の陶器片　黒笹7号窯出土　8世紀　豊田市民芸館提供

　ところで、猿投において灰釉陶器はいつ頃、どのようにして焼かれ始めたのでしょうか？　その起源について楢崎教授は次のように述べています。

　　現在知り得る最も古い灰釉を施した陶器を焼成した古窯跡は、尾張南部の猿投窯のうち、愛知郡東郷町春木の鳴海32号窯を標式とするものである。この窯式に属する猿投産の長頸瓶が、平城宮跡の大膳職跡から天平宝字（757〜764）年代の木簡を伴って出土していることから、760年ごろには既に白瓷の生産が始まっていたことを知り得るのである。…（中略）…恒常的に灰釉を施した陶器を生産するには、それに見合う耐火度の高い陶土が絶えず大量に供給されなければならないのである。猿投窯の地域に分布する陶土は　…（中略）…猿投山に近い地域の粘土は良質の白色粘土であり、西方のそれと比べてより高い耐火度を有する。

したがって、時代をおって窯業地が東方に拡散するにつれて、須恵器の工人たちはおのずから、より耐火度の高い陶土を処理する技術を自然に身に付けていったと考えられる。─『日本陶磁全集6　白瓷』楢崎彰一編　中央公論社

　757年、養老令発令と楢崎教授の猿投白瓷の発生時期にかんする推測はピタリと一致します。初期の灰釉陶器が須恵器に降り掛かる灰の溶けるのをヒントに考え出されたものなのか、外部からのテクノクラートにより"施釉"という概念を伴い、持ち込まれた技術なのかはともかく、自然発生論に立てば、猿投の工人たちの開発の努力は素直に称えられるべきです。しかし、持ち込まれた技術であるとすれば、灰釉程度ならば近江、丹波など、他にいくらでも適当な候補地はあったはずであり、何故、あえて須恵器の一生産地である猿投の地が選ばれたのでしょうか？　楢崎教授は、猿投で産する陶土の"優れた質"をその根拠としています。

　また、

　　何故猿投窯にだけ、灰釉陶器の生産が可能であったのであろうか。勿論、結果的に見れば、良質な陶土が豊富に存在したという自然条件もその一つであるが、初期の灰釉陶器が、それほど良質の陶土を必要としなかったことも事実である。猿投窯で灰釉陶器の転換が始まる奈良時代後半は、中央政府の本格的な東北地方への進出が始まる時でもあった。…（中略）…。従来蝦夷として視野にいれていなかった東北地方への進出による陶器需要の増大である。つまり、灰釉陶器の生産は、技術の獲得と同時に供給体制の確立を目指すものであった。この条件を満たす窯業地として猿投窯が成立したのは、尾張國という地政学的な観点からみて、きわめて妥当であろう。
　　　　　　─『研究紀要　14』浅田員由　愛知県陶磁資料館　1995年

と、その主たる理由を流通の利便性に求める研究者もおられます。東国の支配は政権の悲願であり、尾張国は東へ向かう東山道、東海道が唯一接触の

機会を持つ物流・戦略上の要衝には違いありません。しかし、流通の便が良いという理由だけで実現できる程度の技術ならば、他産地でも生産できそうなものであり、灰釉陶が猿投窯だけの専売特許である必然性はどこにも見出せません。製品の持つ社会性、品質、あるいは技術力を優先的に考えるのが素直な解釈であり、流通の利便性は副次的な問題ではないかと思うのです。技術者の視点からみれば、猿投でなければならない何らかの事情と目的を持って猿投の地が指名され、外部（中央政府）から制作技術の移管が行われたと考えるのですが…。そのあたりのことは技術に関することですので「第3・4章」、及び「技術編」にて詳しく述べます。

弘仁瓷器について

奈良時代には既に官僚養成のための「大学寮」が、また、各分野の専門官人を育成するための「学令」（757年施行、養老律令：正確には『令義解』『令集解』にその内容が収録）が設けられています。また、たとえ身分が低くとも優れた技能を持つ者にはそれなり待遇を与えており、その数少ない記述が『続日本紀』にあります。

・713年：元明天皇　和銅6年11月16日の条。

　正7位上の按作麻心（くらつくりのとごころ）は、工芸の技が他の人からとびぬけており、彼の織りなす錦や綾は麗妙というべきである。よって麻心の子孫に、雑戸の身分を免じて良民とし、姓を柏原村主（かしわらのすぐり）と賜る。―さらに翌年9月、柏原村主麻心は従5位下を授かります（筆者追注）。

　　　　　　　　　　　　　　　―『続日本紀』宇治谷孟　講談社

　平安時代初期、中央政府は現業部門でも一生懸命、伝習生に教育をほどこし、国衙を通して技術や文化の普及に努めていたのです。

・815年：瓷器の技術指導に関する確かな記述は、猿投陶を語るのに必ず引用される『日本後紀』弘仁6年の条、俗に「弘仁瓷器」と呼ばれる次

の文にあります。

　丁丑。造瓷器生　尾張国山田郡　人三家人部　乙麻呂等三人　伝習成業。准雑生　聴出身。

　　　　　　　　　　　　　　　　　　　　―『日本後紀』　吉川弘文館

　"尾張国山田郡、乙麻呂ら三人が、瓷器造成の伝習相成り、准技術者として認められた"といった内容でしょうか。「人三家人」は乙麻呂らの所属先を示していると思われますが、「部」は豪族の私有民を指す「民部：かきべ」なのか、あるいは官衙に所属する「品部：しなべ」なのか。「瓷器」が緑釉を意味するのか、それとも灰釉なのか？　「聴出身」の意味も、官職につくことを意味するのか？　「尾張国山田郡」が何を説明するのかも定かではありません。文面からは造瓷器所の所在を特定することはできないため、平安京の緑釉・官営工房か、尾張の灰釉・国衙工房か、はたまた、灰釉・中央工房なのか、いろいろな解釈が飛び交います。

　『魏書』「東夷伝倭人の条」に記述のある邪馬台国が、九州なのか、畿内にあったのか、アマチュアも巻き込み、侃々諤々の論争を繰り広げているのは御存じの通りです。それほど一般の関心をそそる問題でもありませんが、専門家の間では、この33文字の解釈は猿投窯のみならず、古代の産業育成の背景を知る上でも重要な意味を持ち、各先生方それぞれ専門の立場から御持論を展開され、どの主張にも一理も二理もあるのです。しかし、考古学がどのような作業を経て結論を導くのか、論争の行方を見守りながら、既に30年以上が経過し、まだ結論を見ていません。

　この問題に、筆者が口を挟む確かな論拠を持つわけではありませんが、「尾張の灰釉・国衙工房」説を考えた場合、猿投では奈良時代中期に灰陶技術が既に確立しているのにもかかわらず、5・60年後の平安時代にそれを修得したからといって「正史」にわざわざ記録を残すようなことなのか、という素朴な疑問を覚えます。

　奈良時代が世界に誇る正倉院三彩は、唐からその技術が伝わって間もなく、日本人の手により造られたのはほぼ間違いありません（第三章　ロクロの回

転方向参照）。国策によるこのような前例もあるのです。図版1の白瓷短頸壺など明らかに長石質原料の混入が認められ、このような新技術の製品への応用は9世紀以降の製品に顕著でもあり、それらしき出土事例はまだないものの、最高レベルの「正規の官営陶瓷研究所・付属訓練工房」なるを想像してなりません。

　猿投窯はその所在の筆頭に挙げられましょうが、「尾張国山田郡」は、『延喜式』にある式内神社19座小の現所在地をあてはめますと、名古屋市西区から春日井市東部、尾張旭市、瀬戸市にいたる庄内川沿いの細長い範囲に相当し、かつて尾張国の勢力を東西に二分した緩衝帯ともいうべき微妙な場所に位置します。加えて、信濃国に至る下街道（東山道バイパス、現国道19号線図1参照）に沿い、地理的にも地政的にも尾張・美濃国府圏に近く、東山111号窯と前後する最古の窯の一つ城山2号窯（5世紀後半・尾張旭市）、やや西方ですが尾北窯の元祖ともいうべき6世紀前葉の下原古窯（春日井市）、8世紀前葉、猿投窯に先んじ尾張地域の窯業をリードした高蔵寺2号窯（春日井市）などが散在します。従来の「猿投論」は、これらの古窯を猿投窯と区別していませんでした。というよりも、猿投窯主導という理論補強のために分流として編入してきた観さえあります。

　尾北窯は操業を再開して間もないにもかかわらず、高レベルの灰釉陶器を生産しています。窯跡の分布にも規則性が感じられますし、また、通常では入手の困難な鉛白（酸化鉛の粉末）を大量に消費する緑釉瓷器も同時に焼いており、"官"の関与が働いていたことを強く示唆します。尾北に官営工房があったというのではなく、尾張地域の他の場所に猿投窯以外の「国衙窯陶瓷工房」の可能性を探った場合、従来の「猿投編年」を適用しますと、かなりのタイムラグが生ずるかもしれませんが、想定内にその存在を押し込めるべきではないのかもしれません。…。堂々巡り、結局、振り出しに戻ってしまいましたね。

3．平安時代中期〜末期（950〜1100年）
　　猿投窯の最盛期から衰退、終焉へ

	古文書の記述	古窯の変遷
960年	宋王朝興る	
967年	康保4年 最後の律令細則『延喜式』施行 延喜式―律令の施行細則。延喜五年（905）、醍醐天皇時代、藤原時平等により編纂、927年完成、967年施行。全50巻、条項数3300余。内容は、神祇・司法・民法・刑法・税法・その他、あらゆる細目に及び、かなり詳しく当時の様子を知ることのできる古代史を研究する上で欠かすことのできない、極めて重要な文献。以降、本書でも度々引用する。 『和名類聚抄』―承平年間（931〜938年）、源順により編纂された本邦初の漢和・百科事典であり、10巻本、20巻本があり、10巻本は24部門128項目からなる。平安期当時の天文から病気、物品、社会事	早々に民衆の支持を失った律令制は体制の維持を図り、弘仁格式（820）、令義解（834）、貞観格式（870）、と何度か改変を行ない、最後に『延喜式』を発令しますが時すでに遅し。一度失った信用を取り戻すのは容易ではなく、10世紀に入りますと、あの手この手の税逃れが常態化、それまで個人に課せられていた人頭税（租・庸・調）は機能を停止し、土地課税に改められ、国司、郡司に強力な経営権や徴税権を与える「負名制」に移行し、律令制は実効力を失います。古代と中世の境界は曖昧ですが、学術的にはこの律令制の崩壊をもって中世とする考え方が主流になりつつあるようです。 王朝国家体制に移行した平安中期は優雅な貴族社会ばかりが強調されますが、農業生産・商業活動の活発化、人口増加、東国の発展・需要の拡大、国衙軍編成、地方富豪層の台頭等々、社会情勢もダイナミックに変化をした激しい時代です。そのスピードに猿投窯の対応が遅れた、

情など幅広い記述は古代の様子を知る上できわめて貴重な文献であり、本書でも大いに参考にしている。

という事情もあるでしょう。遣唐使廃止以来、途絶えていた大陸との交易も再開され、宋商人たちにより最先端の越州窯青磁が大量に日本に持ち込まれ、それらの使用は貴族の間では日常化し、嗜好は既に白磁に移りつつありました。進歩したとはいえ、相も変わらぬ灰釉では100年も200年も頂点の座に留まれるはずがありません。大陸からは粗悪品といえども白磁であり、それらの大量流入も猿投窯の衰退に拍車をかけたことでしょう。

しかし猿投・尾北窯衰退の主たる理由は、律令制の崩壊に伴う徴税制度の根幹である「租・庸・調」の廃止により、調納窯としての機能と保護を失い、たちまち自由競争の波に洗われ、歩留まりの悪さという高コストの窯運営を維持できなくなったからではなかろうか。

大陸製品の模倣である白瓷の畿内での需要は細る一方であり、猿投窯は、それを補うかのように、舶載陶磁器のゆき渡らない次階層、地方の国衙、寺社、豪族などに、その供給先を求めますが、後ろ盾を失った"調用窯"の品質低下は避けようもなくK-89号窯、折戸-53号窯式あたりを最後に機能を停止する。その意味では、"御用窯"としての猿投窯は養老律令に始まり、平安中期、律令制の終焉とともにその役割を終えた、と推測するのですがいかがでしょうか。

I　猿投古窯　資料編

　解散した"調用窯"の陶工たちは民窯、あるいは各地の荘園窯などに天下り、四耳壺や経筒外容器、食器など、白瓷の生産を続けますが、やがてその技術は瀬戸・美濃をはじめ、渥美、常滑、三河、遠江、遠くは駿河にまで伝播し、中世に引き継がれてゆきます。取り残された多くの民営窯は時代のニーズに応じ粗雑な山茶椀の大量生産に転じ、白瓷系陶器の主生産地は東濃地域に、そして瀬戸に移ります。

　東濃地方の陶土は、扱いやすく、鉄分も少ないために白く焼き上がり、焼成幅も広く、"歩留まりの良さ"という点では猿投の土など比べようもない優れモノです。しかし、耐火度が高く粒子も粗いために、焼があまく、猿投・尾北の製品のように硬く焼き締まったシャープな造形には遠く及びません。また、施釉も縁に薄く浸し掛け、あるいは、刷毛塗りする程度のかなり手を抜いた粗末なものが多く、かつての"調用窯"、尾北・猿投製品と同列に扱われたとは考えにくいのです。品質に応じた需要層は多様であり、東濃製品は信濃・東国方面に展開します。が、猿投・尾北窯の衰退は高級顧客を失った、あくまでも時代による需要の変化に伴う結果、と解釈すべきであり、通説でいう東美濃や他窯業地との競合に敗退したかの如き考え方には賛同しかねるのです。

　時代というものは常に進歩するものではなく、停滞し、時には退歩し、過去から学びつつ再び前進をはじめ、徐々に質を高めてゆくものであることは歴史が証明しています。古墳時代から飛鳥時代前葉にかけては半島からどん欲に先端技術・思想を取り入れ国家の基盤を固めます。奈良時代には大陸から統治システム・技術・文化など多くを学び、咀嚼し国家の形を整え、平安中期には国風文化が開花する。間もなく武家政権が誕生し、武力による支配下、質より量を必要とする文化的退歩期に入り、そこに猿投窯がはまった、そのようなイメージを抱いてなりません。

　多くにいえることでしょうが、特に工芸は技術開発を伴い、大きな資本を必要とすることから指導者の強い意志がその発展に大きく影響を与えてきました。同時期、王による絶対的な支配下、中国・宋では玉器、越州青磁が焼かれ、半島では見事な高麗青磁を完成させています。奈良時代には仏法による慈悲、厳格な律令法を柱に、国家建設に取り組み、その熱意は多方面に影

響を及ぼしました。工芸もその一つであり、聖武天皇による強いリーダーシップの元、数々の仏教美術をはじめ、都の官営窯にて世界に誇る正倉院三彩を産みだしています。キッカケを手にしさえすれば、たちまち優れた製品を造り出すのが日本人の特技のはずですが、平安期を代表する猿投窯が、初歩的な灰釉陶器の開発のみに止まったのはいったい何故なのでしょうか？　この点は、長年猿投陶にたずさわった筆者の研究テーマを含みますので、4章にて詳述します。

　なお残る課題といえば、これまで主に学術的な視点から猿投陶が論じられ、それなりの成果を得ていますが、窯運営という経済面からの検討があまりなされていないのが気になります。律令時代、尾張白瓷が社会的に、あるいは税制上どのような地位を得ていたのか、その解明は実態を知る上で重要な意味を持つと思われます。猿投窯も当然ながら、経済の原理に拘束されていたはずであり、「調用窯」とはいえ、何らかの利益を得ずして、どうして成り立ちましょうや。さもなくば利益を考慮する必要のない丸がかえの「官営窯」という結論に自ずと落ち着くのではないでしょうか。経済の視点から猿投窯を分析することにより、その論説にさらに厚みを加えることは有意義だと思いますが専門性を要し、とても一陶工の担える作業ではありません。研究者のさらなる成果に期待します。

　私情を廃し、「縦軸」である考古学の成果と「横軸」である古文書、あるいは史実を素直に絡め、照合した結果、おぼろげながら浮かび上がる猿投古窯の姿ですが、濃尾地域の窯業の変遷と、歴史の推移が大筋で重なるのが見て取れます。窯の運営形態、主催者の特定にまでは至らないものの、国司、あるいは"官"の意思がその盛衰を大きく左右するのは確かなようです。これ以上の言及は"憶測"を必要としますので「第四章」にて私見として述べさせていただきます。

Ⅰ　猿投古窯　資料編

第2章　猿投窯を取り巻く諸事情

　焼き物は、人が人らしい生活を送るための必要不可欠な道具であり、人類が産みだした化学反応を応用する最古の工業生産品でもあります。それぞれの品質レベルに応じた需要は膨大であり、そのかかわる範囲は政治・経済、文化・伝統、物流など多岐にわたり、それぞれ専門書が数多く執筆されています。

　"本邦初の施釉陶器、猿投白瓷は当時の最高級品であり、とても一般庶民の手に届く代物ではなかった"。しかし、そのように漠然とは思いつつも、世界中のあらゆるブランド品を手軽に手にすることのできる今日、実感は伴ないません。猿投窯の製品は、どのような環境で、どのようにして造られ、それはどの程度の貴重品であり、どのように運ばれ、何処でどのように使用されたのでしょうか？　本章では、奈良-平安期の猿投窯に焦点をあて、実践を踏まえた造る側からの視点から、具体的な数字を挙げつつその実態に迫ろうと思います。

1．陶工たちの制作環境

　平安時代といえば源氏物語、和歌、王朝絵巻、十二単など優雅な宮廷貴族の暮らしばかりが目に浮かびますが、読み書きのできるのは貴族、学者、役人、僧侶など支配層に限られ、残される記録も、当然、その者たちの視点にかたよりがちです。『日本霊異記』、『今昔物語』、『宇治捨遺物語』などの説話物に風俗、文化を垣間見ることはできますが、良民階層の底辺をなす工人たちの生活実態を推測できる情報は極めて限られます。

　2006年、群馬県太田市にて平安時代の地方役人が給料の10日分、米一斗の前借を申し込んだ漆紙の墨書が見つかりました。上司の「御許」の決裁があ

り、地方の下級役人は給金を米で現物支給されていたらしく、生活ぶりが妙にリアルに伝わり親近感を覚えます。昔の米1斗は京枡の8升に相当しますので、1日あたり実質8合、家族がようやく食べてゆくだけで精一杯、かなり厳しい生活を強いられていたようです。猿投に赴任した役人たちもさもありなん、いわんやその下で働く工人たちを取り巻く環境とは如何ばかりであったのでしょう。

・2000年、石川県津幡町の遺跡から西暦850年頃に書かれた「傍示札」という、役所のお達しを掲げる立て看板が出土しました。ご記憶の方も多いかと思いますが、律令制度下、役所と農民の関係を具体的に示す一級の資料ですので挙げますと、

一、　朝は寅時（午前四時）に農作業に出かけ、夜は戌時（午後八時）に家に帰ること
一、　ほしいままに魚酒を飲食することを禁ず
一、　溝や堰を維持管理しない農民を罰すること
一、　五月十日(現在の六月)以前に田植えを終えた農民は申告すること
一、　村内に逃げ隠れしている逃散農民を捜し捕らえること
一、　桑畑を持たない農民が養蚕することを禁ずる
一、　農民が里邑で酒を飲んで、酔って戯れ、過ちを犯すことを禁ずる
一、　農業を勤勉におこなうこと

　　　　　　　　　　　　　　　　　　　　　　　―当時の朝日新聞より

いやはや細部に至るまで厳しい締め付けではありませんか。田植えの時期に労役を課すなど、かなり無配慮な重税に喘ぎ、逃亡を図る農民、庸役を放棄する者は後を絶たず、田は荒廃し、造営工事は一向にはかどらない。逃亡者の責務は残った者たちに割り振り、全体責任を負わせることで逃散を思い止まらせる。他の職種も察しが付こうというものです。筆者が農民であったならば間違いなく逃亡を試みる。

　律令制は、そのルーツを秦・漢時代にまでさかのぼり、改良に改良を重ね

た古代中国のほぼ完璧な統治システムといえます。中国の法制と大きく違う点は、不変・不滅の絶対的存在である天孫・天皇の下に祭祀のすべてを執り行なう神祇官、行政をつかさどる太政官の二官を据えたことにあり、やはり法令を周知徹底する、今日とあまり変わらない強力な官僚機構を備えています。太政官の下には八省（式部、治部、中部、民部、兵部、刑部、大蔵、宮内）を従えた組織が構成され、さらにその下に、寮・司・職・所などの官庁を置き、強力に中央集権国家を支えていたのです。

民部省、宮内省の傘下にある官営工房には技官である雑工が配置され、現場の実務にたずさわる職人たちは、その管理下、品部（朝廷直属の職務を担う専門職）、雑戸などと呼ばれ、良民の最下層に置かれた半自由人という立場であったようです。

古文書、あるいは、猿投の古窯跡からは、当時の陶工たちの様子を推測できる証拠は未だ見つからず、手掛かりは皆無です。時代も前後し、猿投の田舎とは大分事情が異なるかもしれませんが、奈良時代の工房の様子を書きとめた一文が正倉院文書、『造仏所作物帳』にありますので、そうした記述からイメージする以外に手立てはありません。

「造仏所」は、光明皇后が亡き母の供養のために興福寺、西金堂を造営・造仏する目的で、選り優りの技術者たちを都に集め、官営工作所として期間を限り設立した工房ですが、『造仏所作物張』には必要な仕入品、量、価格、あるいは人員の数、給金などが細かく記されています。当時の工人たちの様子を詳しく知ることのできるこのような貴重な資料がよくぞ残っていてくれたものですが、この中から焼き物に関連する記述を拾ってみましょう。

・734年：天平6年5月1日の条に、雑戸や技能者の給金が記載されています。詳細は省きますが、例えば雑戸が近江から特産の麻紙を運んだ場合、その代金も含まれるのでしょうか。14人に対し米7斗4合が支払われています — 「自近江国持紙麻来丁十四人食米七斗四合　人別四合」。一人あたり米4合、実質3.2合の支給。これでは人一人が一日ようやく生きていける量であり、家族を養うことなどとてもできそうにありません。

それに対し、特殊技能者は名前を記載され、給金もけた違いに良い。

木工	猪部多婆理	米八斗
仏師	将軍万福	米六斗
書工	秦牛養	米五斗
銅工	太小広	米四斗
鈴工	錦武□	米三斗
近江紙工	敢石部□麻呂	米一斗六升
給近江轆轤工	二人粮	米一斗五升

　奈良時代は、まだ貨幣による流通経済が未発達で給料は米の現物支給が多かったようです。給金の多少は、そのまま職種の序列を示すものでしょう。木工とは、いわずとも仏殿造営の技術者を指し、次に仏師、書工…と続き、まさに彼らの技術が、今日もなお美観を誇る奈良の都を造り上げたのです。ここに記された職人たちはいずれも親方クラスであろうし、弟子たちの面倒もみなければならなかったでしょうが、大工の棟梁ともなれば日当米8斗と破格の厚遇であることが分かります。他の技能者に比べると、轆轤工は2人で米1斗5升、一人あたり7升半と少なく、名前も記載がないところから、他より低い職種とみなされていたようです。

　当時の暮らし向きを推し量るよい機会ですので、木工寮の棟梁の給金が如何ほどか、今日の給料に換算してみますと。米一斗は約15kg。京枡の一升は現在の8合に相当しますから、米八斗は96kgになります。今日の物価をあて、並米1kg350円としますと、日当33,600円、年収1200万円超という計算になります。電気などというものはありませんから、当然、残業もない。日が暮れて仕事が終わり、毎夕、両肩に米俵を背負っての帰宅に、満面の笑みで出迎えるカミさんの顔が目に浮かびます。ちなみに我ら陶工は、といいますと。日当3,150円、年収約115万円です。

・粘土や薪に関しても、やはり同じ条に記述があります。

　　瓷坏料土二千五百斤　自眉野運車五両

瓷坏焼料薪橡三百七十四材　自山口運車六十七両
　　賃銭一貫四百七十四文　車別二十二文
　　　　　　―以上『大日本古文書　1』東京帝国大学編纂　明治34年

　ここでいう「瓷」とは低火度鉛釉の奈良三彩（第4章　古陶の呼称参照）、あるいは緑釉を指しますが、この時点で施釉陶器を「瓷」と呼んでおり、恐らく最も古い記録だと思われます。瓷器用の粘土はわざわざ眉野（河内国石川郡）から荷車5両に分けて取り寄せており、当時の物流事情の一端を垣間見ることができます。

　薪に関するこの一文の意味するところは大きい。まず、燃料の薪は374材を67車両に分けて運んでおり、既に多くの車両を動員できる大量輸送の仕組みが整っていたこと。1車あたり22文とあり、貨幣経済と物々交換が混在している。一度に調達する薪の量。また、これまで古窯の燃え残りから、燃料に使われた樹木を推測していましたが、調達する薪が「橡：クヌギ」と明記されていることなど等。テーマを絞り綿密に検討を加えれば、古文書にはまだまだ多くの知識が眠っています。

・制作に関しては、天平勝宝2年（750年）7月29日の条、「淨清所解　申作土器事」に、淨清所で働く部民の様子をうかがい知ることのできる土器制作の記述があります。

　　淨清所解　申作土器事
　　合貳人　単功壱百七十八人
　　　讃岐石前　相作堀土運打薪採藁備并進京　単功八十九人
　　　借馬秋庭女　作手　単功八十九人
　　　　田坯二千四百口　　功廿四人　々別日百口「十五充銭三文」
　　　　鋺型九百九十口　　功卅三人　々別日三十口「十口充八文」
　　　　片埦三百六十口　　功九人　　々別日四十口「十口充五文」
　　　　片佐良六百六十口　功二十二人　々別日三十口「十口充八文」
　　　　小手洗六口　　　　功一人　　「一日充六文」
　　　　　　―『大日本古文書　11』東京大学資料編纂

官営の淨清所は調達手、造り手、178人が働くかなりの規模であります。
　讚岐石前という男性が89人の雑役夫を統率し、粘土採掘、薪割、ワラ、運搬などの下準備。秋庭女という女性がやはり89人の土器作手の指揮をとり、各注文品を女工たちに割り振っており、一人一日各々、田坏－100個、　埦―30個、　片口埦―40個、　皿―30個、　手洗―6個、を造らせています。給金は造るものにより、手洗の16文から田坏の69.3文までマチマチですが、平均50～60文といったところです。荷車1車の賃金22文と比べるとかなりよいように思えますが、給金の多少は専門家にお任せするとして、一人一日当たりの土器制作個数は適切といえましょう。それにしても、89人の土器師により大小含めて毎日4416個の土器製品が造られ、下準備から焼成まで89人の男工が忙しく働く仕事量となると、もはやこれは企業であります。古代の手工業といえども、決してあなどることはできません。

　さて、猿投窯の事情はといいますと、述べましたように、参考になる文書・資料は皆無です。何か書きたくとも、想像力を借りなければ無理です。度々登場させて気の毒ですが、群馬の前借り役人の給金が1日実質8合、役人にして家族を食べさせるのにようやくの生活なのです。いわんや、その下で働く山里の陶工たちが酒食に満たされていたとは、とても思えません。…。想像力は楽しいことに働かせたいものです。

2．資源消費と生産量

　化石燃料や電気が普及するつい最近まで、木材や炭、植物油は、日々の生活に欠かすことのできない数少ないエネルギー源でした。燃料資源と食料の確保は個人、国家を問わず最重要課題であるのは昔も今もこれからも変わるものではありません。

　・正史『三大実録』（901年編纂）第2巻　貞観元年（859年）の条に

二十一日丙午。大祓於建礼門前。河内和泉両国窯争燒陶伐薪之山。依朝使左衛門少尉紀今影等定。為和泉国之地

　　　　　　　　　　　　　　—『国史大系』巻4　吉川弘文館

　とあり、陶器を焼く薪山の伐採権をめぐり河内国と和泉国が争い、朝使が調停に乗り出す騒ぎにまで発展し、和泉国に軍配が揚がったという一文、いわゆる「陶山争論」が起きています。たったこれだけの記述ですが、かつて和泉国も河内国も須恵器の重要な調納国であり、朝使が直接出向いて裁定を下す状況は、両窯とも中央が深く関与していたことを示唆します。

　陶邑は、東西15キロ、南北9キロの範囲に436基の窯跡が集中し、5世紀半ばに須恵器の生産を開始して以来、10世紀初頭まで、およそ450年にわたり操業を続けた猿投窯とならぶ古代を代表する大窯業地です。
　しかし、一見、その窯跡数に圧倒されますが、450年間の436基という数字に注意を払っていただきたいのです。単純に計算すれば年間1基足らずの築窯ということになり、計算の根拠は後で説明しますが、窯の寿命を最長8年と見積もれば、年間せいぜい7〜8基が稼動していたにすぎません。赤松は生長が早く、40年もたてば燃料として使える立派な木に育ちますから、メンテナンス（植林）さえ怠らなければ、450年間に同じ森林から12回分の燃料を調達できることになり、たとえ8基の窯をフル稼働させても、森林自身の回復力がダメージをかなり補うはずです。「陶山争論」は森林資源の枯渇に端を発しますが、窯焚きによる消耗というよりも、無秩序な伐採、生活燃料の確保、伐採に乗じた耕作地の拡大、メンテ不足など、そのほかの要因が事態をより深刻にしていると思うのです。しかし、そうは申しましても、古代において焼き物は、燃料を消費する最たる産業であることには違いありません。資源エネルギーの有効活用は今日騒がれている環境問題とも密接に関連し、考古学・社会学者のみならず、私たち陶工にとりましても大いなる関心事です。猿投窯では操業時、陶土や森林の消費量に対し、どれほどの焼き物が生産されていたのでしょうか？　表1のデータを基に、各時期における資源消費量対生産量の関係を数字で検証してみましょう。

陶土

　まず、平均的な白瓷窯一窯あたりに必要な陶土使用量の割り出しです。現在のように棚組みをし、窯詰めした場合、実は、造る器種にかかわりなく消費する粘土の量はほぼ決まっているのです。例えば、

・乾燥状態で一枚、15cm径×6cm高、重さ300ｇ、棚板の厚み1cm、各段に1cmのゆとりを持って5枚の山茶埦を棚詰めしますと、(6＋2cm高)×4枚＋6cm＝38cm。使用生粘土重量は一枚あたり400ｇ、計2.0kg（含、水分25％）になります。
・2.0kgの粘土で、径15cm、高さ38cmの筒花瓶が挽ければロクロの腕も一人前です。

　計算の前提条件は、

Fig.6　山茶埦の出土状況　黒笹69号窯　三好町立歴史民族資料館

・棚板などなかった時代、窯詰めの量は品物の形状により、かなりのバラつきが生じますが、ヤヤコシクなりますので、全て山茶埦に換算、一窯あたりの最大生産量を基準に計算を行ないます。

・白瓷窯（灰釉陶器窯）は、巾1.3〜2ｍ、全長5.5〜7.5ｍ、と大きさもまちまちですが、焼成室の平均寸法は、巾1.4ｍ、奥行５ｍ内外といったところでしょうか。山茶埦は平安末期に大量に焼かれた直径16cm前後、高さ５cmほどの無釉の日用雑器ですが、安価なために、いかに数多く窯に詰めるかは経営上の大きな課題でした。そのために、窯床の斜面に"馬の爪"と呼ばれる焼台を据え水平を保ち、その上に15枚ほど山茶埦を重ね、窯焚きの効率化を図っています。このくらいの窯ですと、目一杯に詰めて、一窯あたり2,800枚ほどの山茶埦を焼くことができます。

以上の条件を基に、一窯につき、必要な粘土の量を算出しますと。

  山茶埦（製品）１枚あたりの重さ　　300ｇ
  使用生粘土量（水分25％含む）　　　400ｇ
  一窯あたりの最大粘土消費量　　　　0.4kg×2,800枚＝1,120kg
  消耗土（焼台・目張り土など）　　　最大500kgを見積もる
  一窯あたりの粘土総使用重量　　　　1,120kg＋500kg＝1,620kg
  採掘前の粘土の比重　　　　　　　　約２ｇ／cm^3
  採掘前における粘土使用量　　　　　1,620kg÷２＝0.81m^3

　消耗土も含めた一窯あたりの粘土総使用量はゆとりをみても２ｔあれば十分です。地層に挟まった自然状態の粘土の比重は約２ですから、一窯あたり、およそ0.81m^3、計算しやすいようにゆとりを十分にみて、１m^{3}とみなします。２ｔの粘土といっても分かりにくいと思いますので30kg詰めのセメント袋に換算しますと、約66袋分になります。その量をご想像いただけるでしょうか？

> **コラム**
>
> ワンについて：
> 同義語の多様性はその持つ文化のこだわりを示します。
> 鋺：　金属製。銅合金で作られたワン。古代における最高級品
> 垸：　舶来物。施釉された最上級陶磁器ワン。天目茶垸など
> 盌：　朝鮮半島で造られた薄造りの端反りワン
> 碗：　石物。磁器でできたワン
> 埦：　土物。陶器でできたワン
> 椀：　塗物。木製漆塗りのワン
> したがって本書ではワンは全て「埦」に統一します。

薪

　次に、一窯焼くのに必要な薪の量です。

　愛知県埋蔵文化センターの発掘調査報告書は、データ主義に徹し、的確な分析を加え、その内容は信頼に足るものです。しかし、同センターが2005年の報告書に記載した、一回の窯焚きによる山林のダメージは

> 　（前略）…全長約10m、最大幅2m、床面の傾斜格30°の規模である。この窯体の実験操業のデータを中野晴久氏がまとめている。これによれば、この窯体は「四昼夜経過した時点で1280℃を少し超えた段階をもって窯焚きを完了」し、その時に使用した燃料材は空焚きを加えて概算で約6トンであったという。このデータ（瀬戸の万徳峠窯の調査時、燃料材に使用可能な樹木密度を調べた結果、1 ㎥あたり45kgとなる　—注：同センターが平成15年に調査したデータに基づく）を使用すると、一回の稼動で133㎡の山林が消滅することになる。（　）内筆者加注釈
> 　　　　　—『NA311号窯』愛知県埋蔵文化センター調査報告書　2005

　と極めて過小に試算をしています。133㎡は12m四方にも満たない面積であり、密生した原生林か、よほど手入れの行き届いた森林でもないかぎり、

それはないでしょう。前提条件が不明なので論評は控えますが、この規模の窯で、通常の窯詰めをして4昼夜6t、最高温度1280℃に達する薪の消費量は、想定の最小範囲ギリギリだと思います。十分に管理された薪を使用し、手慣れた焼手でなければ、こうはゆきません。

加えて、その辺の枯れ枝で間に合うキャンプの飯盒炊サンとはワケが違います。木なら何でもよい、というわけではありません。重量にしても、例えば、樫の乾燥比重は0.9前後、小割りは不可能であり、オキも大量に残り、熱効率は良くありません。それに対し赤松は比重0.55と軽くて、扱いやすい、火力も強く、オキもほとんど残らない。樹種によっても条件は全く異なるのです（薪の樹種と窯構造の相関関係参照）。

窖窯焚きは、窯容量・詰め方・季節・薪の樹種、など様々な要素が絡み、たとえ同じ窯を使用しても作品の目的、焼成技術など焚き手の流儀も違い、一窯とて同じ窯焚きはありません。前提なくして薪の使用量を論じても、ほとんど意味はないのです。

細かい注文を付ければ、キリがありませんので、今回は、使い慣れた筆者の窯を基準に計算を行ないます。

- 筆者の窯は平均的な白瓷窯に近い、全長7m弱、燃焼室1.2m、焼成室4m長×1.2m幅、・煙道1.2m・煙突高1.7m、焚き口から2mまで水平、そこから傾斜角22℃で煙道に至る。
- 火前から1.3m、2.5mの天井に熱センサーを設置
- 炉材は自然状態に近いクレ（技術編　炉材参考）を組んだ半地上式窖窯。
- 過去20年間に30回以上使用した平均的薪消費量から、一窯あたりに消費する森林のダメージを試算する。

焚き始めから900℃までのアブリの段階では製材所から調達する杉・檜の端材で十分です。乾燥状態で1t分も用意すれば、12時間ほどで目標の温度くらいには楽に上がります。攻め焚き（900〜1200℃）には、予備も含めて赤松が原木の状態で5t程にもなりましょうか、4t車山盛り一杯分くらいは最低準備しておきたい。それを小割りにし、半年以上乾燥させた薪を使用。

一窯あたりの平均焼成時間は45時間、合計6トンほどの木材を用意します。
　灰釉陶器の窯焚きは、焼き締めるだけの須恵器と違い、火前から2ｍ以内を何が何でも釉薬を熔かす温度、1200℃にまで上げなければならず、薪の不足を心配しつつ窯を焚くことなど絶対にできません。したがって、薪の必要量は結果の消費量ではなく、ゆとりを持った準備量でなければなりません。ましてや、昔は山の斜面を掘り抜いただけの窖窯ですから、含む湿気も相当のものでしょう。そのためにも、万が一に備え、十分な量の薪を用意しておく必要があります。全て管理された松材であれば、おおよその見当はつきますが、不特定な照葉樹木で焚くとなりますと、通常より大分多い10ｔくらい、否、それ以上の焚き物を確保しておかないと不安です。雑木林の密集度にもよりますが、窯跡に立って森を眺めるに、当てずっぽうながら、一回あたりの窯焚きには、十分に余裕を持って、埋文センター試算の3倍、20ｍ四方（400㎡）くらいの林は見積もっておきたいものです。

猿投窯の資源消費量と生産量

　さて、「標準的な白瓷窯に、すべて山茶埦に換算した2,800枚を窯詰めし、火前から2ｍ以内の温度を1200℃まで上げる」、という条件で一窯あたりの資源消費量を最大に見積もり、

- 粘土の量　　　　　1㎥　　　2ｔ
- 森林の消耗　　　　20ｍ四方　400㎡

加えて、
- 陶工3人が作陶に専念し、その制作能力から算出しますと年間5回の窯焚きが限界でしょう。
- 窯にダメージを与える最も大きな要因は水分です。中には下原2号窯のように19回も修復を繰り返す例もありますが、多くは数回に限られます。自然の斜面を掘り抜いただけの半地上式窖窯は過熱と浸水を繰り返し、それほど長期間使用できるとはとても思えません。ある程度の防水措置を施すなど、管理のゆき届いた窖窯の使用限界回数を最大40回と想定し

ますと、窯の耐用年数は8年になります。

　以上の条件で、表1にあげた各時期の資源消費量と生産量を試算してみますと。

5世紀後半以降〜750年

　古墳時代、東山地区を皮切りに奈良時代中期まで、200年間に73基が稼動しています（表1　参照）。

窯一基あたりの使用限界数	40回転
73基の最大使用回数	73基×40回転＝2,920回
陶土使用総量	2,920回×1㎥＝2,920㎥
	（50m×13m×深さ1.5mのプール約3杯分）
森林総消耗量	400㎡×2,920回＝1,168,000㎡
	（1,100m四方弱）
山茶埦生産総数	2,800枚×2,920回＝8,176,000枚

一年間あたりの資源消費量と生産数

年間最大窯焚き回数	2,920回÷200年＝14.6回
陶土使用量	2,920㎥÷200年＝14.6㎥
	29.2ｔ（10ｔダンプ3杯弱）
森林消耗量	1,168,000㎡÷200年＝5,840㎡
	（約77.5m四方の伐採量）
山茶埦生産枚数	8,176,000枚÷200年＝40,880枚
年間稼動窯数	14.6窯分÷5回＝2.92基

　東山から天白にかけての低丘陵地帯には陶土は豊富にあり、粘土の枯渇が原因で窯を移動したとは到底考えられません。それが証拠に、平安後期には再び東山地区に戻ってきて四耳壺などを焼いています。また、古墳時代から

奈良時代中期まで、200年間の長きにおける73基であり、未発見の窯を含め、最大限に見積もっても、年間せいぜい3基による14〜15回の窯焚きです。消耗する森林は80m四方にすぎず、この程度であれば、森林の回復力が消費に勝り、東山窯で薪の調達に支障をきたすことなどあり得ません。むしろ、せっかく切り倒した原生林ですから、開墾して畑にでもすれば、一石二鳥というものです。

750年〜950年

同じように、750〜950の200年間に稼動した179基の消費資源と生産量は、

179基の最大使用回数	179基×40回転＝7,160回
陶土使用総量	7,160回×1㎥＝7,160㎥
	（50×13×深さ1.5mのプール7杯強）
森林総消耗量	400㎡×7,160回＝2,864,000㎡
	（1.8ｋm四方弱）
山茶埦生産総数	2,800枚／一窯×7,160回＝20,048,000枚

一年間あたりの資源消費量と生産数

年間最大窯焚き回数	7,160回÷200年＝35.8回
陶土使用量	7,160㎥÷200年＝35.8㎥
	71.6ｔ（10ｔダンプ7杯強）
森林消耗量	2,864,000㎡÷200年＝14,320㎡
	（120ｍ四方弱）
山茶埦生産枚数	20,048,000枚÷200年＝100,240枚
稼動窯数	7.16基

年間35.8回の窯焚きで生産される陶器は、最大に見積もり、山茶埦に換算して合計100,240枚になります。

950年〜1100年

　猿投窯が、最盛期から衰退に向かう時期です。150年間の総窯数162基から同じように試算しますと、

162基の最大使用回数	162基×40回転＝6,480回
陶土使用総量	6,480回×1㎥＝6,480㎥
	（50×13×深さ1.5mのプール6.7杯分）
森林総消耗量	400㎡×6,480回＝2,592,000㎡
	（1.6km四方強）
山茶埦生産総数	2,800枚／一窯×6,480回＝18,144,000枚

　一年間あたりの資源消費量と生産数

年間最大窯焚き回数	6,480回÷150年＝43.2回
陶土使用量	6,480㎥÷150年＝43.2㎥
	86.4t（大型ダンプ9杯弱）
森林消耗量	2,592,000㎡÷150年＝10,800㎡
	（100m四方強の伐採量）
山茶埦生産枚数	18,144,000枚÷150年＝120,960枚
稼動窯数	8.64基

　東山地区で猿投窯が発足して以来、平安後期までの550年間に山茶埦に換算して最大総数46,368,000枚が生産された計算になります。また、古代、最大規模といわれる猿投窯にして、年間あたりに稼動した窯は最盛期でも8基前後にすぎないのです。

　平均的な規模の白瓷窯における施釉陶と無釉陶の比率はおおよそ3.5：6.5ですので、その内訳は、

```
5世紀半ば～750年：     須恵器埦  8,176,000枚
750年～950年：        須恵器埦  13,031,200枚    白瓷埦  7,016,800枚
950年～1100年：       須恵器埦  11,793,600枚    白瓷埦  6,350,400枚
```

```
550年間の生産総数    須恵器埦  33,000,800枚    白瓷埦  13,367,200枚
```

750～1100年、350年の年間平均生産枚数
　須恵器埦　70,928枚　＋　白瓷埦　38,192枚　＝　109,120枚

ちなみに尾北窯が稼動した870年～1020年の150年間は、といいますと（窯再開後、停止までの尾北白瓷窯の合計）、

```
70基（注）の最大使用回数    70基×40回＝2,800回
山茶埦生産総数              2,800回×2,800枚＝7,840,000枚
```

年間あたりの生産数

```
年間最大窯焚き回数    2,800回÷150年＝18.7回
山茶埦生産数          7,640,000枚÷150年＝52,266枚
稼動窯数              3.73基
```

となります。この数字を多いと見るか、少ないのか、消費の側から検算してみましょう。

猿投製品の需要・供給バランス

　人口は国力を量る一つの指標ですが、統計の採りようによってその数値は大きく変化します。上智大学教授、鬼頭宏氏（人口から読む日本の歴史　講談社）によりますと、平安時代の総人口は、平安初期（800年）551万人、後期（1150年）684万人とかなり細かく試算しています。この数字を根拠に、平安期400年の全国平均人口617万人、乳幼児期の死亡率を無視し平均寿命40歳。乱暴ではありますが、物流の恩恵に浴することのできる貴族、官職、豪

Ⅰ　猿投古窯　　資料編

族などの支配層を 3 ％、全国で約185,000人と仮定しましょう。彼らの需要を満たすのに、どれほどの生産量を必要とするのでしょうか？

日常食器の多くは土師器を使用していたという事情も考慮し、一人一生、40年間に、185,000人が一人当たり35枚の須恵器、若しくは高級品である灰釉陶器の埦を消耗するという、極めて控えめな前提で計算を続けますと、

一人一生の食器使用数	35枚／40年間
総消費枚数／40年間	185,000人×35枚＝6,475,000枚
年間当たり必要生産枚数	6,475,000枚÷40年＝161,875枚
一窯当たりの平均生産数	2,800枚
年間必要窯焚き回数	161,875枚÷2,800枚＝57.8回
年間必要嫁動窯数	57.8回÷ 5 回＝11.56基

という結果になります。最大限に見積もった生産量に、最小限に見積もったはずの消費量、前提条件に何か間違いがあったのでしょうか？　年間必要生産枚数〔161,875枚〕に対して、猿投窯の最盛期でさえ、年間窯焚き回数

Fig.7　トチンを噛ませた灰釉埦　愛知県陶磁資料館所蔵

43回、生産量〔120,960枚〕が限度であり、限られた富裕層の需要分、日常食器に限っただけでも、全国の窯場がフル操業して、ようやく間に合うかどうかの数量であります。

　しかも、実際に焼かれるのは、須恵器の場合、甕や壺といった耐水・貯蔵容器。白瓷は高盤、長頸瓶、硯類、壺各種などの単品が多くを占めますので、窯詰めの効率はさらに悪く、生産量は重量に換算して半分以下に減ります。白瓷埦に限っていえば、Fig.7のように溶着を防ぐために器物の間に"トチン"を噛ませ、5枚を重ねるのが限度であり、製作枚数は三分の一に減ります。計算上は、誤差を十分に見積もっても、白瓷などとても庶民の手に届く代物ではないことを示しています。

3．尾張・美濃の古道・物流事情

尾張・美濃の古道

　都を発した東山道と東海道が、東国（関東方面）に至る道程で唯一接触できる場所が、まさにここ濃尾地域であり、また、美濃須衛・東濃・尾北・猿投各窯はこの東山道と東海道に挟まれた、直線距離にして50km足らずの範囲内におさまります。このような地の利に着目し、窯を興したと唱える研究者もおられますが、こればかりは人の意思でどうなるものではありますまい。たまたま、そこに焼き物に適した陶土があった、ということだろうと思います。

　否、"たまたま"などと大雑把なことをいってはいけませんね。有田、砥部をはじめ日本を代表する六古窯と呼ばれる窯場は、越前を除き日本列島を二分する大断層、中央構造線の北を並行に走り、高温低圧の熱水作用を受けた領家変成帯沿いにすべて位置し、道路と陶土が重なるのは決して偶然ではありません。

　それはともかく、物流の利便性は、焼き物に限らず地域産業の発展に有利に働くのは間違いありません。平安中期以降、東濃地域で焼かれた白瓷系、あるいは緑釉陶器は東山道を経て信濃、上州方面に数多く運ばれています。

また、「道」は単に人、物資の移動に役立つだけではなく、「統治」の路でもあり、律令政権は日本を五畿七道に行政区画し、畿内を中心に指令の伝達・情報の収集を速やかに行なう大動脈を張り巡らしたのです。濃尾地域における「道の歴史」が当時の状況の推移を示すものであるならば、そこから「猿投論」の仮説を補強するような材料が得られはしまいか、そのような漠然とした期待を抱きつつ古道の様子を探ってみます。

　1998年11月、2日間にわたり愛知県春日井市において「古代を歩く　旅と道」と題した、6回目の春日井シンポジウムが開かれました。森浩一氏（同志社大名誉教授）、門脇禎二氏（京都橘女子大学長）、八賀晋氏（元三重大教授）を常任委員に、毎年、テーマごとにその道の専門家による徹底討論が行なわれる大変に内容の濃い考古学シンポジウムです。記念講演の中で、木下良・元國學院大學教授は、皇學館大学学長・田中卓氏の"尾張国はもと東山道か"という興味深い論文を紹介しています。

　　『続日本紀』（697〜791年）の尾張国は、伊勢・志摩・尾張・参河・遠江の順で記載されており、『延喜式』はじめ、その他の古文書も東海道に分類しているが。しかし、『日本書紀』（神代〜持統天皇697年）には近江・美濃・尾張という記載がおおく、尾張国は、もと東山道に属していたのではないか、という推論に至った。

　木下教授も、断定にまでは言及しないものの、歴史地理学という御専門の立場から、

　　宝亀2年（771年）に東山道から東海道に所属替えになった武蔵国と尾張国は極めてよく似た状況にあることに気付く。すなわち、武蔵国も尾張国と同様に内湾の奥に位置して、通過困難な大規模な低湿地が広がっており、とうじの東海道は相模国の三浦半島から東京湾口を横切って房総半島に上陸していた。また、両国共に国府は東山道駅路本道からは遠く離れた位置にあり、『延喜式』の東海道駅路が国府を通らないことも共通している。従来、東海道は東京湾を渡海することから、その名が生

じたと解されてきたが、伊勢湾口も渡っていたとすれば、名称の由来はまずここに起因したと考えるべきであろう。
　　─『第6回　春日井シンポジウム1998』古代の交通制度と道路　記念講演要旨

と、田中氏の論を擁護し、加えて、古文書などの記述を挙げ、文献面からも補強をしています。

　図1は古墳時代から奈良時代における濃尾地域の古道の様子ですが、シンポジウムに誌上参加されている大下武氏（元春日井市文化財課主幹）の論文

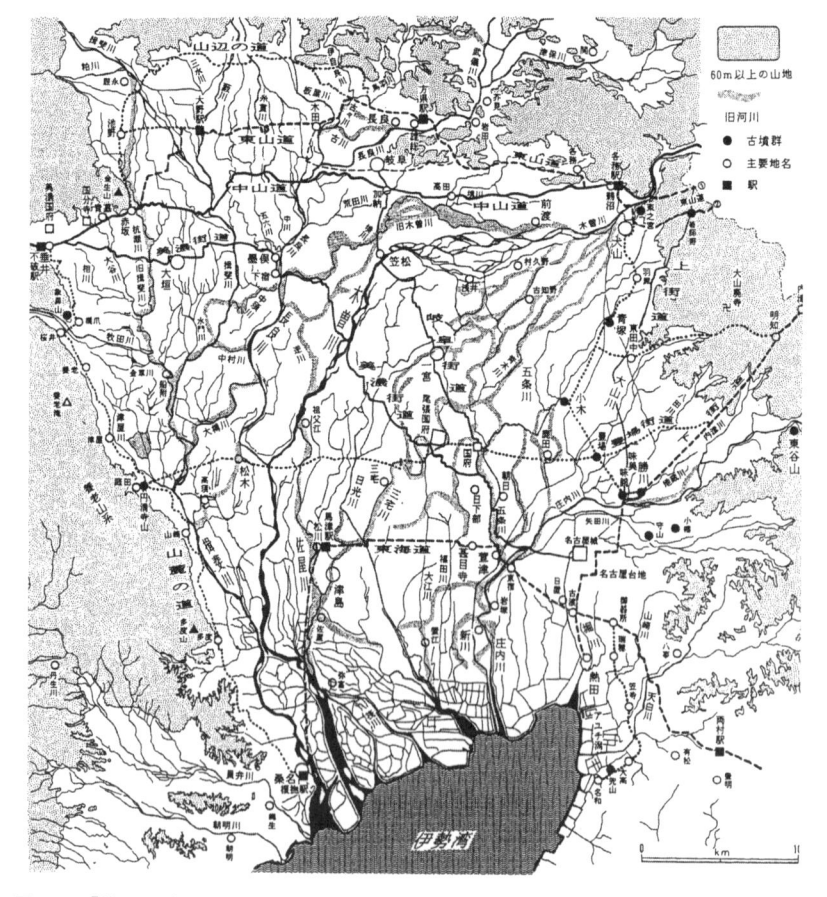

図1　『第6回春日井シンポジウム　1998』濃尾地域の古道　春日井市教育委員会

によりますと、

- 最古の東山道は濃尾平野の最北端、山沿いの「山辺の道」であり、5世紀には尾張南部を発する下街道（現国道19号線）と東山道が東濃で合流。
- 尾張国が東山道から東海道に変更になるのが、継体天皇に娘を嫁がせ、天皇家の外戚として権力を誇った、尾張連草香の墓といわれる断夫山古墳が築かれ、熱田神宮が成立した6世紀初期としており、古東山道と古東海道が結合する時期と重なる。
- 古墳の分布は古道の開拓とリンクしており、時代・規模・位置関係がその説を補強する。
- 尾張国衙が東山道と東海道の中間、稲沢市におかれた理由も尾張氏と中央の力関係による妥協の結果と推測するが今後、検討を要する課題。

　　奈良時代に入り、不破の関－美濃国府（垂井）にて東山本道と分かれ南下、尾張国府（稲沢市）を経由し下街道と合流、信濃方面に向かう「東山南道」が開ける
　　　―『日本地理総説』巻2　足利健亮氏「尾張平野の古道」　吉川弘文館

- 835年：「東山南道」に関しては『類聚三代格』巻16　承和2年6月29日の条に

　　尾張美濃両国堺墨俣河4艘。…布施屋二處　右造立美濃尾張両国堺墨俣河左右辺。…件等河東海東山両道之要路也
　　　　　　　　　　　　　　　―『国史大系　25』吉川弘文館

"東山道と東海道の境界、墨俣河に渡し舟4艘を配置し、両岸に布施屋（駅宿）を設けよ、この河は東山・東海両道の要路である"とあり、835年の時点で濃尾地域における主要道路網が完成します。

　図2が示すように、幹線道路から大きくはずれた猿投古窯の集中する尾張東部に比べ、美濃須恵、尾北両窯は古代の文化・物流・政治の中心周辺に位

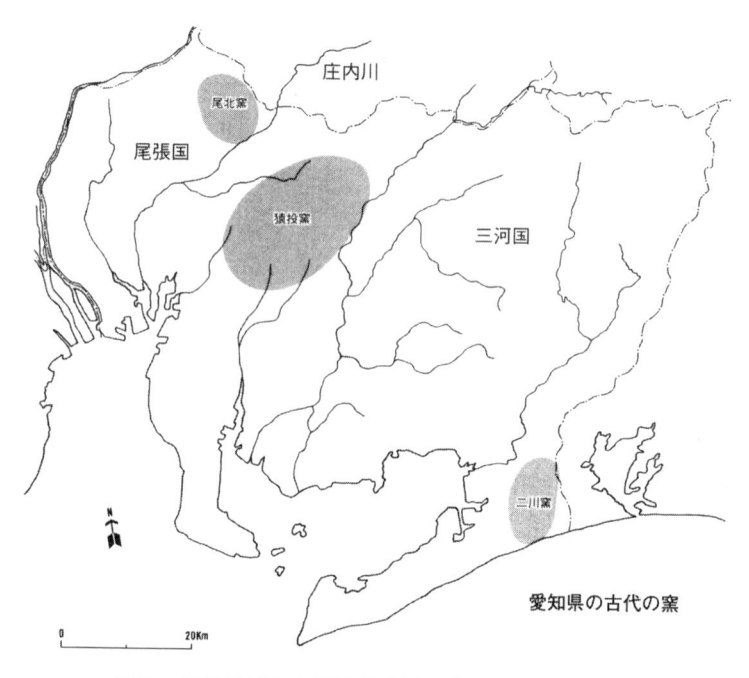

図2　尾張地域の古代窯分布図　豊田市民芸館提供

置し、かつて尾北窯が猿投窯ではなく、美濃と同じ文化・支配圏に属していたであろうことは想像に難くありません。

　少し横道にそれますが、美濃・尾張国から陸路、荷物を運び出すためには、西であれ東であれ、東山道か東海道を利用する以外にありません。東国へは、当初、河川の増水など天候の影響を受けやすい東海道よりも、近江・美濃・信濃を経由する東山道が多く利用されていたようです。しかし、東山道には美濃と信濃を分かつ恵那山（2190m）の麓、1595mを越える街道きっての難所、神坂峠（御坂峠）があります。現在の岐阜県中津川市坂本から長野県阿智村に抜ける74里（41km）の、山肌にへばりつくような山道で、地下には中央高速道の恵那山トンネル（8649m）が通ります。筆者も車で超えたことがありますが、落石も多く、不気味とも思えるような険しい道です。

・『延喜式』巻28　兵部省　によりますと、

東山道
美濃国駅馬
　　不破（不破の関）十三匹。大野。方県。各務各六匹。可児八匹。
　　土岐。大井各十匹。坂本三十匹。武義。加茂各四匹。
伝馬
　　不破。方県。各務。可児。武義郡各四匹。大野郡三匹。土岐郡五
　　匹。恵奈郡十匹。
信濃国駅馬
　　阿知三十匹。育良。賢錐。宮田。深沢 賣あ 志各十匹。錦織
　　浦野各十五匹。日理。清水各十匹。長倉十五匹。麻続。日理。多
　　古。沼辺各五匹。
伝馬
　　伊那郡十匹。諏波。筑摩。小県。佐久郡各五匹

　　　　　　　　　　　　　　　　　　　　　　（　）内筆者注

　　峠の彼方と此方に、それぞれ突出して多い駅馬各30頭、伝馬各10頭が配備
され、74里の峠を60頭の荷馬と、20頭の早馬がゆき交う、今日でいう、いわ
ゆるシャトル便輸送です。その他にも、運脚夫、荷車、旅人たちが喘ぎ喘ぎ
峠越えをする様子が目に浮かぶではありませんか。
　　物流の利便性は沿線の産業発展に大いに貢献しますが、『続日本紀』の記
述に解せない点があります。猿投、あるいは東濃製品の信濃・東国における
分布の解釈にも関係しますので、少し触れます。
〔大宝2年（702）12月10日：始めて美濃国なる岐蘇（木曽）の山道開く〕、
続いて〔和銅6年（713）7月7日：美濃・信濃二国の境（神坂峠）、道を経
るに険阻にして、往還困難なり、仍りて吉蘇路を通す〕、〔和銅7年2月、笠
朝臣麻呂に食封70戸と田6町を賜い、…（中略）…吉蘇路を開通した功によ
ってである〕、この記述を根拠に、東濃窯製品が猿投窯より物流の面で優位
に立ち信濃方面に普及した、と推測する研究者も少なくありません。「中山
道開通時期」の論議は江戸時代以来続いているようですが、沿路の県・市・

73

> **コラム**
>
> **東山道神坂峠**：「今は昔」の『今昔物語』（1120年代頃）に受領の強欲さを揶揄する話があります。信濃守、藤原陳忠（のぶただ）は任期が終わり帰京の折、御坂峠にさしかかった。その時、乗っていた馬が道を踏み外し、馬もろとも深い谷に転落した。馬は谷底に落ちるが、陳忠は運良く途中の木に引っ掛かり一命を取り留める。谷の底の方から籠を下ろせと声が聞こえるので家来たちは紐を継ぎ合わせ下ろすのだが、引き上げるとヤケに軽い。籠には平茸が山盛りに入っていた。二度目は重たい。やがて陳忠が上がってきたが、その片手は紐を握り、もう片方には平茸が3本しっかりと握られていた。そして、九死に一生を得た喜びよりも平茸の取り残しを悔やんだのである。あきれる家来たちを前に、「受領は倒れた所の土をも掴むものだ」と言い放つ。家来たちは「賢明な方は、かように死を目前にしようとも心騒がず万事普段の如く、慌てず平茸をお採りになるのですね。さすがに任国を平らに治め帰京するお方はちがう。これからも千秋万歳間違いございません」。在任中、取れるものはどれだけ取り尽したことか、想像に余りある。
>
> —『今昔物語集』巻第28　「信濃守藤原陳忠落入御坂語」第38　を要約

町村史の見解もマチマチです。通説では、応永7〜14年（1400〜1407年）、木曽親豊により薮原峠が開かれ塩尻とつながり、1602年、徳川家康により五街道の一つとして中山道が制定され、木曽十一宿が設けられた、とされています。もしもこの時代、吉蘇（木曽）路が全道開通していれば、『延喜式』に記載されていて然るべきですが、その記述は見あたりません。事実とするならば、現松本市の信濃国府にゆくのに、わざわざ険しい神坂峠を越す東山道を通る必要はなく、上記の『延喜式』に見る神坂峠の記述はいったい何なのでしょう？

陸運

「道」に関しては古文書に数多くの記載がありますが、平安期における濃尾地域の物流事情に絞り話を進めましょう。

『延喜式』巻24　主計上、は調納に要する輸送日数を国により厳格に定めています。例えば、各国府から京都まで、

・美濃国：行程上4日・下2日
・三河国：上11日・下6日
・陸奥国にいたっては：上50日・下25日。なんと往復75日をかけて庸調物を運ばせています。

　尾張国は？　といえば、行程上7日・下4日、と定められています。尾張国府が置かれた現稲沢市から京都まではJR東海道線で140kmの距離です。この最短ルートでも1日あたり往路20km、帰りは35kmの道のりであり、実際には、雨が降ればぬかるみ、曲がりくねった起伏のある道を重たい荷を引いて運ぶのです。筆者はかつて四国遍路、あるいは日本橋から新潟まで荷物を背負い野宿をしながら歩き通した経験がありますので実感しますが、歩き慣れているとはいえ、これはかなりキツイ作業です。

　ちなみに、運搬にかかる一切の費用は納税者の負担であり、距離と運ぶものによっては道中の経費の方がはるかに高くつきます。こうした過酷な徴税に、道中行き倒れになる者、逃亡する者も後を絶たず、御丁寧にも、その者たちへの対処方まで規定する有様ですから、一時期、奴隷制度などと呼ばれた律令制が庶民の支持を失うのも無理はありません。時代は前後しますが、その過酷な様子を示す記述が『続日本紀』にあります。

・元正天皇　霊亀2年（716）4月：
　　およそ調を運ぶ人夫が京に入った日には所司（大蔵省・民部省・主計寮など）の役人は、調をよく調べ、もし国司が努力して人民に仕事を割りあて勧めて、そのために上等の規格に達していれば、人民をよく育て慈しんで、管内を正しく取りしまっているという、最の評価を与えよ。教え諭すことをせず、調が不足するようであれば、民を慈しみ育てる道に外れ、管内が荒れはてているという罪科をつけよ。その功科に応じて罰し、あるいは褒めることとする。
　　また近年の計帳に、つぶさに記されたところでは、功があるようであり、物の数量から推定すると、人民が身を養うのにゆとりがある筈である。ところが入京の人夫の衣服はつかれ破れて、顔色は青菜のようなも

のが多い。にも拘らず公の帳簿には、徒らにうそ偽りを書き、良いように見せかけて、それに対する評定を得ようとしている。国司・郡司がこのようであれば、朕は何を委ねることができようか。

——『続日本紀』全現代語訳　宇治谷孟　講談社

　ところで、神坂峠は例外として、中路である東山道・東海道の各駅に配置された荷馬10頭で１日当たりどれほどの輸送能力があるのでしょうか？
　『延喜式』によりますと、米に換算して１駄馬あたり15斗の荷を背に割り振り、駅を継いで運ばせていたようですが、現在の度量では約225kg、京枡では８分目ですので１頭あたり約180kgということになります。180kgがどのくらいの負担なのかは馬に聞いてみなければ分りませんが、大人３人がまたがる計算になり、かなりキツそうです。馬といいましても"暴れん坊将軍"に登場するサラブレッドのようなカッコいい馬を想像してはいけません。胴長短足、人の背丈ほどの木曽馬であり、体重は400kg前後といいますから、人間に換算しますと体重60kgの大人が27kgの荷を背負い遠き道をゆくがごとき、ほぼ限界に近い積載量ではないかと思われます。
　木曽馬は本来、農耕馬であり、人が引いて歩く距離は１日２駅（１駅は16km）がせいぜいでしょう。つまり、馬10頭をフル稼働しても１日あたり1.8ｔの荷を32km移動するのがようやくなのです。分かりやすくいえば、１日10ｔの荷を300km運ぶのに、今日では大型トラックに軽く１車ですみますが、当時は馬55頭、馬方55人が９日をかける大仕事だったのです。
　したがって地方から中央に運ばれる荷物の重量は、輸送上大きな意味をもち、かさばらず高価な品物を「軽貨」、重くて安価なものを「重貨」として、輸送方法の合理化を図っていました。「軽貨」とは絹糸など付加価値の高い調品であり、馬に背負わせ中央に運び込みます。「重貨」の代表は「租」すなわち米です。中央で必要な米は近隣諸国から調達し、遠方ではその地方の国衙、あるいは郡衙の「不動倉（備蓄用）」、「動用倉（官人の給料など）」に持ち込み、輸送に伴う労の軽減が図られたのです。

　さて、重たくて壊れやすい焼き物を、無事に遠くまで届けるなど、気まで遠くなるような話ですが、いったいどのようにして運ばれたのでしょうか？

Ⅰ　猿投古窯　　資料編

文献にその資料は見つかりませんが、律令時代に入り道路の整備が進み、荷車にも改良が加えられようとも、運搬の基本は人力です。中央もそのあたりの事情はよく心得ているとみえ、『延喜式』でみるかぎり、各産地の交通事情、焼き物の特徴をよく見極めた上で調納を指示しているように見受けられるのです。

例えば、『延喜式』巻7　践祚大嘗祭（せんそだいしょうさい）（天皇、即位の諸礼）に使用する飲食器の貢納品は、大小織り交ぜ

河内国	17種	550口
備前国	15種	450口
尾張国	16種	312口
三河国	7種	340口

と、各国に割り振っていますが、河内国は行程1日、運搬の負担が少ない分、数・種類とも多い。備前国には大酒甕・大壺など陸路を運ぶには不合理な器種を指定し、瀬戸内の海路を9日間かけて運ばせています。

尾張・三河国の内訳は
　　尾張国の造るところ、甕八口、缶（もたい）五十口、筥坏（はこつき）四十口、𥥄（さらけ）八口、盆十口、短女坏三十二口、酒瓶（はぞう）八口、𥥄十六口、片坏四十口、陶の臼八口、餝𥥄（かざりさらけ）八口、高盤四十口、坩十二口、都婆波（つばは）十二口、酒盞十二口、酒垂（さけたれ）八口。
　　三河国の造るところ、𥥄三十口、水盆三十口、都婆波三十二口、多志（たし）良加（らか）八口、山坏・小坏各六十口、已豆伎（いつき）・𥥄各六十口。
　　　　　　　　　　　　　　　　　―『延喜式』上、虎尾俊哉編　集英社

尾張国への調納指示は多器種に及びますが、その内訳から重量をざっと見積もりますと、おおよそ500kg強、荷車二両分。三河国は行程上11日・下6日と距離を配慮し、皿・埦・坏類といった荷にまとめやすい小物を数運ばせており、総重量は150〜180kgといったところでしょうか、人が背負っても

5・6人いれば何とかなりそうな微妙な重さなのです。

　運ぶ方法を考えてみましょう。ワラは古代において米を収穫した後に出る貴重な副産物であり、その用途は広く、畳、ムシロ、藁葺き屋根、縄、草履などがすぐに思い浮かびますが、じつは焼き物とは切っても切れない深い関係でもあるのです。瀬戸や美濃など陶業地ではつい最近（1970年代頃）まで製品をワラで束ね倉庫に積んでいたほどで、軽くて丈夫で安価、身近に手に入り、しかも、細工しやすいワラは陶器の梱包材としてこれ以上考えられない優れモノなのです。壊れやすい焼き物は昔もワラでしっかりと束ねられ、流通したに違いありません。

　そればかりではありません。昔の窯は、亀裂や剥落を防ぐためにワラを10cmくらいに刻み粘土に練り込んだ、いわゆる"スサ入り粘土"で壁や天井が築かれており、アジア各地では土器を焼くのに多くの場合ワラを燃料に使います。猿投では、山茶埦や擂鉢など日用雑器は水挽き後、土間にひっ付かないようモミ殻の上に並べますので、ひっくり返しますと底にモミ殻痕がついています（Fig.23参照）。また、窯詰めに際しては器物どうしが熔着するのを防ぐため、内側にモミ殻やワラを敷き、重ね焼きしますが、備前焼の火襷はその時にできる火色を景色としたものです。さらには、釉薬に4割ほどワラ灰を混ぜますと唐津焼きなどでお馴染みの乳濁釉、いわゆるワラ白釉になります。

　猿投白瓷は生産量が限られ、その希少性から舶載青磁に次ぐ高級品として、恐らく一品作扱いの「軽荷」とされ、うやうやしく貢納されたのではないかと思います。猿投製品が税制上どのような扱いを受けていたのか定かではなく、その解明は今後の重要な課題ではないかと思いますが、運搬費用が公費で支払われていれば、『延喜式』に輸送手段・路銀など細かく規定されるはずです。その記述が見当たらないところをみますと、納品に掛かる一切の費用はやはり納税者持ちということなのでしょう。役所は調納品の特徴を考慮するものの、納品指示を下すだけで、基本的には品物が指定の数だけ期日に届きさえすれば輸送の手段は問わない。窯主たちも納入経費の削減に努めた

でしょうが、個々に対応していたのでは無駄も多く、そのうち輸送を専門とする運脚夫なる者たちが現れ、職業化してゆくのは自然の成りゆきでしょう。

水運

　重たくてかさばる焼き物を運ぶのに船を使わない手はない、とは誰しも思うことです。確かに、琵琶湖では舟による輸送が盛んに行なわれており、かつての舟着場付近の湖底からは荷崩れしたと思しき瓦などが大量に見つかっています。しかし、四方を海に囲まれた日本は古くから海運技術が発達していたと思いきや、さにあらず。平安も末期になり、ようやく外洋航海が可能な"船"が登場するまでは、せいぜいナギの日に内海を航行する手漕ぎの"舟"を利用する程度だったようです。

　さすれば、「白村江の戦い」に和舟1,000隻を派兵した、とか「遣唐使船」は何だ？、ということになりますが、実は、詳しいことは分かっていないらしいのです。初期の「遣唐使船」は、長さ30m、巾8m、平底の手漕ぎ船で横波に弱かったといわれますが、4隻で船団を組み、どれか一隻でも目的地にたどり着けばよいとする、云わば運任せ、風任せの船出だったようです。1船に100～150人が乗り込み生還率5割といいますから、まさに「浮かぶ棺桶」であり、出航直前に姿をくらますとか、南方の島に漂着し殺されたとか、エピソードには事欠きません（『遣唐使全航海』上田雄氏著　草思社）。

　水路を最大限に利用したのは、瀬戸内海に面した国々です。『延喜式』巻24　主計上　山陽道の条には

・安芸国：行程上14日・下7日、　　　海路18日
・長門国：行程上21日・下11日、　　 海路23日
・大宰府：行程上27日・下14日、　　 海路30日

などとあり、歩くよりものんびりしていますが、備前国の大甕や壺の例にみるように、積載物と量によっては、大いに利用価値があったのでしょう。

しかし、紀貫之が土佐守の任を終え、海路、帰京する道中記、『土佐日記』によりますと、承平4年（935年）12月21日に土佐国府（現南国市）を出発、風や海の具合、横行した海賊を避けるなどして、翌承平5年2月16日、ようやく京に到着、54日もかかっています。ましてや尾張から相模、上・下総、常陸国まではさらに遠く、しかも外洋です。途中でシケにでも遭ったら一貫の終わり、そのような危険をおかしてまで海路をゆくことはしないでしょう。

　尾張は水の都ともいわれ（図1参照）、木曽三川をはじめ豊かな水運に恵まれ、盛んに川舟がゆき交っていたようです。しかし、猿投の製品が船を利用できるのは、せいぜい、深く入り組んだ中小河川を利用して小舟で河口まで運び、波の穏やかな内海、三河湾の水運を利用して豊川あたりで荷揚げ、陸路、東海道を東進し、相模国、さらに三浦半島から船で浦賀水道を最短距離で渡り上総に至る、といったところでしょうか。

渥美窯と常滑窯

　古代の水運事情は専門家にお任せするとして、猿投窯と関連する渥美窯について少し触れておきましょう。

　中央といかに太いパイプを持つか、これも国司（知事）の力量であるのは今も昔も変わりません。その政治力は、領民の生活は勿論、産業育成にも大きな影響を与えるのは、美濃の守、笠朝臣麻呂の例でよくお分かりかと思います。

　時代は下りますが、12世紀、後に鳥羽上皇の側近として皇后宮権中納言にまで上り詰めた辣腕策士、藤原顕長（あきなが）が、保延2年（1136年）からの8年と、久安5年（1149年）からの6年、計14年の長きにわたり国司として三河国を治めました。実際に赴任する「受領（ずりょう）」か、京にいて指示をする「遙任（ようにん）」なのか定かではありませんが、顕長の在任中に猿投窯の分流の一つ、渥美半島の先端部に渥美窯が興ります。

　渥美窯は伊勢神宮の社領にあり、山岳信仰、仏教といった宗教を色濃く反映した独特の焼き物で知られており、国宝の秋草文壺、重文の鷺文三耳壺をはじめ、承安3年（1173）銘の経筒外容器も国宝に指定されるなど、猿投製品にさらに改良を加えた高品質の焼き物を産み出しています。

Ⅰ　猿投古窯　　資料編

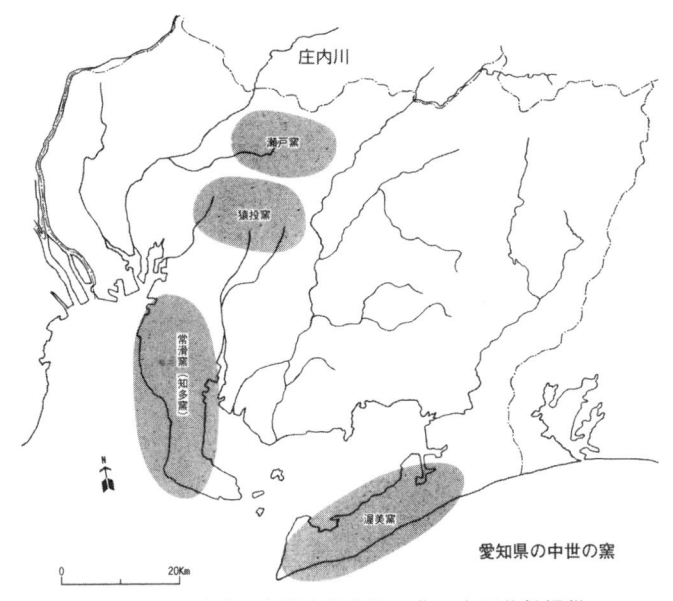

図3　尾張地域の中世窯分布図　豊田市民芸館提供

　オーダーメイドも数多く手掛け、注文主などの名が彫られた制作時期や使用目的の明らかな製品が、外洋航海術の進歩にともない、紀伊半島（伊勢・熊野）、南関東（鎌倉等）など太平洋沿岸を中心に、北は奥州（平泉）、南は九州・大宰府まで広範囲に流通しました。また、時代は下りますが、1181年、平重衡に焼き討ちされた東大寺再興のための瓦が焼かれるなど、その商域は一民間窯のできる範囲をはるかに超えています。「重貨」の最たる瓦はやはり外洋船に積み込まれ、紀伊半島を迂回して大阪湾へ、さらに小舟に積み替え、淀川、あるいは大和川をさかのぼり奈良へ運ばれたと想定されています。
　渥美窯の誕生は、その含む政治性、宗教性、あるいは流通性から、上層部、特に寺社に影響力を持つ何らかの強い意向が働いたのは間違いありません。文官である顕長自信が直接采配を振るったのかどうかは分りませんが、美濃須衛・尾北窯を隆盛に導いた笠朝臣麻呂と同様、顕長が渥美窯の開窯、発展に深くかかわっていた可能性は120％に近い。美濃国と同様、赴任国の発展も衰退も、国司の人間性次第で大きく変わる一例といえましょう。
　水運を利用して繁栄した代表的な窯場といえば、もう一つ、常滑を忘れてはいけません。平安末期に、やはり猿投窯の流れを汲む中型の経塚壺（図版

Fig.8　常滑甕　筆者作
径39cm　高43cm

14)や、猿投のデザインを簡略化し、胴に三本線をあしらった三筋壺と呼ばれる小壺などを焼き始めます。この時期は、中世温暖期に当たり農作物の収穫は増え、人口の増加、東西二極分化による人や物品の移動が活発化し、それに伴い膨大な需要が発生します。そのような時代の幸運にも恵まれ、常滑は低い温度で硬く焼き締まる露天掘り状態の豊富な陶土を利用し、実用本位の大甕（Fig.8）や貯蔵用の壺などを大量に生産し、関東・東北方面をはじめ全国に出荷します。常滑、あるいは渥美窯は、海沿いという地の利、外洋船という大量輸送の手段を得て、はじめて発展を成した典型的な例といえましょう。

第3章　技術から見た猿投古窯

1．猿投古窯の陶土

Fig.9　粘土採集　三好町莇生の工事現場
この土は白瓷短頸壺（Fig.16）に使用された

　猿投で灰釉陶器が発生した理由を、多くの先生方が"良質な陶土と豊富な燃料"と口をそろえます。"地理的優位性"を挙げる研究者もいれば、"より耐火度の高い土を求めて東へ展開した"、と説く先生もおられます。しかし、猿投の土が"良質な陶土"かを問われれば、答えに困ります。"良質な陶土"がどのような焼き物にとって良質なのか、前提がハッキリしないからです。"灰釉にとって"というならば、答えは"Ｎo."といわざるを得ません。

"たかが"といっては何ですが、灰釉陶器はそれほど特別な土を必要とする焼き物ではありません。それどころか、一般にいうところの、鉄分が少なく、耐火度が高い"優れた土"は灰釉には向かないのです。なぜならば灰釉陶は基本的に焼き締め陶器の一種であり、耐水容器としての機能を求められるからです。理論上、木灰の熔融点は1240℃といわれますが、釉薬は素地との接点から熔け始めますので、素地土の耐火度が弱いほど早い段階で化学反応が起き、より低い温度で熔けるために燃料と労力を大幅に削減することができます。火山灰の再風化物である凝灰岩質粘土ならば1180℃くらいの温度で固く焼き締まり、灰釉も透明感のある奇麗なビードロになりやすい。逆に、耐火度が高いカオリン質の粘土は1250度で焼いても焼き締まりがあまく水漏れをし、流動性のある灰釉は、たとえ熔けても素地に吸われ表面にはアクだけが残りマット（失透）状になることが多いのです。

　10世紀頃には灰釉の技法は美濃や三河など各地に広がりますが、すぐお隣の瀬戸が出遅れたのは"耐火度の高い良質の陶土"であるが故なのです。瀬戸が栄えるのは、鎌倉時代も暫くして、木灰に風化長石を加え、素地をガラスで覆い水漏れを防ぐ技術が開発されてからであり、中世以降の六古窯中、唯一、瀬戸で釉薬が発達した理由は、まさにそこにあるのです。

　灰釉陶器は釉薬が熔けて初めて製品になりますが、その溶融温度に耐える陶土と、須恵器の2～3倍ほどにもなりましょうか、比べものにならない量の燃料（薪）と焼成技術を必要とします。陶邑で灰釉陶器が焼かれなかった理由は、ひとえに陶土の耐火度不足にあるのは述べた通りです。火山列島である日本では灰釉陶器の生産に耐えうる陶土を産出する地域は限られますが、かといって、条件を満たす場所が猿投しかないか、と問われれば、決してそのようなことはありません。焼き物にとって必要な条件とは丈夫で水漏れしないことであり、かつ美しく、使い勝手が良ければ十分な条件を満たします。猿投の陶土につきましては「技術編－原料」にて詳しく述べますが、先に触れた須恵器の献納国の中でも、近江、美濃といった火成岩地帯では、灰釉陶の生産は十分に可能です。というよりも、素材の品質・歩留まり・地理的条件、どれをとっても猿投よりも優れています。

　例えば、信楽の土は今日でも"失敗の少ない陶土、No.1"として陶芸教

室などで御馴染みですが、近江には扱いやすさ、耐火度、焼き締まり具合、加えて、鉄分が少ないために白く焼き上がる、まさに白瓷に相応しい原料が豊富にあり、燃料にも恵まれています。主要な消費地である畿内にも隣接し、灰釉陶器の生産地としてこれ以上適した場所はないように思うのですが、なぜ遠く離れた猿投の地に白羽の矢がたてられたのでしょうか？ この問題は猿投古窯の真相を探る上で極めて重要な意味を持ちます。本項では、猿投の地に灰釉陶が産まれた理由を「その優れた陶土」とする考古学の常識に対して疑問を呈するに止め、詳細は「第四章」、及び、「技術編　猿投古窯の陶土」に譲ることとします

2．ロクロの回転方向

　ロクロの詳細は技術編‐成型の項にて述べますが、回転方向につきましては技術の伝播経緯に関することなので、少し触れておきます。
　ロクロを右回転で使用するのは、筆者の知る限り日本だけです。朝鮮半島はいうまでもなく、中国でもロクロは左回転で使用されており、古陶の真贋を見分ける初歩的な知識でもあります。外国から日本に陶芸を習いに来た学生たちは右利きの人間がなぜ左手で作業をする右回転なのか、素朴な疑問を抱くようです。筆者自身も初めてロクロに触れたときには逆ではないかと戸惑いましたが、指導の先生が右回転なので、左巻きの頭を右に反転して覚えるしかありません。しかし、いずれであれ、慣れとは恐ろしいもので最初に覚えた回転方向を途中で変更する事は、ほとんど不可能です。

　一部の事例から全体を推し量るのは危険ですが、手に取ることのできるサンプルを見る限りにおいて、猿投古窯最初期、東山H-111窯の出土品は朝鮮半島と同じ左回転により成型されています。それに対し、六世紀初頭のH-2号窯（昭和区妙見町）になりますと、その蓋杯は右回転で挽かれている。ちなみに、猿投窯を代表する8世紀後期の黒笹7号、9世紀前後の折戸10号などの製品は、確認できる範囲では右回転で挽かれています。
　正倉院三彩も右回転で挽かれており、日本人の手により造られたものには

ぼ間違いないと思います。ロクロの回転方向を綿密に調べてみないと確かなことはいえませんが、三彩工房をはじめ、官窯と目される調用窯の運営は、「弘仁瓷器（P.44〜）」で述べたように、民族意識の強い陶瓷技術者養成機関において技能を身に付けた日本人のエキスパートによりなされた可能性を想像せずにはいられません。

　日本においてロクロの回転方向がいつ頃、なぜ左手を多用する不合理な右回転に変わったのか。このような特殊事情は、古代の産業における渡来人の関与の度合い、技術伝播の経緯など様々な情報を提供してくれる重要なポイントと思われますので、技術の視点から推測をしてみましょう。

　縄文土器に始まり、弥生土器、土師、埴輪。古来より日本では、土器は紐造り（巻き上げ、輪積み）により制作されてきました。土器造りは通常、左手を外側に添え、右手で粘土紐を捻りながら内側に圧着して積み上げてゆきますが、右手を多用する理にかなった方法なのです。大物職人はめっきり減りましたが、常滑では今日でも人間が甕の周りを左回りに後ずさりながら、つまり、ロクロでいえば右回転により粘土紐巻き上げの方法で大甕を造っています。

　ロクロの精度の問題も絡みますが、初期の須恵器も基本的には同じです。大小にかかわらず、回転力不足を補うために、成型はロクロ上で紐造りにより５〜６割がた形を作っておき、あとの４割くらいを回転により最終調整をして仕上げます。形の複雑なものはパーツに分けて別々に造り、後でつなぐ、といった具合です（「技術編」ロクロの項　Fig14参照）。

　土器師たちが、渡来の陶工たちとともに引き続き土器や埴輪の制作に携わりつつ、見よう見まねで、今まで通り手慣れた右手を内側に添える方法、つまり右回転でロクロの技術を習得し、徐々に成形の役割を担っていったとしても、決して不自然ではありません。

　本邦における須恵器の始祖、陶邑のロクロの回転方向に関する数少ない報告があります。

　　　ヘラ削りの痕跡を手掛かりに轆轤の回転方向を復原してみると、五世

紀後半では時計回りが多いが、時代が下ると逆回りが増加し、六世紀にはほぼ半ばから優勢に転じ、七世紀には逆回りのみになる。あるいは、これは轆轤の構造上の転換が進行していたことを示すものかもしれない。
――『日本陶磁全集４　須恵器』田中琢・田辺昭三編　中央公論社　1980年

「ロクロの構造上の転換」が何を意味するのか、よく判かりませんが、たとえロクロが改良され、精度が向上しようとも伝統的な作業手順を逆転するほどの重要な意味を持つとは思えません。それはともかく、上記、陶邑における、ロクロ回転方向の推移について、強いてあり得る可能性を推測すれば、以下のような理屈を想像できないわけではありません。

・『日本書紀』雄略天皇７年の条（463年、P.22）にある、新漢氏の職人集団により須恵器の生産が開始された陶邑は、いわば渡来人の牙城であり、従来どおり左回転により成形が開始された－左回転。
・五世紀も後半になりますと、その技術を倭人の埴輪・土器師たちが見よう見まねで覚えロクロ制作を始める－右回転。
・六世紀には、倭国と親密な関係にあった任那が滅び、朝鮮半島の争乱を逃れ様々な技術を携えた人々が波状的に来日、陶工たちは陶邑をはじめ、各地にて須恵器の生産に携わる－左右回転混在。
・七世紀に入り半島はますます混乱、660年ついに百済が滅び、さらに大量の難民が日本に押し寄せ、渡来のロクロ師たちの多くが各陶業地に割り振られ、成型に従事する－左回転。

しかし、あくまでも憶測にすぎず、地域性もあるに違いなく、全国規模で統計を取らなければ確かなところはわかりません。もし研究者諸氏が回転方向の重要性を認識し、調査報告書をまとめる時点で「地域・時代・古窯別の回転方向が右回りか左か、あるいは左右混在か、その比率はどうか」、これらを分類・整理していれば、大量に押し寄せた渡来人たちの処遇、果たした役割、配置分布、行政力の範囲など焼き物の実態のみならず、他の産業の推移をも知り得る貴重かつ具体的な資料が得られたのではないかと想像しま

す。

　今更、調べ直すのは面倒なこととは思いますが、この単純な作業により、憶測に頼る多くの問題を解明できる可能性があるのであれば、各研究機関の倉庫に眠るコンテナーを今一度ひっくり返して調べ直す価値があると思うのですが…、いかがでしょう。

　一般の方々は新聞紙上をにぎわすような大発見を考古学に期待しがちです。しかし、たかがロクロの回転方向というなかれ、技術・文化の伝播・融合・分化はこのような些細なことから開始されるのであり、史実を解明するカギは意外な所に隠されているように思うのです。

3．水濾（すいひ）について

　掘ってきた原土を精製しロクロに据えるまでには多くの手間がかかります。最も単純かつ確実な方法は「水濾」ですが、この工程を経るか、省くかにより労力はかなり違います。古代日本において、どのような方法で水濾が行なわれたのか、考古学では大きな関心事となっていますが、いまだにその証拠は見つかっていません。

　現在の常識的なイメージでは、水濾とは"粘土を水に溶かして攪拌し、小石や植物の根といった不純物を沈殿させ、あるいは篩などで取り除き、上泥だけを別の槽に移し沈殿を待つ精製方"、つまり、桶とか槽を連想します。筆者も、400リットルの元桶に200kg程の乾燥原土を入れて、十分に溶けるのを待ち攪拌、40〜80目の篩を通して別の桶に移し、沈殿を待つ、という方法で、一度に約150kg（水分約25％の状態）の粘土を精製します。発掘現場では調査員諸氏も、そのイメージで水濾場の検出に努めていますが、まだ発見例はないようです。

　三好町の発掘現場から、水濾設備らしきダムが見つかったとの連絡が入り、早速見に出かけました。窯跡の近くから湧き出る水路を板で堰き止め、二段の貯水池を造る構造になっています。上段に原土を投入して攪拌し、上泥を下段に流し沈殿を待つ。理屈の上では確かに水濾は可能ですが、

・V字型をした水路のままで貯泥量を確保する掘り抜きがなされていない。
・チョロチョロと湧く水を利用するが、自然流なだけに沈殿を待つのに相当の時間、恐らく、1週間から10日ほどかかり、その間に雨が降れば、不純物が流れ込み、それまでの努力が無駄になる。
・それを防ぐためにも、水の「出」はよいが、「入り」の制御設備がなければ水濾槽の役割を果たさない。
・最も手間と時間のかかる沈殿した泥の脱水設備とスペースが周囲に見当たらない。
・陶器製造には水が必要ですし、仕事が終われば、汗も流したかろう。

このような見解から単なる貯水堰であり、水濾設備ではないとする意見を述べたわけです。

須恵器の本場　新羅の水濾方法

　須恵器の本場、かつての新羅の都、慶州では昔ながらの方法で須恵器を制作している陶家が何件かあります。そこで韓国式の水濾方法を見て、乱暴ながらも、その合理的な方法に感心したことがあります。平らな地面に八畳ほどもあったでしょうか、深さ25cmくらいのプールを二つ並べて掘り、片方に原土と水を入れてシャバシャバにし、バケツでもう一方に篩いを通して移し放置する。この作業を繰返すだけなのです。
　水濾作業で一番厄介なのは、時間と場所を必要とする脱水工程ですが、慶州方式では、雨の日にシートを被せるなどして天候に気を付けさえすれば、地面への自然浸透と広い表面積からの蒸発を待つだけ、最小限の設備と労力で能率よく粘土が精製できるのです。
　この方法で、一度にどのくらいの粘土を精製できるのでしょうか、計算してみますと

$3.6m \times 3.6m \times 0.25m = 3.24m^3$

筆者の水濾桶、400ℓ・200kgの原土から精製できる粘土の量、150kgを基準にしますと、

$3.24m^3 \div 0.4m^3 = 8.1$倍
$8.1 \times 150kg = 1,215kg$

一回の作業で、1,215kgの調整粘土が得られ、これは平均的な白瓷窯一窯分の十分な量に相当します。

尾北窯でも古窯が密集する篠岡地区、小牧市高根に不思議な遺跡があります。陶器生産に関係した作業場の跡ではないかと推測されていますが、全く遺物が出土していないため、古窯跡との具体的な関連は定かでありません。用途不明で放置されたままですが、何故か1956年に県の史跡に指定され、"今後の研究課題"とされて既に半世紀以上が経ちます。風化を防ぐために

Fig.10　高根遺跡　小牧市高根　篠岡古窯跡域内

表面はセメントで固められていますが、縦2.5m×横0.7m×深さ25cmの溝が4連、深さは同じで、それより少し小さい溝が8連、写真（Fig.10）のようにそれぞれアゼで仕切られて並ぶ、一見何の変哲もない窪地です。楢崎教授はこの遺跡を水濾設備ではないかと推測されましたが全く同感です。細かく分割されてはいますが、原理としては慶州の水濾方法と変わりません。推測はほぼ間違いないと思われますが、もしそうならば、この時期、尾北窯において陶器生産に渡来人が深く関わっていた有力な証拠となります。

　この辺りの地層は猿投の黒笹と似ていて、細かい層が複雑に絡み合い、狭い範囲で何種類かの粘土を採取することができます。篠岡では須恵器をはじめ、瓦、灰釉陶器、緑釉瓷器などが生産されており、溝が区切られているのは、用途に応じた粘土を種類別に精製するためではないかと想像します。

　ちなみに大きな溝の容量は一区画400ℓになり、奇しくも筆者の使用する水濾桶と同じ容量です。これは計算するのに都合が良い。大きな方4槽を使って450kg、小さな方で約700kg、一度に合計約1,150kgの粘土を精製することができるのです。1,150kgの粘土は、セメント袋に換算しますと38袋分、やはり白瓷一窯分の製品に使用する粘土の十分な量です。慶州の1,215kgといい、出来過ぎているとは思いませんか？

4．釉掛け

　灰釉の初期において、自然釉か人工釉なのか判別が困難な例がしばしば見つかります。考古学ではこれを原始灰釉と呼びますが、灰単味釉は元々木灰を振り掛けただけの最も原始的な釉薬です。対応するさらに進化した灰釉の存在を認めて始めて意味を持つ言葉であり、さもなくば灰釉の解釈に曖昧さを招くだけではないでしょうか。エンジニアの立場からしますと、発掘現場などで若い調査員からこの言葉を聞くと、何か違和感を覚えてなりません。

　施釉は通常、流し掛け、ハケ（あるいは布）塗り、浸し掛けで行なわれます。猿投でも多くはこうした方法で行なわれています。しかしこれらの方法で施釉した場合、必ずその痕跡が残り、人工釉であることは一目瞭然、すぐに判別できます。しかし、平瓶や長頸瓶など初期の灰釉陶器を観察しますと、

口縁、及び肩にのみ釉薬が掛かり、頸部には火面(焔の直接当たる面)にだけコゲがみられ、自然釉と区別がつきにくい例をよく見かけます。繰り返しになりますが短頸壺など大型製品は縁から最大直径となる胴部まで施釉され、釉ダレはそこから流れはじめます。これは、即ち、器物の上から篩などを通して、灰パウダーを降り掛けたことを示しているのです(図版1、及びFig.15 参照)。この釉掛け方の最大のメリットはたとえ素焼きで焼き過ぎても施釉できる点にあり、わざとらしくなく自然釉に近いやわらかな釉調に仕上がるために、筆者が常用する方法でもあります。この方法で釉掛けをしますと、自然に降り掛かる灰と相まって、人工釉かどうか判別が難しいこともありますが、経験者ならば、よく観察すれば大抵分ります。釉薬につきましては「技術編」釉薬の原理にて詳しく説明します。

5．白瓷窯について

　考古学では、白瓷窯の構造と焼成について次のような認識を基にした論調が目につきます。

- 窯床面の傾斜：8世紀後半から9世紀初頭にかけて窯床の傾斜角が最大になり、その後、時間の経過とともに傾斜が緩くなる傾向にある。この窯体傾斜の時代的推移は、古墳時代の燻焼還元焔焼成から、次第に還元焔焼成へ、そして酸化焔焼成へ移行したことを示し、白瓷の生産開始時が最も急傾斜であるのは還元焔焼成により青磁の開発を模索したからではないか。

- 灰の熔融温度：　灰を熔かすためには1240℃の高温を必要とし、燃料の熱効果を最大限に引き出すために燃焼室と焼成室の間に障壁や分炎柱、船底ピットなどを設け、ガス圧を高めることにより高温の焔を焼成室に送り込むなど、いろいろな構造上の工夫が加えられた。

　この考古学の通説に対し、40年も前に大下武氏が次のような疑問を呈して

Ⅰ　猿投古窯　資料編

Fig.11　黒笹K-69号窯　全景　三好町立歴史民俗資料館資料

います。

　…しかし、依然として、ピットの機能については不明確な点が多く、今後の検討の余地は残されている。特に従来あまり関連づけて考えられていない焚き口の開閉の問題、窯の規模、傾斜等、合わせて考慮する必要があろう。…（中略）…分炎柱出現の有無にかかわらず、瓷器の焼成は可能であり、施釉方法、酸化焔焼成技術のマスターによる瓷器初現の絶対年代を、どこまで上らせられるかという点が、まず問われなければなるまい

――『篠岡古窯址群』1971　大下武　小牧市教育委員会

にもかかわらず、今なおその解釈にあまり変化はないようです。要約すれ

ばたった2項目ですが、窖窯の焼成技術、および構造上の解釈に関する「問題点」が凝縮されているように思われますので、大下氏の指摘も含め、上記からキーワードを抜き出し、技術的立場から意見を述べさせていただきます。

- 「窯床面の傾斜」
- 「燻焼還元焔焼成、還元・酸化」
- 「障壁・分炎柱」の役割
- 「船底ピット」
- 「焚き口の開閉問題」は焼成結果を左右する重大問題ですので「技術編」にて詳しく述べます。
- 「灰の溶融温度は1240度」は陶土の項で少し触れましたが、詳しくは「技術編」にて説明します。

窖窯構造の推移

　ガス窯の場合、均質な燃料を必要に応じ安定して供給できますので、窯の容量さえ決まれば炉内を1300℃にまで上げるのに必要なカロリー量から、バーナーの種類・寸法と本数が算出できます。また、ガスを燃焼させる一次・二次空気の量、上昇した炎を反転下落させ（倒焔）、炉内に熱を満遍なく循環させるサマ（引き）孔の寸法。窯の規模に応じた、煙突の直径と高さは計算式により成り立ちますので、ガス窯の仕様はどのメーカーでも似たようなものになります。

　ガス窯に対し、窖窯は自然状態の丘の斜面をくり抜き、前と後ろに薪投入口と排気口を取り付けただけの、いわば煙管のような単純な構造をしておりますので、窯全体が煙道ともいえ、焔は放っておいても排気口に向かいます。したがって、煙突らしきものは設置されておらず、煙道部は焼成室の一番奥を一段上げて窯幅を絞り、そのままの傾斜で地表に抜ける例が一般的です。

　しかしあなどってはいけません、構造が単純なだけに、薪の樹種・部位・寸法・乾燥具合・管理状態。窯の燃焼室と焼成室の構造バランス・傾斜・炉材。開口部の構造・寸法・開閉問題。窯詰めの密度・焼手の技術。など等、

ざっと思い付くだけでこのような不確定要素が複雑に絡み合い、ガス窯のような数値による焼成モデルの作成は困難といえましょう。

　筆者も、自分の窯を何十回と焚いていますが、一度たりとも同じように焼けたためしがありません。毎回、窯の調子に合わせて、臨機応変に対処するほかなく、"結果さえ良ければ何でもあり"、窖窯焚きに原理原則などないといってもよいほどです。あえて、"原則"を述べるとすれば、薪の持つエネルギーを燃焼室内で最大限に発生させ、その熱を如何に効率的に奥へ移動させるか、ということに尽きます。そのために、猿投の陶工たちも窯の構造をあれこれと工夫し、試行錯誤を繰り返したに違いありません。

窯跡名	時期	全長（cm）	焼成室長	燃焼室長	最大幅	窯平均傾斜角
岩崎17号	7c 後期	残存1370				30度
岩崎41号	7〜8c 初頭	残存620	残存450	170	130	27度
高蔵寺2号	8c 前期	1260	1010	250	190	29度
鳴海32号	8c 後期	残存700	440	260	130	25度
黒笹7号	8〜9c 初頭	920	600	230	120	28度
井ヶ谷78号	9c 前期	880	630	230	130	24度
黒笹14号	9c 中・後期	826	595	175	155	26度
黒笹90号	9〜10c前期	820	594	216	140	24度
黒笹89号	10c 前期	624	426	186	138	19度
折戸53号	10c前・中期	残存390	残存310	80	160	25度

表2

『須恵器窯構造資料集　1・2』窯跡研究会　立命館大学文学部　窯跡研究会事務局　編集・発行より抜粋

　表2は巻末の編年表に掲げられた各指標窯から、窯構造の推移を説明するのに必要な数字を拾い、集計したものです。また、さらに正確を期すために、各自治体、資料館、研究機関の発行する発掘調査報告書に記載された各時代に対応する主な30数例を参考にしました。その結果、白瓷窯の平均床面角度、及び燃焼室長の平均数値は大雑把ながら次のようになりました。

猿投窯　　　　　時代　　　　　窯平均傾斜　　　燃焼室長
　　　　　　　　8世紀後半：　25.4度　　　　　200.9cm
　　　　　　　　9世紀前半：　22度　　　　　　187.3cm
　　　　　　　　9世紀後半：　21.6度　　　　　163.8cm
　　　　　　　　10世紀：　　　27度　　　　　　126.0cm

初期の窯ほど極端なバラつきがありますが、時代が降るにつれ、徐々に20～25度といった平均的な角度に納まり、燃焼室の縮小化が認められます。

窯跡名	時期		全長（cm）	焼成室長	燃焼室長	最大幅	窯平均傾斜角
篠岡48号	9c	中期	630	492	114	132	20度
篠岡96号	9c	中期	713	480	130	137	25度
篠岡99号	9c	後期	残507	残507	120	130	26度
篠岡47号	10c	前後	残730	残600	130	145	21度
篠岡51号	10c	前後	720	470	110	130	30度
篠岡4号	9c	後期	残390	残270	115	165	33度
篠岡5号	9c	後期	残530	残510	残20	150	23度
篠岡103号	10c	後期	残412	残300	105	110	30度
篠岡102号	10c	後期	373	264	126	144	32度
篠岡17号	11c	前期	残600	残410	168	136	34度
篠岡87号	11c	前期	残480	残348	130	178	34度

表3
『須恵器窯構造資料集　1・2』窯跡研究会　立命館大学文学部　窯跡研究会事務局　編集・発行より抜粋

表3は尾北窯のデータですが、猿投窯の窯が個体差が目立つのに対し、篠岡地区の窯構造には明らかに規格・統一性が認められます。この違いは尾北窯に猿投窯とは別の指令系統が存在したであろうことを予測させますが、結論を確かなものにするためにはさらなるデータを必要としますので、本書では指摘のみに止めます。なお、データの詳細をお知りになりたい方は『須恵器窯構造資料集　1・2』（立命館大学文学部　窯跡研究会事務局発行）を

参考になさって下さい。

ちなみに篠岡窯の傾斜角、及び燃焼室は、

尾北窯篠岡地区
 9世紀中～後半：　　　25.4度　　　　　　　120cm
10世紀以降：　　　　　32.5度　　　　　　　132.2cm

となります。

薪の樹種と窯構造の相関関係

　そもそも窯とは、何でしょう？　　窯とは、それぞれの燃料が持つ固有のエネルギーを最大限に活用するために考え出された装置であり、熱効率を高めるためにいろいろ工夫を加えることにより、結果として質の良い陶器を生産することを目的としています。「技術編　薪投入口の開閉問題」の項にて詳しく述べますが、使用する薪の樹種を原因として、窯床傾斜角、燃焼室の奥行寸法・容積、灰原[注]に溜まるオキの量、この4者には互いに相関関係が生じます。

(注) 灰原：　窯焚きに伴い排出される、オキ（燃かす）や失敗品などの廃棄場所、つまりゴミ捨て場。多くの陶器片などが破棄されており、その窯の性格を知る上で極めて貴重な資料が数多く残るため、考古学にとっては宝の山。

　8世紀半ば、尾張氏から国衙の管理下に移った愛知郡に、舶載青磁の国産化を目的とした工房が設置されたのは述べました。その頃の尾張東部はほとんど手付かずの原生林で、コナラ、クヌギ、樫、椎などの広葉樹が森の多くを占めていたと思われます。広葉樹は一度切り倒すと再生に長い時間がかかるため、繁殖力が強く、成長の早い赤松が二次林の多くを占めるようになり、伐採に伴い、堅木から、堅木・赤松混材、赤松優勢、と植生も変化し、窯焚

きの燃料も赤松材の比率を増してゆきます。

　ところで赤松と堅木の薪との違いですが、どのように説明したらよいのでしょう。赤松をガソリンに、堅木を軽油に例えれば分りやすいでしょうか。ガソリンは少ない燃料と酸素で瞬発力のある高カロリーのエネルギーを発生しますが、消化も早い。それに比べ、軽油で同じエネルギーを得るためには工夫を要しますが、燃料は長持ちします。

　窯焚きの技術とは、薪燃料の投入→酸素と反応→燃焼→熱の発生→排気、の過程で如何に目的に応じた最大限の熱エネルギーを窯内に取り込むか、このベストバランスを見究めることに尽きます。樹種によってはガソリン車とディーゼル車の違いのごとく、エンジン、つまり窯の構造、燃焼方法が多少変わるものの、目的とするところは同じ、ということです。

　繊維が緻密で瞬発力に欠ける堅木を燃料として使用した場合、必要なカロリーを確保するためには投入量を増やし、それに見合うだけの酸素を供給しなければなりません。酸素を多く燃焼室に取り込む手っ取り早い方法は、炉内の気圧を低める、つまり窯の傾斜を強くして「引き」を良くすることです。しかし、同時に、炉内に流入する冷たい外気が、せっかく暖めた炉内の温度を下げるという二律背反の現象を起こします。もちろん空気の流入を極力抑える工夫は必要ですが、そこで活躍するのが燃焼室に溜まるオキです。適度な量のオキは窯の温度を保ち、新たに投入する薪の燃焼を早め、昇温に大きな効果を発揮しますので、オキの溜まりやすい堅木燃料の焼成室の面積は広く取る必要があります。しかし、次々と投入される堅木は芯まで燃え切らないうちにカーボンに覆われ火力を失い、やがて投入口を塞いでしまうほど大量のオキで埋まります。過剰なオキは無駄に酸素を消費するばかりで、温度上昇に何の役にも立ちませんから、適量を残し、時々掻き出し灰原に捨てなければなりません。結果として、堅木で焚いた傾斜角度の強い初期の白瓷窯跡には炭化物の多い灰原が伴うというわけです。

　では赤松の場合はどうなのでしょう？　堅木の逆です。赤松は軽くて斧で簡単に割れ薪にすることができ、扱いが楽。脂分を多く含むため、焔が重たく火足が長いために、品物の間を縫うようにほぼ窯の斜面に沿って煙道に向かいます。そのために、窯の傾斜が緩やかなほど焔がゆっくりと満遍なく炉

Ⅰ　猿投古窯　資料編

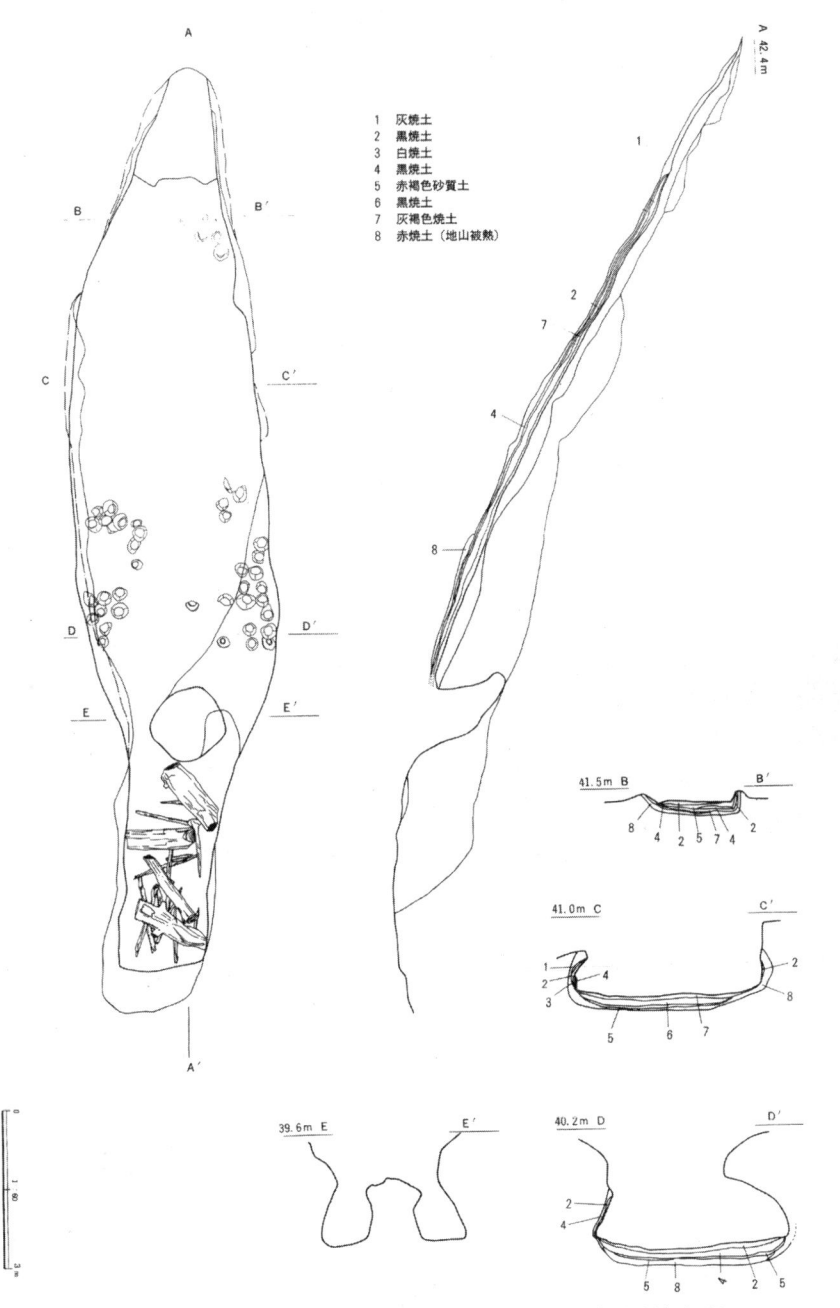

1　灰焼土
2　黒焼土
3　白焼土
4　黒焼土
5　赤褐色砂質土
6　黒焼土
7　灰褐色焼土
8　赤焼土（地山被熱）

図4　K-G-91号窯　窯体実測図　三好町立歴史民俗資料館提供

内を廻り、最小限の外気吸入で効率良く熱量を得ることができるのです。炉内温度を維持するオキは松皮のように細かく砕け消化が早いのですが、薪の投入本数、間隔により量を調整できますので、堅木燃料に比べ燃焼室を大幅に縮小できます。その結果、品物と熱源が接近し奥まで炎が届くという、まるで陶器を焼くために生えてきたような木なのです。

　燃料は表面積が大きいほど燃焼効率は高まります。つまり薪は細いほどよく燃えるのはお分かりいただけましょう。コナラ、クヌギといった堅木はノコギリやオノで輪切りにはできても、縦割りにして薪にするのはまず不可能

Fig.12　古瀬戸刻花文瓶子失敗例　筆者作

です。そのために、掃った枝は長さをそろえ攻め焚き用に（Fig.29参照）、幹の部分は輪切りの状態、あるいは、長いまま開口部から燃焼室内に突っ込み、トロトロと時間をかけてアブリに使うのが窯焚きの常識です。図4はK-G-91号、全長11.2m・最大幅2.3m、燃焼室幅1.15m・奥行2.28mの鎌倉時代初期に操業した山茶埦窯の計測図ですが、窯を破棄する際、余った木材も一緒に燃焼室に放り込んだものと思われ、窯焚きの様子を推測できる珍しい出土例です。

ところで考古学では　"窯の急傾斜は還元焼成により青磁の模倣をねらったため"と推測しますが、窯の角度と酸化・還元には何か関連があるのでしょうか？「技術編」にて詳しく述べますが、窯焚きの酸化・還元とは簡単に言えば、炉内圧が高ければ還元、低ければ酸化。つまり、排気道を開放して引きを良くすれば炉圧が下がり外気が侵入しやすくなり酸化焼成。排気道を狭めれば気流が滞るために炉内圧が高まり、かつ外気の流入が抑えられ酸素不足になり還元雰囲気になるのです。

白瓷窯を焚く至上の目的は灰釉薬を熔かすことにあります。そのためには、なにが何でも火前から2m以内を1200℃以上に上げなければならず、酸化だ還元だ、などと悠長なことをいってはいられないのが実情です。窯の傾斜その他は、結果はともかくとして、陶工たちの何とか温度を上げなければならない、という努力の痕かもしれません。ですが、酸化・還元の雰囲気調整は、窯の操作に若干の違いが生ずるものの、吸入・排気のバランス調整によるものであり、基本的に床面の傾斜角とは別問題だと思うのです。しかしながら、適度な傾斜角は気流の遅速調整巾を広げることになり、窯の操作がしやすくなることも事実です。

使用する樹種と窯傾斜角の関係について簡単に触れておきましょう。杉や檜の類は製材工場などで簡単に手に入るからといって、多用しますと灰に含まれる珪酸分が器体に降りかかり白濁します。楢やクヌギなどの堅木は火足が短くオキも溜まりやすいために堅木を多用する初期の窯ほど燃焼室の容積は大きく、また、燃焼効率を高めるために傾斜を強くし、酸素を十分に供給する構造になっています。その結果、燃料の投入ごとに極端な強還元・酸化を繰り返し、大量に溜まるオキの消化を待つために薪の投入間隔も長くなり、

> **コラム**
>
> **傾斜角90度の酸化窯**：インド・ラジャスタンの州都、町全体が薄赤色の砂漠に囲まれ、ピンクシティーという誤解を招きやすい愛称で知られた、ジャイプールにブルーポッタリーという、それは美しい焼き物があります。インドを代表するミニュアチュール（細密画）画家の一人であり、ブルーポッタリーの第一人者でもあるクリパール・シン氏の工房に暫くお世話になったことがあります。砂漠のパウダーサンド（粉砂）にカレット（ソーダガラスの粉末）とKATIRA GUM（アカシアゴムの一種）の粉末を加えて練ると、チューインガムのように延びる不思議な粘土（？）になります。ロクロ成型した長頸瓶、皿、鉢、タイルなどに銅やコバルト、クロムなどで伝統的な模様を描き、低火度のソーダ鉛釉を掛けて直径1.6m、高さ1.7mの巨大な壺のような形をした窯に詰める。底の部分の対極に2か所の焚き口を設け、地面から高さ50cmのところにサマ孔を開けた窯床を張り、その孔から焔が炉内に入り、中に詰めた作品の間を抜け、上に開いた直径72cmの出入口兼排気口にトタンを被せた隙間から排気される。いわば、傾斜角90度の直焔式窖窯ですが、ほぼ完璧に近い酸化焔焼成が可能です。トタン板の隙間の微妙な調整が、釉薬がカーボンを吸いヨゴれるか、キレイに仕上がるかの決め手です。窯焚き全所要時間5時間、ぬけるようなスカイブルーの誕生です。

全体として酸化気味の窯になりやすいと考えられます。

　火の走る窯は、Fig.12のように器物の火面（ひおもて）（炎の当たる側）は良く熔けても反対側（火裏）は熔けない、というような現象が時として起きます。これは極端な例ですが、表は還元、裏が酸化、青磁ならば手前半分が青で裏がオリーブ色といった、陶工たちのいう「酔う」結果になりがちなのです。骨董界では"窯変"とか"身変わり"などと呼ばれ珍重されますが、窯焚きとしては失敗です。陶器祭りなどでたまに見かけることもおありでしょう、陶芸初心者の焼いた窖窯作品は片面がテカテカでラスター掛かり、表裏がハッキリしていますが、温度が思うように上がらず、辛抱できずに煙道を開放して火を走らせた証拠です。目的にもよりますが、一般的に引きの強い窖窯は釉焼きには向きません。どうしても、という場合は匣に入れて焼くことです。

燻焼還元焰焼成

　レシピさえ覚えれば旨い料理が作れるかといえば、そう簡単にはゆきません。素材の吟味、包丁使い、火加減、盛り付けの演出、どの技術一つをとっても修練が必要であり、これらが統合されて、初めて人を喜ばせる料理が完成するのです。焼き物でも同じことでして、「一土、二窯、三細工」これらが三位一体となって結果がでるのです。この項では、「二」の窯について述べているわけですが、やはり窖窯を焚いた実践経験の乏しい机上論が目立ちます。その一つを象徴する言葉として「燻焼還元焰焼成」があります。須恵器や燻瓦の黒い器肌を見るにつけ、薪を不完全燃焼させることで燻し焼をしたかのごとく連想されがちですが、決してそのようなことはありません。「薫煙炭化」という操作は必要ですが、「燻焼還元」という焼成方はなく、その呼び方には違和感を覚えます。

　韓国古語では"鉄"のことを"スウェ"と発音したそうです（第4章　焼き物の呼称　参照）。「須恵」は当て字であり、須恵器、すなわち"鉄器"であり、丈夫で灰黒色の器肌に、鉄器のもつ"精悍な美"を見出した尊称でありましょう。須恵器は、窯焚きの最後に大量に薪を投入し、炉内に煙が充満している間に密閉し、不完全燃焼のカーボンを器体に圧力注入する事で得られる一種の黒陶といえます。この操作により冷却過程においても強い還元状態を保ち、鉄分が多い素地ほどカーボンと反応し黒色が強く、少なくなるにつれ、灰色から灰白色、白色へと変化してゆきます。猿投白瓷特有の灰白色は、この燻煙炭化によって得られるものです。窯焚きの最後に行われる数分間のこの操作を「燻煙炭化」と呼ぶのであって、「傾斜角」といった窯の構造、あるいは、酸化・還元という「焼き方」とは何の関係もないのです。

　詳しくは「技術編」にて述べますが、もう少し付け加えますと。同じ素地でも、火力の強い火前に配置した製品はムライト（磁器）化が進み、カーボンが素地に浸透できず、強い還元状態を保ったまま固定化するために、溶けた灰のグリーンと相まって白瓷と呼ぶに相応しい白色の焼き物になります。しかし、同じ素地でも奥に配置した無釉の製品はガラス化がそれほど進まず、

カーボンが器肌に浸透し灰黒色の須恵器になります。同じ窯で白瓷と須恵器が同時に焼けるのには、こうした理由があるのです。

では、燻煙炭化の操作をしなければどうなるのでしょうか？　実はこの質問に答えるのは難しい。なぜならば、窯焚きは窯を閉じたら終了と思われがちですが、窯のボリューム、炉材、冷却速度、オキの残量などいろいろな要素が複雑に絡み、化学反応の固定化がどの時点で完了するのか窯によって違うからです。しかし多くの場合「後酸化」し、赤、若しくは茶色といったよく見かける焼き物になり、猿投陶独特の精悍さは失われます。

繰返すようですが、窖窯は単純な構造であるが故に窯焚きのすべてが凝縮

Fig.13　分炎柱　黒笹K-41号窯　三好町立歴史民俗資料館資料

されています。窖窯焼成の現実は灰釉を溶かす温度の確保が精一杯で、酸化・還元を焼き分けるなどよほど調子の良い時の窯に限られます。白瓷窯に限りませんが、窯は弱還元の状態で焚くのが一番燃焼効率が良く、1200℃以上の高温を必要とする施釉陶器を焼こうと思えば、どういう焚き方をしようとも、結局、還元焼成に収まるものなのです。したがって、1100℃くらいの中温、あるいは備前焼のような焼き締め陶器ならばともかく、窖窯で酸化焔焼成をしようとしても多くの場合、中途半端に終わり非常に難しいのです。

分炎柱

　猿投窯では9世紀後半のK-89号窯式あたりから、燃焼室と焼成室の間に分炎柱（ぶんえんちゅう）が設置されるようになります。分炎柱の周りは最も火力が強いために窯壁が硬く焼き締まり、Fig.13のように崩落を免れた発掘例も珍しくはありません。一般的に、分炎柱はその名の示すごとく、燃焼室の焔を分散させることにより、炉内に熱を満遍なくゆき渡らせるために設けたと考えられていますが、果たして事実はどうなのでしょうか？

　「分炎柱」につきましても、やはり大下武氏が鋭く指摘をされています。要約しますと、

（1）「船底形ピット」の機能について、未だ統一した見解が得られていないため、焼成方（酸化炎焼成・還元炎焼成・あるいはその両者等）と窯構造の関係が十分把握されず、したがって、その出現－消滅がどのような意味を持つのか、具体的でない。
（2）上記と同様な意味合いにおいて、分炎柱についても、〈炎の渦流をつくること〉〈窯内面積の拡大＝量産化〉〈酸化炎焼成〉等その種々の見解はあるが、基本的には行基窯において見られる諸機能を、須恵器窯と比較しつつ列挙したに過ぎないのであって、その中間点に存する平安瓷器窯において、何故分炎柱の初現を見るのかといった却って素朴な問いに対しては、必ずしも答えていない。つまり、分炎柱の出現を必然たらしめる焼成法との関連について、納得する見解が打ち立てられていないと

いうことである。
(3) 分炎柱の初現について、かなりの地域差が在すのは事実であるが、単にこれを東海地方の中だけに限定せず、中央先進地域との技術交流といった大きな視野を持つ必要があろう。文献的には『日本後紀』『延喜式』等、極く限られた史料を持つに過ぎないが、中央で伝習された瓷器焼成法と窯構造変遷の問題について、その関連が追及されなくてはなるまい。
— 『篠岡古窯址群　篠岡第49・50・51号窯』1971年　小牧市教育委員会

　40年近くも前に大下氏が問題を提起しているにもかかわらず、考古学は今日なお明快な解答を得ておりません。(3)において大下氏は、「弘仁瓷器(P.44〜)」の伝習所の所在を中央、すなわち京都と推測しています。
　それはさておき、"流体の流れを絞ることにより、流速は加速する"という「ベンチュリーの法則」があります。簡単にいえば霧吹きの原理です。これを持ち出して分炎柱の効果を予測する研究者もおられますが、焔の流速が窯の熱効率にどのように有効に働くのか、説明を賜りたいものです。そもそも炉内の焔の速度は加速ではなく、排気口の吸引力によるものであり、煙道を絞れば流速は緩やかになり、開けば増します。はたして窖窯において「ベンチュリーの法則」が意味を持つのかどうか、大いに疑問です。
　筆者の窯は白瓷窯の平均的な規模ですが、経験からいえば、燃焼室から煙道に向かう焔は並べられた器物の間を縫うように流れてゆき、効果どころか、わざわざ窯詰めの邪魔になる障害物（分炎柱）を設ける必要性など感じたことはありません。
　試験的に燃焼室と焼成室の境に巾30cm四方のサヤを天井まで積み上げ、分炎柱の効果を何度か試したことがありますが、視界をさえぎられ焚きづらくなるばかりで、これといった効果は認められません。それどころか、1150℃以上の高温域で、さらに温度を上げるのに、燃焼室に溜まったオキの輻射熱が大いに効果を発揮するのですが、それを遮る分炎柱は邪魔以外の何物でもないのです。空気の流入と排気を適正に調整すれば、窯が勝手に気圧の低い壁沿いに炎を誘導するものであり、平均的な白瓷窯のように半円筒形の直線的な窯式に分炎柱を設けても効果は認められない、というのが経験か

ら得た結論です。

　K-89号窯式以降、大型化する中膨れの山茶埦窯につきましては、焚いた経験がありませんので効果のほどは何ともいえませんが、窯の改造の目的は全て"燃焼効率を高め、炉内の温度差をできるだけ小さく抑え、少しでも製品の歩留まりを良くする"ことに尽きます。焼成室の奥に蜂の巣状の障壁を設けた出土例もあり、筆者もモザイク状にレンガを積んで蓄熱効果のほどを2～3度試したことがありますが、さしたる効果は認められず、結局取り払いました

　分炎柱の設置も熱効率の向上を期待したであろうことは想像できますが、経験からいいますと、主たる目的は他にあるように思うのです。現在のように棚組みのできるような耐火物のなかった時代、如何に多くの品物を窯に詰めるか。どうしたら最小の燃料で最大限の生産量を確保できるか、窯経営上の大きな課題であったのは述べました。完全燃焼した炎は軽く、どうしても上に行きたがりますので、窯床に積まれた器物を効率良く焼くためには、天井はできるだけ低い方が有利であり、多くの窯が、奥の方は這うようにしなければ窯詰めできないほど低い構造になっています。窯の巾が広いほど、また、天井が低いほどアーチのカーブは緩くなり、崩落の危険が増します。実際、窯焚き中、あるいは窯出し中に天井が落ち放置された発掘例も珍しくはありません。

　外から手渡された品物の窯詰め作業は比較的天上が高く（90～100cm位）、面積の広い火前で主に行なわれますが、窯が大型になるほど天井が崩壊する危険が増し、生き埋めになる可能性も高まります。その不安は、窯詰め、焼成、窯出し、いずれの工程にも付きまといますが、万が一にもそのような事故があってはなりません。防御措置を講ずるのは当然であり、分炎柱の役割は、炎の回り云々という効果も副次的に期待できたかもしれませんが天井の崩落を防ぎ、品物と身の安全を確保するのが目的の第一義ではなかったかと思うのです。中世の瀬戸の大窯になりますと、その目的はさらに明確になり、焼成室内にも天井を支える複数の柱を設置するようになります。

船底ピット

　少し専門的な話になりますが、朝鮮半島でも日本でも、穴窯は焚き口から下降してゆき、火前（焼成室の最前列）の辺りを底に再び上昇する"へ"の字を逆にしたような形をしている例が多いのです。高麗青磁のメッカ、全羅南道康津郡大口面の窖窯も見事な船底形をしていました。学術的には「船底ピット」と呼ばれますが、なぜこのような形状をしているのか専門家の間でも意見は分かれます。

１．火前の品物の焼け過ぎによる崩落を防ぐ
２．手前を低くすることにより焔の直火をできるだけ奥に届かせ窯内温度の均一化を図る
３．最もよく焼ける火前の容積拡大を図る

と、利点を挙げ、もっともらしい理屈がつきます。しかし二次的、偶発的にそのような効果を期待できたのかもしれませんが、最初からそのような意図を持って窯が築かれたとは考えにくい。なぜならば、次のような否定的見解が可能だからです。

１．高温に耐える陶土を選択すれば解決する
２．奥の温度を上げて無理に均一化を図り手前を中途半端に終わらせるよりも、温度分布に適した品物を順に窯詰めする方が自然の道理に逆らわず、歩留まりの点でもはるかに合理的
３．床を掘り下げても、焔が品物の上を通り過ぎるだけで容積の拡大にはならない。猿投窯末期の山茶垸窯は横巾を広げることにより容積の拡大を図り、中世の瀬戸の大窯に至ってはまるでヒラメのような形にまで扁平化している。

　経験から申しますと、火前は最も温度の上がる場所であり、積もった灰は熔けて自然釉となり床にガラス層をつくります。次回、この上に品物を置き

Ⅰ　猿投古窯　資料編

ますと、せっかく焼けた品物が床に熔着してしまい大変に具合が悪いのです。それを防ぐために何回か窯を焚くごとに、火前床の釉表層を剥がし、砂やスサ入り粘土で修復を繰り返すうちに船底形にえぐられてゆく、というのが素直な解釈ではないでしょうか。

「緑釉陶器を併焼した緩傾斜（25度前後）の窯には、このようなピットはみられない（『日本陶磁全集　6　白瓷』楢崎彰一編　中央公論社）」そうですが、上記、拙論が正しければ納得できる一文といえます。
　平均的なサイズ、奥行4mほどの白瓷窯の一番奥、1mのスペースで緑釉を併焼したと仮定しましょう。通常、緑釉陶器を焼くのに必要な温度は800℃、高くとも900℃もあれば十分です。窖窯の場合、火前から奥にゆくにしたがい、どんなに上手く焼いても1mにつき50℃くらいづつ温度が下がります。逆算しますと、最も温度の高い火前でさえ1100℃そこそこ、というこ

Fig.14　窯詰めが終わった炉内　筆者窯
オキの侵攻を防ぐため火前に並べた角サヤ

とになり、この温度帯ではとても白瓷は焼けません。加えて、白瓷は還元焼成ですが、青瓷は酸化焼成でなければなりませんから、白瓷と青瓷の併焼は無理ということになります。

　須恵器は酸化焼成でも焼けますが、焼き締まりが還元焼成と比べ甘いためにかなり質が落ちます。また、窯焚きの最後に大量の薪を投入して器体を炭化させた場合、青瓷との併焼となりますと、低火度釉である緑釉にカーボンがしみ込み、濁る可能性があります。したがって、常識的には須恵器と青瓷の併焼も考えにくいのです。

　併焼の相手となり得るのは、青瓷自体の素地の焼き締め、それほど堅焼きを必要としない容器、あるい何かのテラコッタということになりますが、酸化焼成で、しかもこの温度帯では火前に積もった灰も熔けることはありませんし、窯床もさほど傷みません。したがって、「剥がして補修する必要はほとんどなくなる」という理屈は成り立ちます。

　ついでながら、燃焼室と焼成室の境に低い防波堤のような土塁が設けられていることがあります。"床に積んだ器物を還元状態に保つため"などと、窯焚き経験のない若い研究者たちは"深読み"をしがちですが、これはオキ止めの設備だと思います。薪を大量に消費する窖窯では時として、薪投入口が塞がるほど大量のオキが溜まることも珍しくありません。特にクヌギ、樫といった繊維の密な硬木を燃料にすると、たちまちです。芯の残ったオキが圧されて窯の内部に侵攻してゆき、ついには手前に並んでいる器物を倒してしまいますので、筆者の窯詰めも最前列には写真（Fig.14）のように角ザヤを並べ、防波堤代わりにしています。

第4章　猿投私観

1．古陶の呼称

土器・土師器

　認識を共有するためにも、学問に使用する固有名詞の定義は厳格でなければなりませんが、曖昧なまま言葉が一人歩きしている例が間々あります。考古学でいえば、山の斜面に築かれた窖窯を、学者によっては「登り窯」と呼んだりします。「登り窯」は誰でも思い浮かべますように、通常、江戸初期に伝わった連房式の窯を指しますので混乱します。

　「土器」も誤解を招きやすい呼称の一つです。『土器＝古い焼き物』という連想でしょうか、それまで「祝部土器」などと情緒的に呼ばれていた朝鮮半島系の硬質陶器を、従来の野焼き土器と区別するために学術的に「須恵器」と呼び始めたのは昭和に入ってからのことです。その名残でしょうか、いまだに須恵器を伽耶土器、あるいは新羅土器などと呼ぶ研究者もおられ、考古学もそれを容認しているように見受けられます。須恵器は『日本書紀』、雄略天皇7年の条（P.22参照）にあるように「新漢陶部高貴（やまとあやのすえつくりべのこうき）」を始祖とする高度な技術をともなう最先端のハイテク製品であり、それまでの土器、土師器とは明らかに別物なのです。

　技術的な見地からも、粘土の元、カオリナイトの化学組成は　$Al_2O_3 \cdot 2SiO_2 \cdot 2H_2O$　ですが、600℃前後で　$2H_2O$（結晶水）が抜け　$Al_2O_3 \cdot 2SiO_2$　となり、二度と粘土に戻ることはありません。さらに、1000℃を越す温度帯では、粘土の過半を占める二酸化珪素（SiO_2）が高温結晶・クリストバライトを成形しはじめ焼結・安定化が促進します。

　したがって600〜800℃の低温で結晶水を取り除いただけのビスケットのような野焼き土器と、1000℃を越す高温の窯で焼き、ムライト（磁器）化が進

んだセラミックス・須恵器を同列に扱うのは化学的にみても不合理だと思います。定義の厳密化は人文・自然を問わず科学の基本ですので、このような語句はきちんと統一していただきたいものです。

ちなみに西洋では陶磁器の分類を、

・アースン・ウェアー（earthen wear）：いわゆる「土器」。高くとも800℃ほどの温度で野焼きされ、粘土中の結晶水を除いただけの原始的な焼き物。
・ファイアンス（Faience）：マジョリカ焼きでよく知られたイタリア北部の陶器産地、ファエンツァ（Faenza）をその語源とするようですが、施釉軟陶全般をさす総称。中国、漢時代の緑釉陶、唐三彩、奈良三彩、猿投でも焼かれた緑釉陶などもファイアンスに分類される。メソポタミア、あるいは、エジプトでは紀元前4000年頃には、砂を固めた上にソーダガラスを施した人類初の施釉された焼き物が既に存在しており、西洋考古学では、これを以って、最古のファイアンスとしている（コラム：傾斜角90度の酸化窯参照）。
・ストーン・ウェアー（Stone Wear）：窯により1000℃以上の高温で焼かれるためにムライト化（磁器化）が進み、吸水性のない無釉の焼き締め陶。備前焼や須恵器などもこの部類に入る。
・ポッタリー（Pottery）：多孔質の粘土素地に釉薬を施し高温で焼いた、いわゆる陶器。志野、黄瀬戸、唐津、萩など、日本の伝統釉薬のほとんどが含まれる。
・ポースレイン（Porcelain）：＝China　景徳鎮、有田などの磁器製品一般を指す。
・セラミックス（Ceramics）：陶磁器、ガラス、IC基板、ホウロウなどを含む陶磁器製品全般を指す。

というように、機能・用途・化学組成別に明確に分けています。

以上の区分を踏まえ、本来意味するところの、野焼き「土器」と「土師器」

の違いとは何か、を考えて見ましょう。一般的に、弥生時代以前を「土器」、古墳時代以降の土器を「土師器」と分けているようですが、その線引きは時代区分の定義により変わるのです。

・「土師(はに)」という言葉のいわれは「埴輪(はにわ)」の由来とともに『日本書紀』巻第6 第11代垂仁天皇（在位紀元前29～後70年）28～32年の条に詳しく記述されています。

　　二十八年の冬十月の丙寅(ひのえとら)の朔(ついたち)庚午(かのえうまのひ)に天皇(すめらみこと)の母弟倭彦命(いろどやまとひこのみことかぶさ)薨(かむさ)りましぬ。十一月の丙申(ひのえさる)の朔(ついたちひのとのとりのひ)丁酉に、倭彦命を身狭の桃花鳥坂に葬りまつる。是に、近習者(ちかくつかへまつりしひと)を集(つど)へて、悉(ことごと)に生けながらにして陵(みさぎ)の域(めぐり)に埋み立つ。日を数(ひ)て死なずして、昼に夜に泣き吟(さけ)ふ。遂に死りて朽ち腐(くさ)りぬ。犬鳥聚(いぬからすあつま)り食(は)む。天皇、此の泣き吟ふ声を聞(こ)しめして、心に悲傷(いた)きなりと有(おも)す。群卿(まへつきみたち)に詔(みことのり)して曰(のた)はく、「夫(そ)れ生(いけるとき)に愛(め)みし所(ところ)を以て、亡者(しぬるひと)に殉(したが)はしむるは、是甚(これはなはいたきわざ)だ傷なり。其(そ)れ古(いにしへ)の風(のり)と言えども、良からざるは何(なに)ぞ従(したが)はむ。今(いま)より以後(のちのよ)、議(はか)りて殉(しぬるにしたが)はしむることを止めよ」とのたまふ。

　　三十二年の秋七月(あきふみづき)の申戌(きのえいぬ)の朔(ついたちつちのとのうのひ)己卯に、皇后(きさき)日葉酢媛命(ひはすひめのみことかむさ)薨りましぬ。臨(はぶりまつ)葬(まへつきみたちみことのりのたま)らむとすること日有り。天皇、群卿に詔して曰はく、「死に従う道(しにひと)、前に可(さき)からずといふことを知れり。今此の行の葬(たびもがり)に、奈之為何(かにせ)む」とのたまふ。是に、能見宿祢(のみのすくね)、進(すす)みて曰(まう)さく、「夫れ君主の陵墓(みさぎ)に、生人(いきたるひと)を埋(うず)み立つるは、是不良(さがな)し。豈後業(これさがなあにのちのよ)に傳(つた)ふることを得む。願わくは今便事(たよりなることよ)を議(はか)りて奏(まう)さむ」とまおす。則ち使者を遣わして、出雲國の土部壹佰人(つちべひとももひと)を喚(め)し上げて、自ら土部達を領(ひき)ひて、埴(はに)を取りて人・馬及び種種の物の形を造作りて、天皇に献(たてまつ)りて曰(まう)さく、「今より以降、是の土物(はに)を以て生人(いきたるひと)に更易(か)へて、陵墓に樹(た)てて、後葉の法則(のちのよのり)とせむ」とまうす。天皇、是に、大きに喜びたまひて、能見宿祢(のみのすくねみことのりのたま)に詔して曰はく、「汝(いまし)が便議(たよりなるはかりごと)、寔(まこと)に朕が心に沿(かな)えり」とのたまふ。則ち其の土物を、始めて日葉酢媛命(ひばすひめのみこと)の墓に立つ。仍(よ)りて是の土物を號(なづ)けて埴輪(はにわ)と謂(の)ふ。亦(また)は立物と名(の)く。仍りて令(のりごと)を下(くだ)して曰(のたま)はく、「今より以後、陵墓に必ず是の土物(はに)を樹(た)てて、人をな傷(やぶ)りそ」とのたまふ。天皇、厚く能見宿祢(のみのすくね)の

113

功(いさをしきこと)を賞めたまひて、亦鍛地(またかたしところ)を賜ふ。即ち土師の職に任けたまふ。因りて本姓(もとのかばね)を改めて、土師臣(はじのおみ)と謂う。是、土師連(はじのむらじ)等、天皇の喪葬(みはぶり)を主(つかさど)る縁(ことのもと)なり。所謂る能見宿祢(いはゆるのみのすくね)は、是土師連等が始祖(はじめのおや)なり

　　　　―日本書紀　巻第六　垂仁天皇二十八年・三十二年　岩波書店

　須恵器が登場することで、土師器は過去の産物と思われがちですが、決してそのような事はありません。土器といいますと、分厚く稚拙なイメージをいだきがちですが、高級品ともなれば極めて薄く、精巧に造られており、宮廷でも柏やトクラベの葉を敷いて、須恵器と差別されることなく日常的に使用されていたのです。また、火にかけられない須恵器とは役割を異にし、鉄鍋が普及する中世後期まで、煮炊き道具としても生活の必需品であり続け、その名残は、「ほうろく」、「ゆきひら」、「土鍋」という形で、今日にも引き継がれています。

　余談ですが、アフリカでもアジアでも土器は数千年前と同じ方法で造られ、多くの人々の生活必需品として、今なお生き続けています。彩文土器で名高いタイのバンチェンにて、土器の叩き技法を修得するため、しばらく滞在したことがありますが、軒先に据えてある野焼きの水甕は、器肌にしみ出る水分が気化熱を奪い、ほど良く冷えて、ノドの渇きを癒してくれました。また、世界三大スープの一つ、トム・ヤム・クンは土器鍋で煮たものに限ります。

須恵器

　須恵器、あるいは陶(すゑ)の呼称につきましては、『和妙類聚抄』も"瓦器云陶器、陶訓須恵毛能"、瓦＝陶器＝須恵毛能、とかなり大雑把に解説するのみで、名称の由来にまでは触れていません。

　"須恵"は古代朝鮮語で鉄を意味する"スウェ"の当て字であるのは述べました。が、実をいいますと、筆者が韓国滞在中、大変にお世話になりました李朝白磁の第一人者、韓益煥(はんにがん)氏が会話の中で"昔、韓国では鉄のことをスウェと発音したんだよ"とつぶやいた言葉に思わず膝を打ったもので、筆者がいい出したことなのです。韓先生は一昨年（2006年）他界され再確認は取れていませんが、間違いなければ須恵器の語源としての説得力は十分といえ

るのではないでしょうか。

　平成の大合併で誕生した町の多くが、愚かにも歴史と伝統を背負った地名をいともたやすく捨て去り、自分たちの拠って立つ過去をイレース（Erace：抹消）したのです。その軽佻さには、残念を通り越して、同情さえ覚えますが、「陶」あるいは「須恵」、「白土」、「志戸呂」など焼き物にかかわる地名は、今なお全国に残ります。

青瓷・白瓷

　奈良－平安期の焼き物はランク順に並べますと、青・白茶埦（輸入陶磁器）、青瓷（緑釉陶器）、白瓷（灰釉陶器）、須恵器・陶器(無釉陶器）＝瓦器、土師器、となります。しかし、青瓷、白瓷の呼称の由来は、はなはだ曖昧なのです。

　猿投灰釉陶器を学術的には白瓷と呼び、定着していますが、その呼称はいつ頃から使われ始めたのでしょうか？　楢崎教授の文を借用させていただきますと

　　　この白瓷の名称は、いつから始まったものであろうか。現在、文献の上から知られるもっとも早い例は、貞観13年（871）の『安祥寺伽藍縁起并資財帳』であり、そのうちの東影堂什物の中に、大唐研鉢・大唐瓷瓶・茶埦・白瓷盤・白瓷茶瓶子・青瓷薫呂などの文字がみえている。また、少し時代は降るが、天暦4年（950）の『仁和寺御室御物目録』には、青茶埦提瓶・白茶埦蓮華形壺・白茶埦小壺・青茶埦御硯・青瓷坏・青瓷鉢などの文字があり、亀井明徳は、青茶埦・白茶埦は中国製輸入陶磁器であり、それに対応する日本製の施釉陶器を青瓷・白瓷と呼んだことを論証している。
　　　　　　　　　　　　―『世界陶磁全集2　日本古代』楢崎彰一　小学館

と述べておられますが、この、貞観13年（871年）「安祥寺伽藍縁起并資財帳」の記述が、「白瓷」と呼ぶ学問上の根拠となっているようです。

しかし、猿投灰釉陶器を御存じの方ならば、灰白色の素地にグリーンの灰釉の掛かった焼き物を白瓷と呼ぶのに違和感を覚えるのではないでしょうか。「白瓷」とは通常、「鉄分の少ない白い陶胎に透明釉を施した、中国や朝鮮半島の焼き物」を指しますので、デパートなどの個展で筆者の作品を目にして"これのどこが白瓷なのか？"と尋ねられることがよくあります。その時には"古文書にそう書いてあるんで、私が勝手に名前を変えるわけにはいかないのです"と答えることにしています。

　しかし、それまで高級陶器とされてきた無釉で灰黒色の須恵器と比べますと、猿投灰釉陶はさらにしっかりと焼き締まり、灰白色の器肌が灰釉のグリーンと相まって見るからに美しく、別物であることは確かです。舶来の白磁（白茶埦）とは非なるものの、それに準じ、尊称として白瓷の名を冠した、といわれれば、"ああ、そうですか"、と納得せざるを得ません。

　平安も後・末期になりますと、焼き物の生産拠点は徐々に美濃・瀬戸など周辺に拡散してゆきます。渥美では経筒外容器をさらに改良し、常滑では経塚壷、あるいは三筋壷に姿を変えるなど、それぞれ猿投窯の伝統を受け継いでいるのです。やがて猿投窯は民営による山茶埦の大量生産に転換しますが、その流れを汲む焼き物は退化し、たとえ無釉陶となっても始祖に敬意を表し、考古学上、白瓷系陶器と呼ぶのが慣わしとなっています。

　三彩・緑釉、につきましては、かなり解明が進んでいます（本章　猿投白瓷の真相参照）。奈良時代には三彩・緑釉は単に瓷器（しのうつはもの）と呼ばれ、青瓷とは明記されていないものの『造仏所作物帳』「天平6年（734年）5月1日の条（P.55参照）」が、恐らく最も古い記述ではないでしょうか。

・三彩・緑釉を「青瓷」と呼ぶ確かな記述は、永久5年（1117年）、正倉院の器物を点検した時の記録「東大寺網封蔵納物勘注　正倉院塵芥文書」に、

　　青子鉢四十口、青子大鉢四口、小十口、青子瓶一口高二尺…

などとあり、現在の正倉院三彩の在庫数と一致することから、この時点で、

間違いなく、鉛釉を施した軟陶を「青瓷」と呼んでいたことが証明されますが、これがそもそも混乱の元なのです。平安後期（1115年前後）、宮中における饗宴の様子を事細かに記録した4巻、『類聚雑要抄（るいじゅうざつようしょう）』なる文書があります。そこに「青瓷佐良（皿）」が登場しますが、塗り盆の上に段皿を置き、さらにその上に料理を盛った青瓷皿を入れた蓋付埦を据え、天皇・皇太后・宮内省長官の三者にのみ供される、という最高レベルの使われ方がされております（「陶芸編」宴席の飲食器参照）。しかし、ここで使用されている青瓷佐良を緑釉皿とする根拠は何処にも見当たらず、宋青磁、あるいは高麗青磁の可能性さえも捨て切れないのです。

　猿投窯がモデルとした大本、中国での陶磁器の呼称は、釉薬名を頭に技法・文様、形状の特徴、そして最後に器種名を付けるのが一般的です。例えば、青磁鶏首壺、白磁盒、褐釉幾何文双耳壺といった具合です。低火度鉛釉の唐三彩は三彩龍耳瓶、三彩騎馬女子俑、三彩鳳首瓶などと呼ばれ、瓷器とは区別されるのが普通です。陶胎（陶器土）に青磁釉が掛けられたものを青瓷と呼び、磁胎（磁器土）のものを青磁と呼ぶのであって、軟陶である三彩陶を青瓷と呼ぶ例は知る限りありません。

　中国の呼称に従えば、磁胎に透明釉を掛けたものを白磁、鉄分の少ない陶胎に透明釉を掛けたものを白瓷とするのは述べました。何歩かゆずって、猿投灰釉陶器を白瓷と呼ぶのはよしとしましょう。しかし、低火度の含鉛緑釉を青瓷とするのには異論があります。

　学問は私情を排し史実に忠実であれ、とはいうものの、軟陶も硬陶も磁器の区別もつかない古代の素人役人の勘違いに基づいて論を重ねるべきではないと思います。正倉院三彩は点数の限られた世界最古の伝世品であり、わざわざ「青瓷」の名を冠すまでもなく、「奈良三彩」あるいは「正倉院三彩」の固有名詞で十分に通用します。個人的な意見を述べさせていただけば、緑釉は御本家、中国の分類に従い、器名に「緑釉」を冠する方が分かりやすく、統一性がとれるのではないでしょうか。一般の方々にとり、焼き物の呼び方など些細なことと思われるかもしれませんが、何に限らず裏付けのしっかりした「些細なこと」の積み重ねが学問上の定義を確かなものにするのです。中国の例に準じ、陶胎に青磁釉を施した焼き物を「青瓷」と称すのが然るべ

きではないでしょうか。

2．青瓷私見

　ここまで読み進まれた読者諸姉兄は、既に、日本陶芸の根幹をかなりのレベルで御理解されているはずです。「第一章」では考古学における猿投窯の推移を歴史と照合し、そこから導き出される猿投論を、「第二章」では猿投古窯を取り巻く社会的側面を、「第三章」では従来の技術に関する推論を陶工の立場から検証してみました。「資料編」の最終章に当たり「猿投窯」、その真相の何たるか？「素材」の語るその実態を、実践から得た経験から推測してみましょう。

猿投窯消滅の根本原因。

　300有余年間、これほど長期にわたり隆盛を誇った猿投窯がなぜ歴史から姿を消したのか？　その理由は多くの背景が複合し、いい切ることは困難ですが、突き詰めれば、「指揮、命令系統が官僚的であり、速やかに三彩の生産を実現させた聖武天皇のような強いリーダーシップを欠いたために青磁を完成することができず、時代の推移とともに白瓷の特殊性が薄れ、市場の原理に埋没していった」といったところでしょうか。
　須恵器の冒頭でも述べましたように、焼き物は"土を石に、石をガラスに変える"工業生産品であり、素材の化学組成、あるいは熱力学に拘束を受けます。造形以前に、土がその焼き物を特徴付けており、先ず、それにより産み出される製品が社会的価値を持ち得るか。そして次にその産品が流通の原理・原則に耐え得るか否か、市場性の有無が問われます。その意味では上記「市場の原理云々…」は一次生産物に付随する二次的な解釈といえるでしょう。
　かつて、須恵器の大規模な生産地であった陶邑が衰退し姿を消した訳は、ひとえに文化・技術の進歩に伴い、産する陶土が耐火度不足のために、次世代の焼き物である灰釉陶器の素材として対応できなかった点にあります。で

は、一時期、市場を制した美濃須衛、あるいは尾北窯が須恵器の生産から撤退したのはなぜでしょうか？ 「第一章」にて既に理由の多くを述べましたが、陶土の品質、埋蔵量、燃料の調達、あるいは立地条件などを考えますと、当時この辺りが政治・経済・物流の中心地であり需要が直結していた、という以外に両窯が取り立てて陶業地として相応しい環境に恵まれていたわけではない、という事実を指摘しなければなりません。ひとえに「壬申の乱」において果たした多大な貢献に対する中央政権の最大級の便宜供与、さらには辣腕国史・笠朝臣麻呂の強力な後ろ盾があったればこその、いわば人為的な繁栄ではなかったか、と思うのです。

　渥美窯もしかり。平安も末期、実力者・藤原顕長の三河国司在任中（1136年から8年間、1149年から6年間、計14年間）に渥美窯が興ったのは述べました。しかし、渥美半島という陸封された土地が焼き物の産地として適しているとはとても思えません。

　この頃には、猿投窯は既に衰退し、白瓷の生産拠点は東濃に移りますが、かつての猿投製品とは品質の面でかなり劣り、高級品の供給は滞っていたのではないかと思われます。このような時流を読んでのことなのかは不明ですが、渥美窯は伊勢神宮への（東）海道筋という地の利を活かし、末法思想の埋経風習などに乗じ、猿投窯の様式にさらに改良を加えた経筒外容器など宗教色の強い高級製品を数多く産出しました。それらは伊勢地方をはじめ熊野本宮、遠くは栄華を誇った奥州藤原一族の支配する東北方面など、各地の有力寺社、個人に納められたのです。信仰、あるいは権威と結びついた焼き物は付加価値が高まり、高値で流通するのは今も昔も変わりません。このような演出が可能なのは、ひとえに寺社や中央と太いパイプを持つ人物の実力によるものと思われますが、顕長去りし後は、美濃須衛・尾北窯と同様、窯場の環境、素材が持つ品質本来の価値が試され、衰退に向かう、というのが原料本位の解釈です。

　うがった見方をすれば、国司がさらに上（出世）を目指すためには、堂塔、邸宅、荘園などの寄進、また、娘の呈上（陶芸編　2．平安時代の宴と飲食器参照）、全財産をはたくほどの贅を尽くした饗宴の演出など等、天皇をはじめ有力貴族に対し、あらゆる便宜を取り計らう器量が求められます。その

財源として陶器の生産はうってつけ、美濃須衛の笠朝臣麻呂の例などとも考え合わせますと、率直にいって「焼き物は儲かる」、ということではないかと思うのです。ちなみに、笠朝臣麻呂は右大弁（現在の官房長官クラス）、藤原顕長は権中納言従二位にまで出世をしています。

　では、渥美窯と同じ頃、生産を開始した常滑が今日なお日本の代表的な窯場として存続しているのはなぜでしょうか？　常滑は、平安時代末期に陶業を開始しますが、その興りに陶祖なる人物を特定することはできません。つまり、人為的に興した窯場ではなかったからだと思います。知多半島の常滑周辺には成形能に優れ、低い温度で堅く焼き締まる陶土が露天掘り状態で豊富にあり、燃料にも恵まれています。加えて、「第二章　3　物流事情」にて述べましたように、平安末期から鎌倉にかけては人間活動が活発化し、それに伴い、運搬・貯蔵容器の需要が増大し、外洋航海術の進歩も手伝い、それまで物流に不向きとされた甕などの大型製品が全国に出荷されるようになります。つまり、地の利・資源とともに、陶業地としての必要条件を満たして

Fig.15　猿投青瓷遊魚文筆立　筆者作
径11cm　高14cm

Ⅰ　猿投古窯　　資料編

おり、有力者の介在を必要としなかった、ということではないでしょうか。

　律令時代、須恵器の献納国とされた備前・近江・丹波も、それぞれの持つ陶土の個性を上手く活かし、1700年を経た今日においてなお日本を代表する窯場であり続けています。平安時代、猿投窯から分流した瀬戸・美濃なども然り、水漏れを防ぐために六古窯中、唯一釉薬を施す技術を開発し、窯の火を絶やすことなく現在に至っています。

　素材本来の個性に逆らわず、むしろ特長として活かした窯場は資源が尽きない限り存続しますが、目的のために選ばれ、無理を重ねた陶業地が長続きするはずはありません。「逆らわず、従わず」人の意思ではどうにもならないのが自然界の副産物、焼き物ではないでしょうか（「陶芸編」焼き物の美参照）。

　この法則を踏まえ、改めて猿投陶消滅の原因を考えてみますと。当時、焼き物に求められた必要条件はしっかりと焼き締まり"水が漏らないこと"です。須恵器の技術を継承する灰釉陶器にも当然この条件は適用され、かつ鉄分が少なく灰釉を熔かすのに必要な耐火度をもっている、という条件も加わります。さらに、舶載青磁の開発を念頭に置いた場合、素材の質感など、よく似た陶土を産する猿投の地が選ばれたとしても不思議ではなく、それどころか、その選定眼は称賛に値します。

　しかし、前章「猿投古窯の陶土」でも少し触れましたように、猿投の粘土は必ずしも焼き物に向く素材とはいえません。にもかかわらず、この地にこだわり、拠点を構えるからには、欠点を補っても余りある何らかの理由があって然るべきなのです。その理由とは「青磁の開発」であり、猿投でも、一部地域、黒笹地区に限られますが、青磁の発色に極めて有効な陶土の存在を無視することはできません。しかし、次項で述べますように、結果的に青磁の完成には至りませんでした。青磁を模索する過程で産み出された灰釉陶器がそれなりの評価と需要を得て数百年間の長きにわたり操業を続けますが、律令制の崩壊に伴い、「調用窯」としての後ろ盾を失った猿投窯が存続するのにはやはり無理があったのです。「青磁の開発」という目的のために人為的に選ばれた土であり、その実現が困難となれば、歩留まりの悪さ、生産コストの高さからいって見放されるのは仕方がありません。耕しても実りを期

待できない不毛の地に止まる事はできません。陶土を豊富に残しながら、猿投の陶工たちは使い勝手の良い土を求め、東濃へ、瀬戸へ、常滑へと散り、二度とこの地に戻ることはなかった。これが素材から推測する猿投窯消滅の理由です。

猿投白瓷の真相

　述べましたように、猿投白瓷は法隆寺献納宝物などの金属製仏具、舶載青・白磁、三彩陶器、時代が下がり越州窯の刻花文青磁などを手本として造られました。考古学では"猿投窯は青磁を目指した"というのが暗黙の了解ですが、このような事情を以ってその論拠としているとすれば、"形を真似た"のと"青磁を目指した"のとでは意味合いが大分違います。"目指した"とするからには、その過程を示す何らかの物証が必要です。

　灰釉程度の開発を目的とするならば、近江を筆頭に丹波など、畿内周辺にいくらでも候補地はあったのは何度か述べました。わざわざ須恵器の一生産地にすぎない猿投の地を本邦初の高火度施釉陶器の開発という、栄誉ある地に選ぶからには然るべき理由がなくてはなりません。

　結論から申しますと、猿投窯はやはり青磁の実現を目標としていたと思います。おっしゃる通り、猿投古窯において青磁が焼かれた形跡はありません、しかし、単に"できなかった"わけではなく"完成を阻まれた"のではないかと推測するのが筆者の見解です。

　実験考古学とは仮説を試行し、結果を以って持論の正当性を担保する帰納法的手段をいいます。図版No.4・5・6およびFig.15は、猿投古窯跡周辺から採取される原料のみを使用して筆者が完成させた青磁です。御覧いただいた方々の反応は「出土遺物に頼る考古学の立場からすれば、想定の範囲を超えており、にわかには猿投陶と関連できない」、「偶然」、「一陶芸家による創作品」、といったところですか。しかし、我田に水を引くわけではありませんが、"猿投窯は青磁を目指した"裏付けとしての検討対象となり得る有力な物証ではないでしょうか。

　何度も述べますように、焼き物は素材の化学組成により、その結果が特徴

付けられます。"結果"に重きを置くのが人文科学であり評論家であるならば、"原因"と"可能性"を推測するのは自然科学であり技術者の役割です。青磁の完成に至る経緯を述べつつ、これまで語られることのなかった"素材・化学・技術"という視点から"猿投窯指名"の裏事情に迫ってみましょう。

□ 経緯その1

　8世紀初頭、唐から華麗な三彩陶器の技法が伝わり、奈良の都に日本が誇る正倉院三彩がすい星のごとく登場します。三彩釉の調合レシピは青磁釉のそれとは比較にならないほど複雑であり、大陸系のテクノクラートが三彩の技法伝授に深く関与したのはいうまでもありません。

・773年：　度々引用する、奈良時代の正倉院文書『造仏所作物帳』天平6年5月1日の条に、三彩釉の材料と調合比率が記されています。

　　　　瓷油坏三千一百口別口径四寸　熬得丹(鉛丹）小二百三十四斤、白石
　　　（石英）六十斤、緑青（銅サビ）小十七斤八両、赤土（含鉄土）小一斤
　　　四両…。（　）内、筆者注
　　　　　　　　　　　―『大日本古文書　1』東京大学編纂　明治34年

　口径4寸の瓷坏（三彩坏）三千一百口を造るのに、鉛丹234斤に対し、白石60斤を加えて透明の基礎釉を作ります。この調合比率は、今日の硅酸鉛ガラスの組成とあまり変わりません。これに銅サビ17斤8両（6％）、赤土1斤4両を加え、緑や茶色の色釉を調合しますが、銅サビの含有量は、よく御存じの織部釉とほぼ同じなのです。

　鉛丹（酸化鉛の粉末）は黒鉛を酢酸の蒸気にさらして酸化させ、浮いた粉末をかき集めるのが最も原始的な作り方です。当時の製法は定かではありませんが、古文書には、猪油・塩・膠などを利用したとあり、酸化物を葛布で篩い粉末を得ています。大変な手間を掛けて作る鉛丹は役所により厳しく管理され、必要量が配給されていたようで、「鉛丹の配給→緑釉陶器の製造＝政府公認≒官窯」という予測が成り立つのです。

> **コラム**
>
> **鉛丹**：鉛丹（Pb_3O_4）には鉛特有の強い毒性があり、取り扱いには注意を要します。古代ローマでは既に水道管に鉛管が使われています。鉛のカップにワインを注ぐと鉛が溶出し、甘みが増すところから、暴君で名高いローマ帝国の皇帝、ネロとか、カリギュラは、鉛合金で作られた杯を好んで使用し、鉛中毒に冒されていたとも伝えられます。中国古代王朝、殷の紂王も残虐さでは引けをとりませんが、やはり、鉛と銅の合金の杯で酒をあおったと伝えられます。ワインを好んだベートーベンの毛髪からは異常値の鉛が検出され、晩年に患った耳の異常は鉛中毒によるものだとされています。

　猿投窯が国家的プロジェクトによる青磁の開発を目的としていたのであれば、三彩の技法と同様、渡来の青磁専門家による関与があって然るべきです。だとすれば、当初から釉薬調合という具体的なノウハウを持っていたにもかかわらず、猿投青磁が奈良三彩のように華々しくデビューしなかったのはなぜでしょうか？　それは、青磁釉が三彩釉のようにレシピ通りに調合すれば発色する、というモノではないからです。その訳は、青磁のことを知らなければ分りませんので、少し説明しましょう。

　ズバリ！　青磁の命は土なのです。青磁は、白磁と並んで、焼き物の最高峰であり、東洋の焼き物は青・白磁の完成を目指す過程で進化してきたと言っても過言ではありません。青磁釉自体は単純な石灰釉ですが、使用する釉石とその粉砕度合い、釉厚、素地との相性、焼成条件などに影響されやすく、敏感で不安定な釉薬といえます。特に、土との相性は決定的な意味を持ち、素地土の性質により貫入(ヒビ)の入り具合、釉薬の発色、透・不透明感、光沢が大きく変わります。表面の美しい色にだけ目を奪われがちですが、優れた青磁の発色とは、釉薬と土の織り成す相乗効果の結果なのです。青磁の初級者は釉薬の色にばかり気を取られ何度も調合試験を繰り返しますが、土が決まらないことには、その組み合わせは天文学的数字となり、迷路に足を踏み入れることになるのです。

I　猿投古窯　　資料編

　猿投古窯の分布する範囲内で、素材の品格という点では黒笹地区が最も優れており、窯の拡散もこの地を以って止まります。そして、その低丘陵の南斜面には、よく知られたK-7号窯をはじめ、越州窯青磁を模し、陰刻文陶器を生産した、K-14・K-90・K-89号窯、といった猿投窯を代表する窯が集中しているのは述べました。

　筆者が本格的に猿投古窯の原料試験を開始したのは現工房（現豊田市、旧小原村）に移って間もなく、1984年からです。猿投古陶の素材にこだわらず、

図5　黒笹89・90号窯　陰刻花文拓影　豊田市民芸館提供

125

納得のゆく陶土を求め、路頭粘土、工事現場、古窯跡などから手当たり次第に粘土を採集、焼成試験を繰り返し、そのテストピースはゆうに100を越えます。そして結果、行き着いたのがかつての猿投の陶工たちと同様、黒笹の粘土山なのです。

□ 経緯その2

筆者は、かつて、高麗青磁のメッカ、韓国全羅南道康津郡大口面の山中にて小雪舞う中窯跡を掘り返し、タイでは14世紀のスコタイ青磁の釉石を探しに、オフロードバイクで山中に分け入り転倒して名誉の骨折までしています。お世話になりました土岐市陶磁器試験場では、釉薬の調合に明け暮れ、考え得るあらゆる組み合わせの青磁釉を試しました。"灰釉は青磁釉の祖形である"との認識は陶芸入門以来持っており、猿投陶の研究と平行して青磁の試験を繰り返してきたのです。

このような経験を踏まえ、ここ黒笹の粘土山で採取される陶土の一部が、鉄分の含有量といい、焼結度、温度帯、シリカ・アルミナの組成バランスといい"青磁土だ"と直感したのです。焼くと小豆色になる、一見、何の変哲もない灰色の粘土ですが、この土を青磁土と見抜き、ここに窯を据えた古代の技術者の目は確かです。

8世紀半ば、猿投窯にて灰釉陶器の生産を開始しますが、本邦初とはいえ、渡来のテクノクラートが関与していたとすれば当然、調合というノウハウを持っていたハズであり、なぜ初歩的な灰釉からスタートしたのか不可解でなりません。このあたりの事情は歴史小説にでもなりそうな大変に興味深い古代のミステリーですが、それはさて置き、従来の土器や無釉の須恵器に慣れた目には灰釉陶器は新鮮に映ったに違いありません。それなりの需要を掘り起こし、たちまち他の窯業地を凌駕、舶載陶磁器に順ずるブランドの獲得に成功するのです。

9世紀～10世紀にかけて、猿投窯の最盛期に、高さ25ｃm内外の蔵骨容器が盛んに焼かれます。Fig.16は、重要文化財に指定されている「猿投白瓷短頸壺（図版1）」とともに、猿投陶を代表する白瓷壺ですが、その安定した釉調から、施された灰釉薬には、あきらかに20～25％ほどの長石質原料が混

Ⅰ　猿投古窯　資料編

Fig.16　白瓷　短頸壺　10世紀　愛知県陶磁資料館所蔵
高23cm　口径9.3cm　底径12.7cm

入されています。いまだにどなたも指摘しないのが不思議でならないのですが、この時点で既に長石質原料を付きとめ、その使用法を知っていた確かな証拠であり、猿投陶の真相を解明するのに、極めて重要な手掛かりを提供しているのです。なぜならば、灰と長石質原料の混合比率を逆転させれば、基礎的な青磁釉が出来上がるのですから。

　ちなみに、この壺は三好町莇生の斜面（Fig.8）に横たわる厚さ70cmほどの、この辺りにしては珍しく安定した陶土層の土を使用しています。また、釉肌が荒れ、"煮えた"痕がありますので、高温域で湿った薪を使用したことがわかります。器肌が他の製品と比べきわだって白いのは水分の強烈な触媒作用によるものです（「技術編」焼き締めと釉焼き参照）。

☐ 経緯その3

　以上の状況を勘案しますと、本邦初とはいえ、初歩的な灰釉陶器を生産するためにこの地に窯を据えたとはとても思えません。必ずしも焼き物に向くとはいえない猿投の土を選ぶからには、土とセットであるべき長石質原料、つまり、青磁の釉石があって然るべきなのです。なぜならば土と釉石とセットで、初めてここ猿投山西南地域に青磁の開発を目的とした工房を構える意味が生ずるからです。

　その確信に基づき、猿投古窯が分布する地域から採集される、それとおぼしき鉱物の焼成試験を重ねた結果、案の定、釉石は存在しました。予期したこととはいえ、そのドラマチックな展開に、筆者自身も戸惑う思いでしたが、まぎれもない事実なのです。執念の賜物とでもいいましょうか、人間生きている間には稀にこのようなこともあるのです。平安時代に、舶来物に決して劣らない優れた青磁を造ることのできる原料の存在を、まさにピンポイントでここ黒笹の地に予測した技術者の卓見を讃えずにいられましょうか。

　その肝心な原料ですが、青磁土はそのうちにまとめて掘ろうと3ヶ月ほど見回りを怠っていたところ、ゴミ焼却場の拡張工事により既に失われ、ぼう然と現場に立ち尽くしたものです。現在、筆者の持つ2トン足らずを残すのみ、悔やんでも悔やみ切れるものではありません。やはり、青磁釉と相性の良い凝灰岩質粘土と混ぜ合わせ、大事に使っております。

　釉石も、すさまじい開発の波に洗われ、一級品は既に入手困難、品質の劣るものがわずかばかり採れるのが現状であり、今では、それさえも貴重になりつつあります。筆者には猿投陶の正確な資料を残す義務がありますので、何らかの形で公表をしなければなりません。しかし、気を引いておきながら、まことに申し訳のないことですが、原料の確保と、地主さんへの迷惑を避けるために、残念ながら現時点で明らかにするわけにはいかないことを伏して御理解いただきたいのです。

Ⅰ　猿投古窯　　資料編

□　結論

　さて、これだけの条件が整いながら猿投窯で青磁の完成に至らなかったのは何故でしょうか？　いくつかの可能性を推測してみますと、

・そもそも、青磁を完成させようとする展望がなかった。

・平安の貴族たちは舶来物を信奉し、権益の拡大に策を労するのみで、三彩を速やかに完成に導いた聖武天皇のような強いリーダーシップを欠いた。

・律令下では、身分により身に付ける衣服の色まで厳格に定められており、宴席においても調度、席順、食器の格付けには厳しい差別化が行なわれている（「陶芸編」平安京の宴参照）。銀器、あるいは舶載青磁などは最高位レベル（例えば3位以上）の使用する器物とされ、国産青磁が大量に出回ることにより秩序の混乱をきたすおそれがあるため、官の介入により、意図的に中堅クラスの指導層向けの焼き物、すなわち、灰釉の生産にとどめられた。

・渡来系（？）の技術者が、何らかの事情で、技術を出し惜しみ、灰釉の生産にすり替えた。

・青磁に適する陶土は確保したものの、釉石の発見に長い時間を要し、青磁の開発という当初の目的が薄らぎ、灰釉からスタートした猿投陶がそれなりの需要と評価を受けそのまま定着した。

・青磁の開発に時間を弄している間に、大陸から青・白磁が大量に流入するようになり、コストをかけてまで猿投窯において青磁を生産する必然性が薄らいだ。

・平安期、大陸との交易において主要な物流品の一つである青磁が、黒笹地区で大量に生産されたらどうであろう。貿易でばく大な富を得る関係者にとり、都合の悪いことになりはしまいか。猿投の地に工房を定めた時点では、青磁の完成を目指し意欲的に取り組んだに違いない。が、途中、何らかの妨害措置が加えられ、完成していたはずの猿投青磁は初歩的な灰釉の開発にすり替えられ、あるいは、止められた。

　など等、いろいろ想像はできますが、根拠のない憶測に過ぎません。他にも理由はあるのかもしれませんが、肝心な点は、完成していて然るべき猿投青磁が実現に至らなかった、という事実です。日本では、その後も青磁の模索は続き、その過程において黄瀬戸、御深井、志野など独自の焼き物を産むのです。もし、平安時代に猿投青磁が完成していれば、日本陶磁史に大きな１ページが加えられたに違いありません。否、陶磁史自体が別の道を歩んだのかもしれないのです。

　手持ちの素材を使用し、思うところを形にし、作品を以って発表するのが筆者の生業であります。当初、猿投陶に青磁を期待していたわけではなく、猿投陶の造形を青磁に生かそうと考え、古陶の研究を重ねていたのですが、あたかも原料に導かれるように猿投青磁に行き着いた、というのが正しい表現です。平安期に猿投の陶工たちは青磁の完成を目指しましたが、何らかの事情で実現を阻まれた。彼らの遺恨が、1200年の時を経て、平成の一陶工をして純国産猿投青磁の実現に至らしめた、と思えてなりません。陶胎青磁を意味する中国の呼称にしたがい、「猿投青瓷：さなげあおし」と名付けました。作品の発表を以って、私見の証とします。
　猿投に産する原料のみで青磁を造ることができるからといって自説に固執するつもりはありませんが、今後、この結果を考古学が単なる一陶芸家の創作品として放置するのか、あるいは、猿投陶との関連性を検討対象として机上にのせるのか、注視したいと思います。

Ⅱ 猿投古窯　技術編

1．原料について

焼き物と粘土

　粘土採取は、まるで宝探しのような知的なゲームです。自然の懐中に分け入り、のたうつ大地の神秘と尊さに触れつつ目的の素材にたどり着いたときの感動は、化石や昆虫採集、山登りなどと同様、こだわる人間にのみ与えられる特権といえましょう。

　粘土原の水たまりには鳥や獣が水を求めて集まります。時には子連れのイノシシやタヌキと思しき足跡もみられます。注意しなければならないのは遭遇する機会も多い大スズメバチで、刺されるとパンパンに腫れあがり、アナフィラキーショックをおこし命にもかかわるのは御存じの通りです。縄張りに踏み込むと、目先1メートル半ほどのところでホバリングして威嚇を開始しますが、カチカチとアゴを鳴らし始めたらかなり危険な状況と認識しなければなりません。5センチほどの小さな虫とはいえ、自然の発する警告にはかなりの迫力があります。どうしても危険地帯を通らなければならない場合は黒服を避け、テニスラケット（網の目にちょうど蜂の頭がはまる）とゴキブリスプレーで完全武装して出かけることですが、集団で襲われたら、とても太刀打ちできるものではありません。

　いうまでもなく、焼き物にとって最も重要な素材はボディーを構成する陶

Fig.17　路頭粘土　東郷町黒笹

Ⅱ　猿投古窯　技術編

土であり、次に衣装ともいうべき釉薬の主原料、釉石です。「資料編　3章　技術から見た猿投古窯」にて概要は述べましたが、粘土につきましては猿投陶に限らず、あらゆる焼き物に共通する重要な項目ですので、もう少し補足しましょう。

　粘土には、火成岩系と、堆積岩系があるのは述べました。火成岩系の粘土は瀬戸、美濃などに代表される花崗岩の風化物であり、花崗岩帯がさほど移動せず、その場で長い時間をかけて風化した一次粘土であるために、不純物の混入も少なく耐火度も高い優秀な原料になります。これら瀬戸層、矢田川層と呼ばれる花崗岩質粘土層は名古屋市東部地域に一部顔を出すものの、猿投古窯址群の下に沈み込んでおり、猿投白瓷に使用された主たる粘土とは地質的に異なります。

　堆積岩系は、火山列島である日本に最も広く分布する粘土です。降り積もった火山灰が固化し、グリーンタフと呼ばれる栃木県の大谷石などに代表される凝灰岩、あるいは水中に漂う粘性鉱物が堆積して固まった常滑などに多く見られる頁岩（けつがん）などの軟質岩の再風化物です。これらはさらに、海中に積もった海成系と、湖に積もった淡水系に分かれますが、海成系の粘土は1000～1050℃で飴のように熔けてしまい、形を留めません。したがって、使用されるのは淡水系の粘土に限られますが、それでも多くは還元焼成でようやく灰が溶ける1200℃くらいが限界と考えてよいでしょう。しかし無釉であれば比較的低い温度で硬く焼き締まるために生産効率が良く、陶邑をはじめ、古来より日本の各地で生産された須恵器や瓦は、ほとんどがこの種の粘土を使用しています。

　猿投古窯の分布する低丘陵地は、名古屋市近郊という事情もあり、凄まじい勢いで造成開発が進められていますが、所々に散在する粘土は業者にとり、水はけも悪く地盤を不安定にする厄介以外の何物でもありません。そこで、瓦粘土業者にタダ同然で引き取ってもらうという共生関係が成り立っています。愛知県東南部、安城、高浜市周辺の田の下には、やはり東海湖の湖底に堆積した厚さ2メートルにもなる粘土層が延々と広がっています。この「田土」を主原料に、引き取った「山土」粘土を混ぜ合わせて造る瓦が、昔から品質の良さで知られる三州瓦です。

> **コラム**
>
> **粘土は何故粘るのか**：粘土鉱物の代表は、中国江西省・景徳鎮の磁土鉱山、高嶺（カオリン）に由来するカオリナイト（$Al_2O_3・2SiO_2・2H_2O$）と呼ばれる硅酸塩鉱物です。粘土の多くは長石などが長い時間を経て変質し生成され、陶磁器をはじめ、建材・医療機器・セラミックチップ・化粧品・胃薬、はてはスペースシャトルの耐熱板などにもその用途を拡大している。粘性鉱物はその他にも、イライト・モンモリロナイト・セリサイト・ラテライトなどいろいろありますが、いずれも多角形・板状の結晶から成っており、吸着水により層状に結合しています。"粘土は何故粘るのか？"。濡らして重ねたガラスを想像していただくと分かりやすい。はがすのは大変ですが、横にはよく滑る。これと同じ原理なのです。

猿投古窯の陶土

　国土地理院の5万分の一の地図を広げ、東海地方の旧・現業鉱山に印をして等高線をたどりますとほぼ一致します。この事は、すなわち太古の昔、濃尾平野を広くおおっていた東海湖（矢田川期：500〜300万年前）の水位を示しているのです。余談ですが、1959年に東海地方を襲った伊勢湾台風により、かなり内陸部まで高潮の被害を受け5000人を超す方々が亡くなりましたが、その浸水部の水際あたりから内陸部に縄文・弥生の遺跡が散在するそうです。地球相手に土探しなどしていますと、2000年3000年などまるで昨日の出来事のように思えてきます。

　猿投古窯の周辺には鉱山というほどのまとまった粘土層脈はありません。やはり東海湖の作用を大きく受けておりますが浮沈を繰り返し、堆積した時期が違うのでしょうか、各地域、それぞれ特徴があり、いわゆる「猿投の陶土」というものは存在しません。地質学的根拠はともかく、イメージ的には北東（高）から南西（低）方向に粘土の風化粒が移動したとすると、尾張と三河を分かつ猿投山が中州のような役割をはたしたのでしょうか。猿投山から見て西側（名古屋側）は庄内川系、東側（豊田市側）は矢作川系、ちょうどその中州のよどみ辺り、つまり、猿投山の西南方向、日進市、東郷町、三好町周辺の低丘陵地に優れた瓷器を焼いた窯が集中しているのです。

Ⅱ　猿投古窯　　技術編

　K‐7号をはじめK-14・90・89号窯など猿投窯の指標ともなる窯跡は、愛知池東南部の黒笹地区の粘土山の南斜面に連なります。この丘陵地は冒頭の写真（Fig.17）のように全体が粘土や砂礫に覆われ、所どころ松やススキが茂るだけのまるで西部劇のミニセット、といった様相です。雨による侵食も激しく地表がえぐられ、休日ともなればマニアの大人たちが戦闘服に身を固め戦争ごっこをする格好の遊び場でもあります。

　この辺りでは、どこを掘っても最下層に業者間で"青"と呼ばれる分厚い凝灰岩質粘土、その上に、礫層、シルト、硅砂、木節粘土、亜炭層などが重なります。灰釉陶器には、層厚50cmほどの木節粘土と所々に顔を出している何種類かの表層粘土がブレンドされ使われています。

　表層粘土は、いろいろな種類が複雑に絡み、層厚も20～30cmと薄く、スコップで掘ると、断面がピンク、紫、パールホワイト、マーブルなど、まるでケーキの断面のように美しく、思わず食べてしまいたくなるほどです。こうした様相は明らかに漂積粘土の特徴であり、東海湖の浅瀬に堆積した粘土質鉱物が短期間に浮沈を繰り返した様子を物語っています。「資料編」にて触れましたように、ここに地味ながら焼くと小豆色になる鼠色の土が顔を出していました。猿投陶の高級品に盛んに使用された貴重な粘土であり、近々まとめて確保しようと思っていた矢先、隣の焼却場の拡張工事により、数日のうちに完全に失われました。今後、猿投古陶の復元を試みる研究者が現れた時のためにも確保しておくべき大切な土でしたが、取り返しがつかず悔やんでも悔やみきれるものではありません。一生の不覚です。

　学術的な調査は地質屋さんに任せるとして、個人レベルでの粘土探索は、現実的には古窯跡の付近で行なわれる工事現場とか路頭に顔をだす粘土を採取し、古陶片と焼き比べる作業から始まります。そのためには日頃から古窯周辺をコマメに回り状況をチェックすることも大切な仕事のうちなのです。

　筆者が本格的に粘土を探し始めた1984・5年頃にはバブルに向かう真っ盛りの頃で、既に窯跡周辺の造成開発が凄まじい勢いで行なわれており、東郷町・三好町以外での粘土の多くが排除され、採集はほとんど無理な状況でした。その不運を嘆くよりも、肝心の黒笹地区の陶土が残されていた幸運を喜ぶべきでしょう、その辺りで採掘できる陶土の焼成試験を徹底的に行なった

Fig.18　窯内に置かれたテストピース　筆者窯

のはいうまでもありません。天然食材は植物であれ、魚であれ、好奇心旺盛な過去のグルメたちが腹を痛め、命を賭けた蓄積が今日の食の安全を保証しているのです。粘土でも同じことで、紐にして指に巻き付け亀裂が入らなければ可塑性に問題はありませんが、その持つ性質・品格などは実際に焼いてみないと判りません。そこで採取してきた粘土は以下のように焼成試験を行ないます。

・採取した粘土を精製し、3×12cm幅、5mm厚程の粘土板を作る。
・真ん中にヘラなどで正確に10cmの線を引き、完全に乾燥後、線刻を計り、何ミリ乾燥収縮したかを弁柄(酸化第二鉄)などで板に書き込み、一部に灰釉を塗っておく。
・作ったテスト板を、粘土紐を両端に据え、ブリッジ状態になるように、窯内に置く。
・窯により焼き上がりが違うので、焼き合わせをするために、窯跡から拾

ってきた陶片を二つに割り、片方はそのまま保存し、片割れをテスト板とともに窯に入れる。
・テスト板と陶片の焼成結果が同じであれば、特定できたことになります。しかし、厄介なことに、歩留まりの悪さを補うために猿投古陶の使用土はブレンドされていることが多いのですが、主たる粘土の種類はおおよそ見当がつきます。

この焼成試験により、乾燥収縮、焼成収縮、可塑性、焼き色、吸水率、灰釉との相性、ブリッジのたわみ具合により、耐火度など、いろいろなことがわかります。

粘土であれば何でも焼き物になると思われがちですが、決してそうではありません。粘土とは鉱物学的には粒子が0.002mm以下で、粘性、および可塑性に優れSK30番以上の耐火性を持つ鉱物を指し、電子顕微鏡で覗くと魚のウロコが重なり合ったような構造をしています（コラム。粘土はなぜ粘るのか参照）。しかし、純粋な粘土だけでは骨材がないため、粘りも乏しく、コシも弱いために成形しにくい。セメントに砂やら小石を練り合わせてはじめて強度がでるのと同様、シルト（0.002〜0.02mm）や細砂（0.02〜0.2mm）が適度に混ざり、それが「ツナギ」の役割を果たし、はじめて成形能、乾燥強度とも優れた粘土になるのです。つまり、粒度バランスも使い勝手のよい粘土の大事な条件の一つなのです。ところが黒笹周辺に産する多くは遠くから運ばれ水中に漂積した二次粘土であるがために大量のシルトを含み可塑性に乏しく、かつ粒度が揃いすぎているために乾燥収縮が極めて大きいのです。

三好町福谷（いきがい）、莇生（あぞぶ）の低地にはキメが細かく可塑性に富み真珠のように美しく輝く、一見、素晴らしい粘土が2m近い層をなして大量に横たわります。しかし残念なことに、この土も乾燥だけで12%も収縮し、水挽きした塊などは縁から乾いてゆき、乾燥の最終段階で柔らかい底の部分が固化した外側に引っ張られ多くが底割れをおこすのです。また粒度が揃いすぎて緻密なために、焼きすぎるとコチコチに固まり冷め割れはする。そのために単味では扱いづらく、層の上下にある砂粒などを大量に混入して収縮を抑え、欠点を補なわなければならず、平安後期から鎌倉初期にかけて山茶碗に使われるくら

いでした。猿投の陶工達も大量に横たわる、一見素晴らしいこの粘土を眺め、さぞかしため息をついていたことでしょう。

　三好町の打越地区にも成形能に優れた粘土が路頭に見られますが、この粘土は焼くと車のフロントガラスが割れた時のように1cm角くらいにバラバラに砕けます。江戸時代の名工、尾形乾山（1663〜1743年）は、各地を歩き、"世に使えぬ土無し"と喝破しましたがこの土と出会っていれば、この名言は生まれなかったに違いありません。

　かように猿投古窯が分布する地域に粘土はいくらでもありますが、歩留まりの悪さという点で、実は焼き物に向く土は少ないのです。学説に逆らうようですが、経験から申しますと、その傾向は猿投古窯の中心地、三好町あたりまで、東に向かうほど顕著なのです。ちなみに猿投窯の発祥の地、東山地区の陶土は地質系が別であり、東部の陶土と比べ、歩留まりの点でははるかに有利です。それが証拠に、東山地区を離れ東・南進し、いったんは黒笹地区に腰を落ち着けますが、200年以上の時を経て陶工達は再び東山地区に舞い戻り、器種を減らしながらも越磁を模した四耳壺、短頸壺などの注文に応じつつ、その技術を地理的にも近い長久手町、そして次世代の瀬戸地域にリレーしてゆくのです。

粘土ホール

　猿投の古窯分布図を広げてみますと、窯跡は各地区の、それも限られた場所に集中し、近くに池を伴う傾向が目立ちます。数多くの発掘に携わった楢崎教授は、次のように経験を述べておられます。

> かなり地中深くの粘土が採掘されたものと思われ、古窯跡の近くには小さな古池が存在しているが、この周囲には白色良質の粘土が得られる場合が多い
> 　　　　　　　　　―『日本陶磁全集6　白瓷』楢崎彰一編　中央公論社

　実をいいますと、原料にこだわる陶芸家たちが経験的に知ることなのですが、一か所にかたまってポツリとある粘土は、熟成が進み優秀な陶土である

Ⅱ　猿投古窯　技術編

場合が多いのです。猿投の工人たちは、けっしてその辺にある粘土を手当たり次第に使ったのではありません。例外なしとはいいませんが、限られた場所に存在する粘土ホールの大きさに比例するがごとく古窯跡が群がっており、上記の楢崎教授の記述も、この事実を裏付けるものだと思います。

　筆者も粘土採取に際し何度か経験があります。例を挙げましょう。黒笹地区南部の中部電力変電所地内から11世紀末と思しき古窯が6基見つかりました。猿投窯では珍しい玉縁（縁を折り返した）塊が出土したことから、灰釉陶器から山茶埦に移行する過渡期の指標窯として八和田山古窯跡と名付けられました。しかし、周辺には粘土層らしきものは見当たりません。発掘調査は1983年に終了していますが、まさにその場所に高圧線の鉄塔を建てるという情報が入りました。地中に粘土層を残すと地盤が弱くなりますので、もし残っていれば徹底的に除去される可能性が高く、チャンスとばかり早速様子を見に出かけました。昔のことで、記憶は正確ではありませんが、表土をめくると直径にして5～6mもあったでしょうか、回りの土壌とは明らかに異なる跡があり、ユンボで掘り返してもらいました。バケットのようやく届く深さ4～5mのところに、案の定、壁際と底に掘り残しの粘土があり、2t車に1杯持ち帰りました。ホールのサイズから単純に計算しますと粘土の埋蔵量は約140㎥ほどになります。三好町の発掘調査報告書によりますと、窯の焼成室は、幅1.4～2.2m、奥行5m前後で、窯としてはやや大きめです。先の計算と同様、一回の窯焚きに約1㎥弱の粘土を消費するとして、一窯あたり23回分の生産が可能であり、粘土の埋蔵量に対しての窯数は適切といえましょう。収縮・耐火度・可塑性ともに良好で、成形もしやすく、筆者は黒笹の木節粘土と混ぜ合わせ、多くの手間のかかる失敗の許されない硯など複雑な形状の作品に使用しています。

2．轆轤（ロクロ）技術

ロクロの歴史

　左右対称は見た目にも美しく、完成度の高い造形といえましょう。そのた

Fig.19　インドの石ロクロ　ニザマバードにて

めに古来よりエジプトをはじめ、メソポタミア、中国でも古くから陶器製造にロクロが使用されていました。エジプトでは最初の人間はクヌム神によりロクロで作られたとされ、レリーフにも登場します。中国では龍山時代（ロンシャン：前2500～2000頃）には既に土器の制作にロクロが使用されており、各地、発祥の地を自任しますが、いずれであれ回転を利用してシンメトリックな造形を得ようとするのは、素朴な発想といえましょう。

　意外にも、日本にロクロが登場するのは大分遅く、五世紀中頃朝鮮半島から須恵器の製造技術とともに伝えられた、とされています。「轆轤」の記述は『延喜式』第五巻　神祇五　造備雑物の項に見え、同じ頃に編纂された平安の漢和百科辞典、本書でも度々引用する『和名類聚抄』には、「轆轤　是円転木器也」と記されています。同規格の製品を短時間に大量に造ることを可能にしたロクロ技術は、それまでの手作り方式とは比べようもなく効率的な成形手段として瞬く間に各地に普及したのは述べたとおりです。

　南アジア各地では、陶器造りは現在でも昔ながらの石ロクロが主流です。インドでは直径90cm近い石盤を土中に埋めた鉄芯上に据え、縁の溝穴に長い棒をあてがい左回転させてはその慣性力で成形をしており、一度の回転で直径7cmほどのチャイ(紅茶)杯が4～5個ほど出来上がります。水注の注ぎ口、蓋の取手など細かい部品造りは女性たちの担当です。その辺の湿地に生える太いトクサのような芯の強い植物を40cmほどに切り、先の方に適量

Ⅱ　猿投古窯　技術編

の粘土を手で圧着する。串ダンゴのようになった芯の部分を左手の平で投げ出した左足のスネ上を転がし、水をつけながらダンゴ部分の粘土を右手の親指・人差し指・中指でつまむようにして挟み、回転に合わせ引き伸ばし、まるで飴細工のように成形するので

Fig.20　タイのロクロ挽き　チェンマイ郊外

す。心棒から引き抜くと、あららッ、お見事！　味わいのある素朴な注ぎ口の出来あがり。身近にある物を最大限に活用する。まさにロクロの原点を見る思いです。

　東南アジア各地では二人一組で石臼、あるいはコマのような形をした石ロクロを片や回転係、もう一方が成形するという方法もよく見かけます。そもそも、ロクロとは大量生産をするために考え出された装置であり、中国をはじめアジア各地でも、ロクロは量産の一手段としか捉えられていません。手造りだからといって特別な扱いを受けるどころか、むしろ遅れた生産手段で造られた劣等品と見なされる傾向さえあります。それが証拠にホーム・センターを覗いてみてください。ロクロで成形された大きな植木鉢や甕が、輸送代にもならないような安い値段で大量に積み重ねてあります。物価の差が生むマジックですが、製造現場を知る者としては複雑なものを感じます。

　ロクロは自重が重いほど慣性力により回転が持続し作業効率が良くなります。そのために朝鮮半島では下部に重いフライホイール（はずみ車）を取り付けた蹴轆轤（けろくろ）が考案されました。重心を下げる事により安定した回転が得られ、足で蹴りながら上部の鏡板で作業をするために両手が自由になり、須恵

器のようにロクロを回転させながら装飾作業をするのには実に都合が良くできています。

　蹴ロクロは九州の一部や韓国の慶州（新羅時代の首都：装飾須恵器のメッカ）辺りでも使われていますが、現在では一部のこだわりの作陶家が使用するくらいであり、主流は電動ロクロです。ちなみに性能の良い蹴ロクロは、今では本場の韓国ではなく、九州で細々と作られているのみです。蹴ロクロは東洋だけの専売特許ではないらしく、トルコ、カッパドキア近郊の陶器村でしたか、見事な蹴ロクロ技をテレビで見て感心した事があり、機会があれば是非訪ねてみようと思っています。

ロクロの実際

　古来より日本人の情緒を表現する繊細な感性には素晴らしいものがあります。使い手の厳しい眼が育てるのでしょうか、ロクロ技だけで"味・景色"を出すほどに陶工の技能を進化させたのは恐らく日本だけだと思います。ところで、陶芸家と職人とは、どこがどう違うのでしょう？　その定義は甚だ曖昧です。音楽に例えればオーケストラとソリストとの違いとでもいうのでしょうか。指揮者の管理の下、他奏者との高度かつ繊細なバランスを保ちつつ、正確に担うべき自分の役割を果たすのがオーケストラ奏者、すなわち職人。形にとらわれる事なく自己の責任において自らの思いを奏でる旋律に託し、聴衆個々人に訴えるのがソリスト、すなわち作家、とでもいえましょうか。

　「相手の望む品物を同規格で、指定数、期日内に採算に見合うように仕上げる」、すなわち、工業製品をその技術を以って精練し、さらに付加価値を高めるのが職人。しばしば「匠の技」などと呼ばれます。"一つひとつ違うのが手造りの良さ"などといわれるのはロクロ職人の恥なのであり、正確さと数挽きの技術を競い、切立ち(筒)湯呑を一日に400個以上、寸分違わずビシッ！と挽けてようやく一人前と認められるのです。陶芸作家と呼ばれる人たちには必ずしも陶工のような手際の良さ、正確さは要求されませんが、抽象概念を具象化し、その意図するところを作品に反映させ、鑑賞者個々人の意識に何らかの作用を与える才能を必要とするのはいうまでもありません。

Ⅱ　猿投古窯　　技術編

　能力の3割は、最初から誰にでも備わっており、5割は努力すれば獲得できる。プロの仕事とは、努力と精神力だけでは到達できない残り2割の領域、すなわち、レベル8以上を最低基準に技を競うものではないかと思うのです。筆者の経験から申しますと、自覚する・しないかは別として、何に限らず自分が限界だと考えていた壁を突き破って初めて見えてくる別次元の心境、そこに至りようやくプロたる自覚が生ずるのではないかと思うのです。職人であれ作家であれ、決してアマチュアの延長線上にあるのではなく、「説き難く、受け難い」一線を画す高度の技術を身に付けた専門家たちなのです。この領域に属する多くは非日常的であり、求めないと得られません。だからゆえにプロの仕事であり、対価を払ってでも見たい、聴きたい、手に入れたい、教えを請いたいモノなのです。

　焼き物は芸術作品ばかりではありません。最近では、若い人たちが古い慣習に捕らわれず、訓練校などで必要最低限の技術を学び、カジュアルで意表をついた楽しい焼き物を異次元の感性で作り出します。長年修行し、焼き物の事なら何でも知っているからといって、優れた作品を創れるものでもありません。かつては厳しい修行を経てようやく習得するような技法が惜しげもなく公開され、便利な材料が簡単に手に入る昨今は、博識凡才より浅学非凡の時代でもあります。焼き物は、文化・文明の原点であり、その裾野は限りなく広い。時代の要請に応じその形状、あり様がどのように変わろうとも、それはそれで大いに結構な事だと思うのです。

　価値観の多様化は文化の進化を意味し、これまで特別だったものが次々と当たり前になってゆきます。より精錬された価値が求められる昨今、もはや並大抵の仕事では持ちこたえられるものではなく、伝統陶芸といえども革新を迫られる、厳しくも面白そうな時代の予兆を感じてなりません。

　前置きが長くなりましたが本題に入りましょう。まず適当な柔らかさ(水分23〜25%ほど）に水分調整をします。通常、粘土をロクロに据える前に"菊練り"をして、中の空気を追い出してから成形作業に入ります。言葉で表現するのは難しいのですが、両手で軸違いに粘土を押し、菊の花のような圧痕を残しながら土を緻密にすると同時に中の空気を締め出し、最後に砲弾

型にまとめる。誰がいつごろ考え出したのか定かではありませんが実に合理的、かつ美的な土練り法です。私の知る限り中国、韓国、日本以外のアジアで菊練りをするのを見たことがありませんので、東アジア独特の土練り法なのでしょう。したがって、他地域で披露をしますと素直に尊敬してくれ、後の仕事がやりやすくなります。

電動ロクロでの成形作業（水挽き）は通常、玉挽(たまび)きといって回転盤に５～６キロの粘土を据え、連続的に小器を制作してゆく方法で行ないます。最初は菊練りをした粘土を引き上げたり押し縮めたりしてロクロの回転に土をなじませる「土殺し」から始めます。この作業は同規格の物を連続的に、歪な

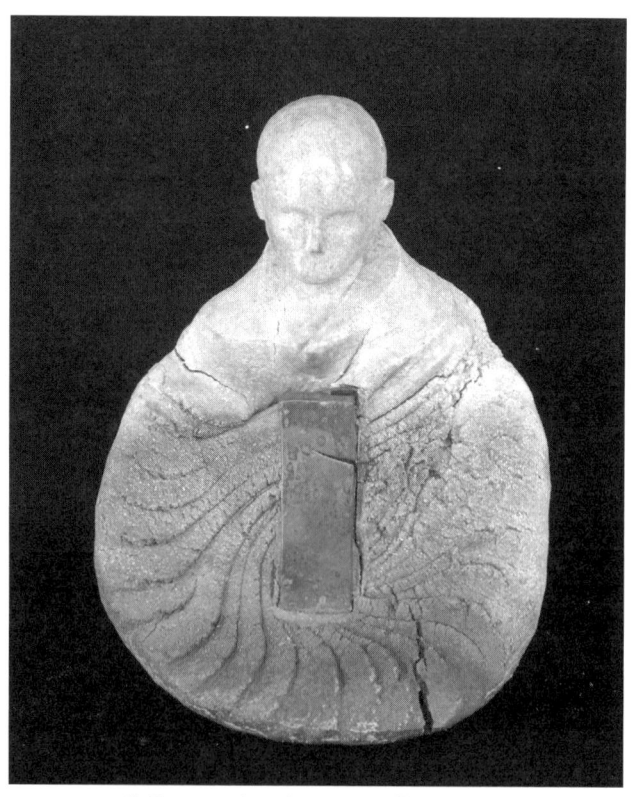

Fig.21　菊練りの圧痕を残した彫像「モノリス」　筆者作
高31cm

くスムースに成形するのに必要な工程ですが、「土殺し」をあえてしないで、わざと歪ませ作品に変化をつけるのも陶技の一つです。ちなみに日本の妖怪「ろくろ首」はロクロ板上で粘土を伸縮させる、この「土殺し」の動作から名付けられたのがその由来といわれます。

　一定の速度で回る電動ロクロ上で回転を無駄にせず、思い通りの作業をこなすには天性の勘に加え修練を必要とします。ロクロの上手な人は美的感性の持ち主というより、動物的勘の鋭い人が多いようです。かつて野山を駆け回り、木の実を採って食べたり、川や海で魚を捕まえたりしたワンパクどもです。自然は懐に入る者たちに刺激と好奇心を提供し、安全のための「間合い」を教えてくれます。ロクロの上手い下手とは、まさにこの「間合い」を計ることであり、体脂肪０％、器体に贅肉のない、土の性格を生かしきった崩れる限界一歩手前の「寸止め」が素材の最も美しい姿を表現するように思います。したがって、仕上げに胴の辺りまでカンナで削るようでは、"ロクロ技"の冴えた焼き物などできようはずがありません。

　職人ロクロと作家ロクロを一緒に語ることはできませんが、いずれであれ腕のよいロクロ師ほど回転を無駄にせず手際よく挽くために、使う水も少なく、芯のあるキリッとした造形に仕上がります。職人は同規格のものを限られた時間で揃えなければなりませんから、通常、最初から最後までロクロの回転速度を変えないで水挽きをしますが、そうした制約を受けない陶芸家は、時間はかかりますが湯呑み一つを造るのにも作業手順に応じて高速から超低速までロクロを自在に操るのがわかります。造るモノにもよりますが、多くの場合ゆっくりとした回転で息を詰めて最小限の回転で仕上げるところに生命線が現れるものなのです。

　ロクロ成形は物理学です。粘土に内外から圧力を加え、力の入れ加減により厚みと方向のベクトルを創り出し、形状を組み立ててゆく作業であり、入魂だけでは成し得ない道理があるのを忘れてはなりません。動力を使用しない手ロクロや、蹴ロクロでは慣性力のみに頼るため、ロクロ上であらかじめ大方の形を造っておき、できるだけ回転に負担をかけないような工夫がなされます。「確かなロクロ技を身に付けている」という前提条件は付きますが、この方法ですと粘土のクセに逆らわない造形がしやすいのです。腕のよい陶

工は慣性回転している間に、できるだけ作業の効率を高めようとし、回転力を停止寸前まで無駄にせず、気を入れた成型を心掛けるために、ロクロ目が力強く"切れ"と"タメ"の効いた良い造形になるのです。達人ともなればこの作業を電動ロクロ上でやってのけます。

電動ロクロは自然界にはありえない等速度回転であるが故に、人間の意思による造形を可能にしますが、不思議なことに土の生理を無視した造形にはどうしても違和感が付きまといます。伸びにくい土を薄く挽けば"頼りなさ"を、伸びる土を厚く挽いた作品には"ドンくささ"を、日本人の感性は"どことなく"という表現でその焼き物に評価を下すのです。成形作業は、粘土の性質を見極めた上で、その個性に逆らわないことが大切です。粘りが強く粒子の細かい土には薄くて精密な造形を、伸びにくく粗い土には重厚、あるいは、豪快な造形を心掛け、個々の持つ土の特徴を引き出すのもロクロ技術のうちです。

焼酎をお湯で割るのと、湯に焼酎を注ぐのとでは味は微妙に異なる。好みもあるでしょうが、ウイスキーの水割りは等量を前の晩に混ぜ合わせ、馴染ませておく。美味いビールを飲みたければ、グラスはスポンジや布巾で拭わず、自然乾燥させる。プロの仕事、作品と製品の違いとは、このような目に見えにくい繊細な気遣いの集積の差ではないでしょうか。

古代の陶技

韓国の慶州(キョンジュ)では今でも昔ながらの方法で須恵器を造っています。鉢を例にとりますと、

- 大福餅状の粘土をパンパンと両手で叩き伸ばし、適当な大きさのセンベイにする。
- それをロクロ板の中心にのせ、縁(ふち)を片方の手で押さえながらもう片方で真ん中を叩き、厚みを均一にして底部を造る。
- 次に、あらかじめ用意した太さ4cmほどの粘土ヒモを、手を捻(ひね)るように底部の周囲に押し付けてゆく。
- 手の速度に合わせて足でロクロを回転させながら外側を手のひらで固定

Ⅱ　猿投古窯　技術編

して、内側を人差し指の内側面で捻るようにしながら、土を上にせり上げてゆき、同時に厚みも均等にしてゆく。
・小桶のような形になったところで、勢いよくロクロを蹴って回転させ、滑りが良いように湿らしたナメシ皮をフチにあて、挽き締める。
・指に水をつけながら回転させ、胴部の厚みを均一にしながら鉢状に広げてゆく。
・最後に木ゴテを内側にあて滑らかに仕上げる。
人によって細かい流儀はありましょうが、大体こんなものです。

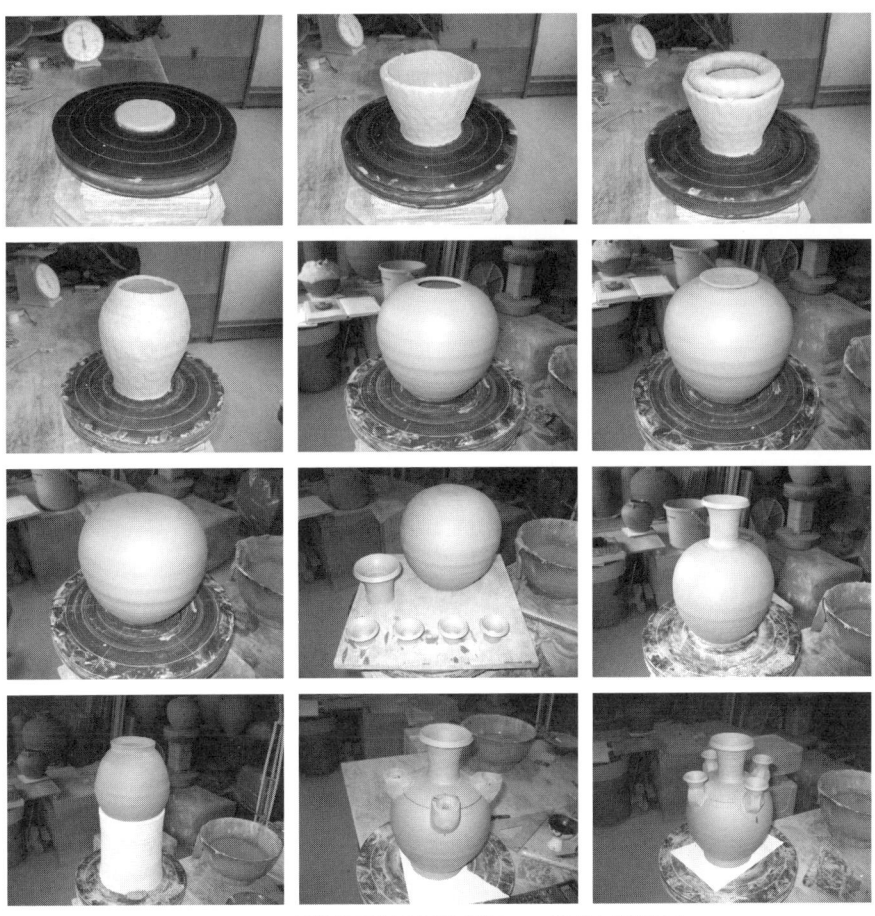

Fig.22　白瓷多口瓶の制作行程　筆者工房にて

猿投窯でも基本的に同じ方法で造ります。大きな甕や壺は、粘土紐を巻き重ねながら、手やヘラでセリ上げ、大体の厚みと形を造る。次に、内側に土離れの良いように同心円状に溝を掘った径7〜8cmの取手の付いた受けゴテを内側にあてがい、外側から羽子板状の板で表面をパンパンと叩き締めながら最終的な形に整えてゆく。仕上げに、ロクロを回転させてフチを整える。このため、内側には「青海波」と呼ばれる同心円状の圧痕が残ります。
　長頸瓶など形状が複雑な物は胴部と頸部を別々に造り、後でつなぎ合わせ、高台を付けて仕上げます。精密な造形は一本挽きするよりも、別々に作って適度に乾燥した後つなぎ合わせた方が結果は良く、道理にかなっているのです。
　例えば長頸の花瓶を一本挽きで造ったとしましょう。水挽きした形状に納得してロクロから外しますが、乾いた後の平凡な姿を見て"こんなはずでは…"と失望した経験は誰にもあるでしょう。水挽きした作品は上から下に徐々に乾いてゆき、通常、乾燥の段階で6〜8％ほど収縮します。乾燥に伴い、せっかく造った胴のふくらみも上に引っ張られて痩せてゆき、何の変哲もない形になってしまうのです。その点、別々に造った頸部と胴部は各部の粘土の粒子が独立しているために、造ったままの形状を保ちながら個別に収縮をする。そのためにロクロ上で成形したイメージが保たれ、メリハリのある造形になるのです。
　実は、この技法はプロがあまり教えたくない「味のある」焼き物を造るコツでもあるのです。形状にかかわらず一回で挽けるところを、あえて二回ないし三回に分けることで、各部の粘土粒子の方向性が断ち切られ、乾燥の段階で各部がテンデの方向に収縮をはじめ、自然のアクセントが"何ともいえない"味わいをかもし出すのです。
　もう一つおろそかにしがちなのが水挽きする時の目線です。通常、ロクロを挽くときにはほぼ真上から作品を眺めるために、十分に膨らましたつもりでも側面から見直すと平凡な形であることが多いのです。ロクロの前で体を折って側面から見ても、目は水平にくっついているのであり、垂直に眺めてもヒイキ目に見るだけで駄目なのです。人間の視覚などいい加減なもので、厳密にいいますと背面から光を受けた場合と、手前からとでは作品のシルエ

Ⅱ　猿投古窯　　技術編

Fig.23　モミ殻の圧痕がついた高台　黒笹K-G-92出土　三好町立歴史民族資料館提供

ットのイメージは大分違いますから、面倒がらずにロクロから降りて、いろんな方向から眺め直し、目を鍛えることです。

　もう一つ例を挙げましょう。猿投窯末期に大量に造られた山茶埦と呼ばれる単純な器の話は度々述べました。何の変哲もない粗雑な小鉢ですが、なかなかどうして、味わい深いものがあります。皆がチャレンジしますが、思うようにゆきません。なぜでしょう？　ズバリッ！　作陶環境が違うからです。猿投窯も末期になりますと民窯による山茶埦の生産が主流になり、ロクロ挽きも、雨と日差しを避けるだけの吹きさらしのような場所で行なわれたに違いありません。水挽きされた器は、ヒッツキを防ぐために、地面に敷き詰められたもみ殻の上に無造作に放られ、直射日光に当たり、風にさらされたりしてその日のうちに仕上げられます。　浅い皿状に成形された生の器はフチからたちまち乾き始め、収縮につれ上に引っ張られ、フチが立ち上がり碗状に変化します。また、一方からの日差しや風により歪みが生じ、人の意思では難しい形状になり、これに、さらに焼き歪みが加わり"何ともいえない風情"の山茶埦ができ上がるのです。

　今日では、エアコンの効いた密閉された部屋で水挽きをし、平板に並べられ翌日仕上げるのが普通であり、これでは自然の助けを借りた山茶埦の形状

を再現するのは難しいにきまっています。ロクロの上手、下手よりも、物事の道理に気付くか気付かないかの問題であり、こうした事も含めてのロクロ技術なのだ、ということを忘れてはなりません。

歪み

"歪み"について触れましょう。筆者が陶芸に入門した頃は、瀬戸物祭などで歪んだ茶碗を値切ろうとする客に、"湯につけて揉みゃあ直る"などとやり返す良き時代でした。歪みの原因は、成形による歪み、乾燥による歪み、焼成による歪みの三つが主たるものです。乾燥、あるいは焼成による歪みは人為ではなく、自然のなす物理現象であり、それなりに道理に適っているので嫌味がありません。図らずも歪んでしまった器物の内に情緒を見出した日本人の感性の豊かさにはつくづく感服します。

問題は成形によるものです。人間の目指す完成された形、均整の取れた左右対称の造形を得よう、というのがロクロ本来の目的のはずであり、わざわざ歪めて喜ぶのは日本人くらいのものでしょう。しかし、桃山時代の茶人、古田織部による大胆なデフォルムは、陶器の造形に対する概念を革命的に変えました。非対称の内に悠久の大自然を見出し、不完全さの中にあるべき理想の姿を映すのです。自然と人為が織り成す微妙、かつ繊細な歪みは初めて見る者たちの心を束縛から解き放ちます。

"歪み"は人工の自然であり、見る者に故意を感じさせてはいけません。この相矛盾する条件は原理を知り尽くした高度な技、鋭い感性を以ってのみ両立するものです。楷書の書けない者が行書、草書を書くようなもので、ロクロ技術の未熟な者が偶然を頼って歪めたモノと、確かな技術を以って歪んだモノは全く別物なのです。

人の顔に例えては不謹慎かもしれませんが、目・鼻・口・耳・眉毛、それらが上手く配置されている首から上の表面的標準モデルが「イケ面」であり「美人」と呼ばれる人たちではないでしょうか。しかし周囲が皆そんなシンメトリック（左右対称）な顔をしていたら面白くない、といおうか、不気味でさえあります。遺伝子の0.0何％かの一部が配置バランスを微妙に狂わせ、その結果、わずか（？）に生ずる歪みが唯一無二の個性を醸し出すのであり、

その原因を説明するのはほとんど不可能です。

3．釉薬の原理

　ゴルフと陶芸は、初心者はそれなりに、ベテランはベテランなりに楽しむことのできる奥の深い趣味といわれ、経験を重ねるにつれ次のステップを目指し、いやが応でも挑戦意欲が沸き立ちます。しかし、シベリアにいてパイナップルの栽培を試みても実りは少ない。厳しいことをいうようですが、伝統陶芸に関していえば、一定のレベル以上を目指すのであれば産地から遠い場所にいては不利です。一番の理由は原料の入手を人に委ねるからです。他人から提供される原料を用いて要領よく自分の感性を作品に反映させようとしても、合理的なように見えますが、実はイバラの道なのです。

　釉薬につきましては、それだけで何冊もの本が書けるほど幅は広く、奥は深い。近ごろでは陶芸専門誌などに、以前であれば試行錯誤を繰り返し、ようやく会得できるような調合レシピや技法が惜しげもなく公開されています。結論を急ぐ方はそちらを読んでいただくとして、本項では釉薬の原理、原則について述べてみようと思います。

　日本における釉薬の調整技術は、優れた古陶釉の解明を目標に進化したともいえましょう。しかし、これだけ分析技術が進歩しても、その再現をいまだに陶芸家個人の才能に頼っているのは何故でしょうか、考えてみてください。その理由は、工業製品で最も大事な条件が品質の均一性にあるからです。伝統釉の持つ魅力の多くが素材の持つ個性によるものであることは述べましたが、皮肉なことに、企業では品質のバラつきを避けるために、たとえ個々の長所を失おうとも短所の解消を優先し、複数の原料を混ぜ合わせることでリスクの軽減を図らなければならないのです。

　釉薬は調合さえ分かればそれでよし、というモノではありません。陶料店から各種原料を取り寄せて、本に書いてあるレシピ通りに調合すれば誰にでもそれなりの釉薬はできます。しかし、写真と同じような釉調を得るのはかなり難しい、というよりもハッキリいって無理でしょう。何故ならば、公開

された調合レシピは陶芸家が素材を吟味し、火加減を工夫し、試行錯誤の末、最良と思われる結果を公表しているのであり、不特定の原料を使って同じ結果を得ようと思う方が無茶というものです。加えていうならば、自分で汗水流して採取し試行錯誤を経た原料は、その過程でいろいろな発想を提供してくれます。が、電話一本で取り寄せた正体不明の原料では、どうしてもどこかで見たような"納得のゆく結果"のみを求めがちなのです。三角形といえども、その形状は様々であり、各辺の長さが同じか、内角が全て60度という条件を満たさなければ正三角形と特定できないのとよく似ています。

このようにいい切ってしまっては身もフタもありませんが、メゲないでいただきたい。こうしたハードルを幾つも越えた向こうにゴールがあるのです。釉薬の知識は自分自身で試してみないと絶対に身に付きません。釉薬入門の第一歩は試行錯誤から始まります。美味しそうな料理のレシピをただ暗記しても、意味がないのと同じで、作ってみて、食べてみて初めて実感できるのであり、たとえ期待通りの結果が得られなくとも次に何をすべきか指針が定まるはずです。当たり前と思われるかもしれませんが、"焼いて試してみる事"、これこそが釉薬を極める唯一無二の道なのです。

ゼーゲル式と天然原料

今日、日本で使用されている釉薬はゆうに100種類を超えるでしょう。しかし、複雑そうに見えてもそれらのほとんどは十数種類の原料の組み合わせで調整されているのです。

- 媒熔剤（アルカリ性）：カリウム、カルシウム、亜鉛、マグネシウム、バリウムなど
- 粘着材（中性）：アルミナ
- 骨材（酸性）：ケイ石
- 金属（着色剤）：鉄、銅、コバルト、クロム、マンガンなど

ごく大ざっぱにいいますと上記のごとき、長石・石灰などのアルカリ、粘着材であるカオリン、骨材の硅石、それに着色剤である金属類、これら四つ

Ⅱ　猿投古窯　技術編

の素材で釉薬は構成されています。それまで陶工の勘と経験に頼っていた釉薬の調合は19世紀、ドイツの化学者、ゼーゲル（Hermann August Seger：1839-1893）によってその原理が明らかにされ、科学的、系統的に整理されました。大した計測機器もない百数十年前に、よくぞこのような優れた方程式を編み出したものだとつくづく感服します。

　煩雑になりますので、ここではゼーゲル式の詳細は省きますが、釉薬原料の組成データを分子式に置き換え、各分子のモル数値を連続的に変える事により最良の調合割合を導き出すという画期的な調整方法です。釉薬の原理、各元素の役割を論理的に理解するのにも大いに役に立ち、知っているに越したことはない便利な技術であります。10年ほど前までは電卓でいちいち面倒な計算をしたものですが、最近では化学式計算ソフトを使えばパソコンでたちどころに結果をだせる。便利な世の中になったものです。ただし、その組み合わせは膨大であり、個人レベルで中途半端な研究を重ねたところで、考え得るほとんどの調合は既に試されており、個性あふれる釉薬を生み出そうとしても、生涯を賭けて一つ完成できるかどうか、という至難の業と心得るべきでしょう。しかし、人の行なった試験結果を参考にするのと、自分で調合し焼いてみて結果を確かめるのとでは、釉薬に対する理解度は全く別物ですので、事情が許す限り試してみることをお勧めします。

　筆者もかつてゼーゲル式で数多くの試料作りに明け暮れたものでした。キリッとした造形に絶妙な釉止まり、マッタリとして深みのある釉調、釉薬の魅力を最も美しく表現するのは天目茶埦（垸）でしょう。ゼーゲル方も極めれば、宝石のように素晴らしい釉薬を創り出すことができ、現に何人かが成功していますが、その努力と執念には敬意を表さねばなりません。

　しかし、昔は化学式など知らなくとも、見事な陶器を焼いていたのです。多くの伝統釉に限っていえば、計算式で調合する釉薬は、天然原料の醸し出すデリケートな釉調には到底かないません。皮肉にも筆者がゼーゲル調合を学んだ最も大きな収穫が、この結論なのです。例えば、手元の天然素材を使って美しい釉薬ができたとしましょう。その天然原料をコンマ四桁まで徹底的に組成分析し、ゼーゲル式に変換し、他の材料で化学的に全く同じ調合をし直しても似たものにはなりますが、絶対に同じものにはなりません。旅客

機を分解整備して、組み立て直したら部品がバケツ一杯分余るようなもので、どこか具合が悪いのです。とはいえ、ゼーゲル式は各素材の適正な調合バランスを見極める有効な手段には違いありません。誰にでも手に入る材料で、安定した結果を得ようとするのが技術の目指すところですが、個人の立場では、費用と時間のかかるその機械的作業を続け、新しい釉薬の開発を目指すよりも、野山を駆け巡り、優れた天然原料を探し求めた方が確率的に有利ではないかと思うのです。

猿投山周辺の釉薬原料

　焼き物は元来、限られた地域で手に入る原料の単純な組み合わせで造られています。逆にいえば、その土地でしかそこの焼き物はできないのです。猿投陶を徹底的に極めようと思えば、その周辺に窯を築くのが合理的と考えましたので、筆者は躊躇なく現在の場所（愛知県旧小原村、現豊田市）に工房を構えました。戸数18軒、山あいの小さな村落ですが、薪の調達にも便利で、大量の煙を噴き出す窯焚きにも寛大です。瀬戸、美濃、猿投、いずれも車で30分圏内にあり、周りの山々は江戸の昔から瀬戸に石粉（風化長石）を出荷していた釉薬原料の宝庫でもあります。近くの沢ではつい最近まで急流を利用して水車で石粉を搗いており、その名残でしょうか、現在でも川沿いには陶料工場が軒を連ねます。

　猿投山をはじめ、付近の山々は山自体が巨大な花崗岩の塊であり、その中の長石分が風化して低地に堆積したものが瀬戸、あるいは美濃を代表とする粘土層です。まだ粘土に成りきれない半風化状態の長石類なども治山工事などの際に時々顔を出すこともあります。経験からいいますと、面白い釉石は粘土ホールとよく似ていて、層脈ではなく単独でポツリとあることが多いのです。大昔、大きな花崗岩がどこからか転がってきて、そのまま埋もれたような状態です。このような石は、その場に止まり、割れ目から雨水が浸透して、長い時間を掛けてじっくりと風化し、半粘土化した蝋のような肌合いの風化長石になります。乾かせばシャリっと手で簡単に握りつぶすことができ、軽く搗いて60目くらいの篩を通せば、単味で志野釉、灰を混ぜて黄瀬戸、含

Ⅱ　猿投古窯　技術編

鉄鉱物と灰を合わせて鉄釉、と何にでも使える優れものです。

　猿投山周辺には多くの陶芸家が窯を構えていますが、少数ながら本物を知る陶芸家たちは山に分け入り、各自秘密の場所から"これぞッ"と思う風化長石をはじめ含鉄鉱物などを調達してくるのです。ゼーゲル式で計算する者など誰もいません。陶芸家たちの釉薬調合など、7対3とか6対4とか大ざっぱなものですが、しかし、これらを組成分析してゼーゲル式に直せば、かなり複雑な式になるでしょう。彼らは、優れた天然素材であれば、調合はできるだけ単純であるべきであり、また、単純な調合であるが故にその素材の持つ個性を最大限に引き出すことができる、という伝統釉薬の根本原理を知るプロたちなのです。この辺りでは季節にはマツタケも出ますが、そのあり場所は息子にも教えないといいます。それぞれ苦労して探し当てた素材ですので、仲間内では原料のありかを根掘り葉掘り聞かないのが暗黙のルールです。

　筆者も原料は山に入り、古い鉱山跡や治山工事などで露出した鉱脈などから掘ってきますので、陶石などこの辺りで産しない原料を除いて市販のモノを買う事はまずありません。工房の近くで産する風化長石はいずれも陶料店などには出回らない優れた素材であり、市販の原料に頼る多くの方々から見たら贅沢な話だとは思いますが、不便な田舎に住み、汗水を流す御褒美というものです。

　しかし、こだわりには苦労は付きものです。採取場所によっては30キロくらいの釉石を土嚢袋(どのう)に詰め、起伏のある藪(やぶ)の中を車道まで何百メートルも担ぎ出さなくてはならないこともしばしばです。何度か往復すれば息が上がりますが、必要なモノは必要ですので、半分は自分を笑い、半分は焼き上がりの素晴らしい発色を思い浮かべながらヤケッパチで運ぶしかありません。せっかく苦労して運んだ釉石でも、試験結果と異なり、期待したほどの結果が得られなくて捨てることもたまにはあります。しかし、よくしたもので、流した汗は決して無駄にはなりません。このような苦い経験は選別眼を鍛え、場所、色、層脈、風化の程度、感触などから使えるかどうか、おおよその見当がつく能力が身に付きます。とはいえ、釉薬の天然原料の識別は経験を踏まえた上での直感が7割、といったところでしょうか。

しかし、誰もが、このような恵まれた環境に窯を持てるわけではありません。産地を離れて作陶に励む陶芸家たちに共通する悩みは、まさにこの問題、優れた原料の調達なのです。プロたちは素材が新しい発想を生む事をよく知っていますから納得のゆく素材を手に入れるために必死であり、何人か集まれば大抵原料の情報交換になります。が、しかし、プロといえどもその内容は"○×陶料店の△印長石は調子が良い"といったレベルの話がほとんどなのです。どうしたらよいのでしょう？　それを筆者に聞かれても困ります。ひたすら、素材を求める熱意と執念、実行、それに幸運としか答えようがありません。

　市販の原料に頼らざるを得ない方々はどうしたらよいのでしょう。焼き物にとって、最も大きな役割を担う原料は土と長石、それに灰です。伝統陶芸を目指すのであれば、最低この三つにはこだわりたいものです。これらの基本原料の入手を人任せにしますと、使い切った時に補充がきかず、長年蓄積したデータが使えなくなる危険があり、そうしたリスクを避けるためにも入手経路をはっきりさせておく必要があります。古い資料になりますが名古屋工業技術院発行の「日本の窯業原料」、各地研究機関の報告書、紀要、専門誌、その他あらゆる情報を足掛かりにし、原料の確かな出所と焼成試験にかなりの時間を費やしても、後々のことを考えれば決して無駄にはなりません。他の原料は個人の努力ではどうにもならない工業生産品がほとんどですので品質に多少の差はあれ、何とかなるものです。

　作陶家にとって自分が使用している素材に確信を持つことは非常に大事なことです。原料に自信がないと、スコアーが伸びない時にゴルフクラブのせいにするのと似ていて、結果が納得できないときに原料を疑い、自分の技量を棚に上げ永遠に幻の原料を追い求めるハメになります。市場で素晴らしい野菜を見つけたら、仲買業者ではなく、その生産者を訪ねるべきです。"これはッ！"と思う素材に出会ったら、その所在を確かなものにしておかなければなりません。たとえ遠方であっても現場に出向き教えを請い、できれば鉱脈に接し、地層に封じられた出生の秘密に限りなく迫る事です。この行為は素材への信頼を確かなものにするとともに、作陶に対する心構え、潜在力を高める事にもなるのです。

　私事で恐縮ですが、独立して間もない頃、購入した長石の質にバラつきが

あり、その違いを確かめるために滋賀の長石鉱山を訪ねたことがあります。突然の訪問にもかかわらず、理由を話しましたら、今時奇特な男だということで、所長自ら坑道に入り、鉱脈の詳しい説明をしてくださいました。掘削機か何かで効率良く作業をしていると思いきや、掘り抜きの坑道奥深くで三人の坑夫がツルハシを持って手掘りをしているではありませんか。江戸時代もさもありなん、このような現場を見れば、陶料店で簡単に手に入る原料といえども決して疎かにすることはできません。帰り際、鉱山で産する最高級の長石を車に積めるだけ分けていただきましたが、このような親切は生涯忘れることはありません。早速試したところ、赤志野、鼠志野によく合う、格調高い素晴らしい長石です。筆者は志野作家ではありませんが、隅にぐい呑みなどの小物を置くとアクセントになり個展会場が華やぎます。

伝統釉薬の主原料 ― 灰

　お尋ねしますが、原料に腐心している読者諸氏の中で、実際に木やワラを燃やして灰を作った経験者が何人おられます？　その気になれば、決してやれないことではありません。近所迷惑とか、木やワラの調達が難しい、場所がないとか、やれない理由はいくらでもありますが、やれる理由は努力しないと見つからないのです。
　"何でも自分で試してみる"、この蓄積が、自らの作陶姿勢に方向性を与え、"できること、できないこと、すべきこと、しなければならないこと、したいこと"を明確に認識できるようにするのです。一流といわれる陶芸家の作

> **コラム**
>
> **骨壺の話**：昔あるところに、腕は良いのですが、周りからは変わり者扱いをされている人付き合いのヘタな男が山間で陶器を焼いてささやかに暮らしておりました。女房が彼の唯一の理解者で陰に表に一途に陶工を支えていましたが、無理がたたり亡くなってしまいました。大層悲しんだ陶工は、遺骨を細かく砕いて陶土に練り込み自分の骨壺を造り、終の棲家としたのです。ちなみに、磁土に骨灰を30〜40％混ぜて焼きますと淡い乳白色をしたやさしい半透明の焼き物、ボーンチャイナになります。追記：この話を何かに書きましたら、お悔やみのはがきが数通届きました。

品は、灰一つをとっても決して疎かにせず、細心の注意を払って得た結果ということを忘れてはなりません。

　隣町には、樫の木で農具の柄を作る業者が何軒かあります。筆者は、そこから出る端材を分けてもらい、縦割りにしたドラム缶を窯内に据え、自前で灰を作っています。松のような軽い木はよく燃えますが、残る灰は少ない。それに比べると栗や樫といった堅木はホトホトと燃え、灰がよく溜まるので効率がよい。溜まった灰を水に浸しかき混ぜながら60目の篩を通し、何度も水を変えアクを抜く。手を入れてもヌルヌルしなくなったら上水を切り、よく乾燥させて樫灰のでき上がりです。

　ワラを燃すときには束をほぐし、根元を上にして種火を覆うように周囲を回り、ピラミッド状にワラを立てながら置いてゆきます。ワラはすぐに燃えるので、結構忙しい作業ですが、2トン車一杯くらいのよく乾いたワラ束ならばドンド焼きの要領で早朝から燃やし始めれば晩には終わります。ワラ灰は意外と多く残るので、お試しあれ。

　あまりにも初歩的ということで軽く見られがちですが、是非作っていただきたいのが三角座標による釉薬のサンプルボードです。三角形の各頂点に採取してきた長石、若しくは含鉄鉱物、木灰、ワラ灰を置き、5ないし10単位で調合比率を変えながら三角を埋めてゆく調合方法で、釉薬調整の基本中の

Fig.24　三角座標のサンプルボード

Ⅱ　猿投古窯　技術編

基本といえるものです。根気よくコツコツと乳鉢で擂れば数日で試料は揃います。正確に焼成データを取りながら、酸化・還元両方で焼き、結果をボンドでボードに貼り付ければできあがり。百聞は一見にしかず。見れば分かる。この中に日本の伝統釉薬のほとんどが含まれており、基礎編は卒業です。このサンプルボードはどこにでもあるものですが、長石あるいは含鉄鉱物によっては個性的な結果を得られることも稀ではありません。また、自分自身で汗を流し採取した原料を使用し、調合した実践経験は間違いなく貴方に自信を与え、必ずやひらめきをもたらす貴重なデータになるはずです。くどいようですが焼き物上達のキーワードは、とにかく"試してみること"です。仕入れた忠告、素材は熱が冷めないうちに試験してコマメに確かめることです。二度や三度の失敗は付き物です。否、一生の内に二度か三度、これはと思う結果を得れば、幸運を喜ぶべきなのです。

釉薬の取り扱い

　陶磁器は原料を天然素材に依存する部分が多く、陶磁器工場では原料の品質保持に随分と気を使います。中国の福建省泉州市にて一年間、釉薬調整の技術指導をしたことがありますが、原料の品質が納入のたびに変わり、苦労させられたものです。しかし、さすがに建窯など中国の名陶を産んだ古くからの陶業地、窯業原料の宝庫であり、カリ分14％以上の優れた長石がゴロゴロしています。石灰を12～３％加える簡単な調合で、表面をコーティングしたような、マッタリとした素晴らしい釉調になり、鉄分の多い素地に掛ければそのまま青磁のでき上がりです。
　中国では歴史的に技能に対しては評価をしますが、素材の美という観念は希薄なようです。したがって"これでもかッ"というゴテゴテの作品になりがちで、素材の醸し出す微妙な味わいを重視する日本の陶芸とは趣を異にします。現在、中国は凄まじい経済成長下にあり、如何に安く大量に生産するかにのみ腐心し、日本にあれば垂涎モノの素晴らしい長石も、品質の平準化のために低級の長石とゴチャ混ぜにして扱われて、もったいない事この上ありません。しかし、かつて膨大な数の名陶を産んだ国であり、自分たちの持つ素材の価値に気付き、かつての越磁なみの製品が大量に生産されたら陶芸

品の価値はどうなってしまうのでしょうか。

　それはともかく、日本では、中国の官窯手の青磁は釉薬を何度も重ね掛けしたかのように、まことしやかにいわれますが、焼き物は本来素材の個性に逆らわず無理なく造られるもの、というのが筆者の経験から得た法則です。多重掛けなど釉剥げの原因になるようなリスクはできるだけ避けたはずです。長石によっては処理の仕方で、一度の釉掛けで３ミリくらいの厚盛りはさほど難しい事ではありません。筆者の場合、青磁釉は長石を荒擂りと細擂りを別々に用意し、配合具合で適当な粘りと吸着力をもたせ、一度掛けで済ませ、フチや角など釉厚の足りない部分は、スプレー掛けで補います。厚掛けの場合は、釉中の気泡を完全に抜いてから釉掛けしないとピンホールの原因になりますので、攪拌する時に空気を巻き込まないよう注意が必要です。

　やはり中国でのことですが、芳香瓶200万個の注文が入りました。本社だけでは手が足りず、隣の広東省の陶器工場に一部、下請けに出したのですが、半分近くにピンホールが発生する。歩留まり５割なら400万個造ればよいというお国柄ですが、とても納期に間に合うものではありません。様子を見にいったところ、釉薬の入った大桶が蓋もしない状態で幾つも軒下に置いてあるではありませんか。広東省は南国であり夏は猛烈に暑い。釉桶に蚊が卵を産み、大量のボウフラが湧いていたのです。攪拌の段階で体部は融けるのですが、目玉が残り、篩（ふるい）を通さず、そのまま釉掛けしたために引っ付いた目玉がピンホールの原因になったという訳です。何の事はありません、釉掛けの前に200メッシュの篩を通すように指示したら解決しました。せっかく釉掛けにまでこぎ着けて失敗したのでは、今までの苦労が水の泡です。常識以前の問題であり、ただ呆れるばかりです。当たり前のことですが、当たり前の積み重ねが"当たり前の結果"を生むのです。些細な事でも、うっかりすると結果に重大な影響を及ぼす。釉薬に限りませんが、一つひとつの工程を確実に、細心に、慎重に処理することが基本です。

４．窯焚き

Ⅱ　猿投古窯　　技術編

　窯焚きは焼き物の最後の工程、他の工芸にはない焼き物たる所以であり、作者の手を離れて焔にその運命をゆだねなければなりません。この作業の成

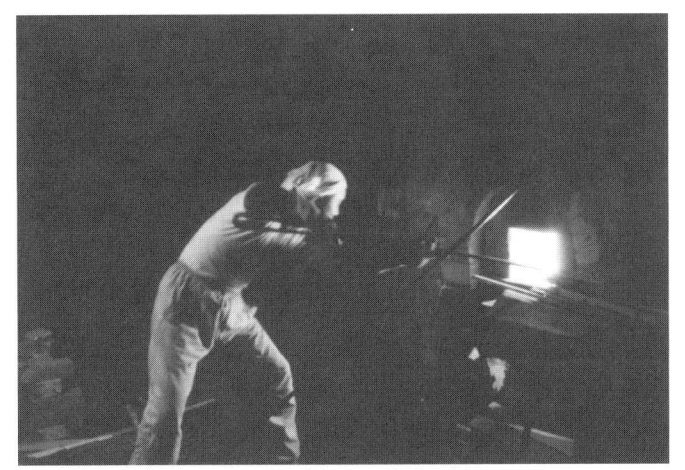

Fig.25　窯焚き　筆者工房

> **コラム**
>
> **左馬**：そのいわれは諸説ありますが、招福、商売繁盛、中風除けなど、縁起物として江戸時代から用いられたようです。陶家でも初めて火を入れる窯には、うまく焼けるよう左馬を描いた器を窯に入れます。
> 　その昔、三河湾から信濃に塩や干魚を運ぶ、中馬街道という塩の道がありました。街道はにぎわい、美濃の宿場で窯元の旦那衆が一杯やっていたところ、それは美しい芸子が宴を盛り上げていました。旦那方は夜伽（よとぎ）を望むのですが、太鼓持ちは左に寝た馬を紙に書いて、そっと手渡すのです。馬は決して左を下にして寝ないそうで"芸は売っても、身は売りませんよ"という意味なのです。即妙に感心した旦那衆は、以来品物が高温で倒れ（寝）ないように、おまじないに左馬の器を初窯に入れるようになったとさ。

否によって、これまで重ねた苦労が報われるかどうかの大博打なのです。初めての窯に火を入れる時には、果たして温度が順調に上がってくれるのかどうか、一抹の不安から逃れることはできません。ふだん不信心な者たちも、この時だけは"どうぞ上手く焼けますように"と窯の前に塩とお神酒を供え、神妙に手を合わす。加えて、窯焚きの無事を祈り「左馬」の作品を窯に入れ

るのが昔ながらの陶家の慣わしです。

　できるだけ平易な文章を心掛けるつもりですが、窯焚きの説明はどうしても専門性を伴い、実際に経験した方でないと具体的に理解をするのは難しいと思います。しかし、この説明を省いては焼き物の本にはなりません。少し辛抱して、軽くでも読み流していただき、基本的な知識の概略を掴んでいただくだけでも、今後、陶器の見方、鑑賞の仕方が変わるのではないでしょうか。

　この項では窯焚きの基礎知識から入り、日本陶芸の原点でもある、カマボコの手前と奥に焚き口と排気口を設けただけの猿投窯で使用された最も原始的、かつ単純構造の窖窯を中心に話を進めます。あなどるなかれ、その焼成技術はガス窯の比ではありません。単純であるが故に、窯焚きの基本的な技術がすべて凝縮されており、窖窯で苦労した経験者ならばガス窯や電気窯の手軽さ、便利さに思わず手を合わせたくなるはずです。では早速、本題に入りましょう。

基本

　窯焚きの理論は今も昔も、ガス窯も薪窯も大きな違いはありません。不思議なことに300℃、600℃、900℃、1200℃がチェックポイントになります。

- 水挽（成形）き後、いくら天火で完全乾燥したつもりでも吸着水は残ります。これを除くのに270〜300℃ほどの熱量が必要であり、同時に窯の湿気も煙突に逃がす予熱の役割も果たす。このアブリの時点では作品を水に浸せば、まだ粘土に戻ります。

- 吸着水が抜けたら次は結晶水です。「資料編」にて触れましたが、ネバリの素はカオリン（$Al_2O_3・2SiO_2・2H_2O$）が主です。550〜600℃の温度帯で分子に組み込まれた結晶水である$2H_2O$が抜け$Al_2O_3・2SiO_2$となり素焼きが完了します。正確にいいますと、純粋なカオリンは1000℃で焼いても湯に浸せば元に戻りますが、粘土には他に長石、硅石質が多く含まれ、これらがカオリンとともに化学変化し、二度と粘土に戻ること

はなくなります。陶芸の入門書などに書かれているように、素焼き温度は800℃などと思い込んでいる人が多いと思いますが、分厚い物、磁器などは別として、600℃を超えれば素焼きは完了しています。

・次のチェックポイントは900℃です。なぜ900℃か？　素地、あるいは釉薬に含まれる鉄分が反応を始める温度帯であり、還元焼成か、酸化焼成か（ガス窯焼成参考）、選択を迫られる温度帯だからです。プロも含め多くの方が還元操作は900℃からと思い込んでいるようですが、辰砂釉など銅を含んだ釉薬を焼こうとする場合、銅は600℃ぐらいから反応を始めるので、600℃が還元開始のチェックポイントとなります。化学的な根拠があっての窯操作であることを忘れてはなりません。

・1200℃に達すると大抵の釉薬はガラス化が進み、火止めのタイミングを考えなくてはなりません。焼成時間、釉薬の組成により火止めの温度はまちまちですが、色見で焼け具合を確認して減温操作をし、火を止める。

　成形作業が物理学ならば、焼成は流体力学と化学(ばけがく)です。火を止めたら焼成作業は終わりと思いがちですが、実は減温も昇温同様、重要な窯焚き作業の一環なのです。昇温が化学反応の促進であるのに対し、冷却は沈静化であり、どの時点で反応を固定化させるか、当然のことながら結果に大きく影響します。色見を引き出し、"良かれと思って火を止めたが、窯を開けたら思うような結果ではなかった"という経験を誰しも一度はしますが、陶芸家はそれぞれの目的にふさわしい結果を得るために急冷、徐冷、焚き落とし、と冷まし方にもいろいろ工夫を凝らしているのです。

　一般的に急冷は還元状態を維持し、釉中に各成分を溶かし込んだまま釉薬を固定するために、深くメリハリの利いた透明感のある釉調が得られやすい。これを利用したのが「引き出し黒」です。鉄釉を施した器物を灼熱の窯から火鋏で引き出し、水につけて一気に急冷しますと、深く、しっとりとした、まるで漆物と見まごうような釉調が得られます。徐冷の窯では火止め後も長時間高温にさらされるために釉中成分の結晶化が促進され、マット化（曇りガラスのような膜を張った状態）したり、あるいは釉ムラができやすい。結

晶釉、油滴天目釉などデリケートな釉薬は減温の仕方で釉調が大きく変化します。減温も昇温同様、重要な窯焚き作業であることを忘れてはなりません。

ガス窯

　最近のガス窯は熱効率の良い断熱レンガを使用し、コントロールも容易で初心者でも手軽に陶芸を楽しむことができるようになりました。土は意外に急な昇温に耐えるもので、小さな窯ならば10時間足らずで本焼が完了します。ただし昇温速度にムラを作らない注意が必要です。昇温にムラがありますと粘土中の長石や硅石の化学変化が安定せず、土によっては素地にセンベイのような火ブクレやクラックが発生します。このことを念頭においてアブリ（～900℃）の段階では慎重にガス圧を調整し、安定した曲線で温度を上げてゆきます。

　昇温及び、雰囲気（酸化、還元）操作は、ガス圧、煙道の通気をコントロールするダンパー、炉内圧の微調整をするドラフトで行ないます。窯の後ろに回ってみると一番下の煙道の突き当たりにドラフト穴、その上にダンパーの差し込み口が取り付けられています。ダンパーは耐火板を煙道に指し込み、物理的に排気を抑える装置です。ドラフトはエアーダンパーとも呼ばれ、炉内圧が高まり排気量が増すとドラフト外部から自然に空気が流入し、排気を自動抑制するショックアブソーバーの役目をします。ダンパーの絞り具合、ドラフトの開け加減による空気の流入と排気のバランス調整は窯操作における基本中の基本です。酸化と還元の分

Fig.26　炭化ガス窯　筆者設計製作

水嶺、すなわち中性を保つダンパーとドラフトのベストバランスを見つければ、ガス圧、窯の大きさにほとんど関係なく、ドラフトへの小さな耐火物の出し入れだけで酸化・還元の窯操作が可能になります。この状態に調整された窯は、窯場の出入り口を開け閉めしただけでも敏感に反応します。窯にはそれぞれ癖がありますが、この黄金率を見極めるのが窯焚きの腕であり、コツといってもよいでしょう。

　通常900℃で適当な位置にダンパーを押し込み、ドラフトを開き排気量を制御し、炉内圧を高めて還元焼成（RF：Reduction Firing）に入ります。酸化焼成（OF：Oxidation Firing）の場合でも、この時点で還元をかけておいた方が釉薬に深みが出ます。この操作により釉薬、あるいは素地に含まれる酸化第二鉄（Fe_2O_3）は酸素を奪われ、酸化第一鉄（FeO）になり、黄色からグリーンに変化します（鉄分2～3％の場合）。銅ならばグリーンから赤に変わる。青磁や辰砂、あるいは灰釉のビードロなどは還元焼成で出る色です。

　煙道を開き、空気の流通を良くすることで炉圧を下げ、外部から二次空気を入りやすくする酸化焼成ならば、鉄分は黄色、銅釉ならば緑色になります。黄瀬戸や織部などがその例です。酸化、還元の程度は正面ドアの色見穴に開けた人差し指ほどの穴から吹き出す焔の長さと勢いで加減するのが一般的ですが、窯の背後に回って、煙道側のドラフト穴からロストル内を覗き込み、炉内から降りてくる焔の具合を見ながら調整をする方法もあります。窯の温度は炉内圧が高すぎても、低すぎても上がりにくく、弱還元の状態が最も効率がよい。したがって、還元焼成は初心者でも失敗の少ない窯焚きといえましょう。電気窯で放っておいても焼ける酸化焼成は軽く見られがちですが、ガス窯による酸化焼成は酸化の程度により発色が大きく変化し、実はかなり高度な技術を要するのです。いわんや穴窯による酸化焼成など至難の業といえましょう。

　ガス窯では、900℃の時点で最高ガス圧にもってゆき、還元操作を行なったあと、そのまま放置して温度の上昇を見守るのが最も簡単で無難な焼き方です。上がりが鈍くなったらドラフトに小さな耐火物を差込み、昇温の具合

を確かめつつ、微調整をするだけで還元焼成が完了します。ダンパーとドラフトがキチッと調整された窯は、やはりドラフトへの耐火物の出し入れだけで酸化焼成の操作も簡単に行なえます。素人の陥りやすい窯のコジレは、多くの場合、攻めに入ってからもなおガス圧をいじり、それに伴いドラフトやダンパーをむやみに動かすなどして炉内の熱傾斜を狂わすのが主な原因だと思われます。

須恵・白瓷窯

　窯焚きには昔から女性は近寄ってはならぬといわれています。女性が窯に近付くと、どういうわけかヘソを曲げるというのです。"火の神様は女性なので嫉妬するからだ"といううわさもある。日本ではありませんが、"女性には裂け目があるから窯に近づくと品物が割れる"などと無茶苦茶なことを大真面目に信じている人たちさえもいる。確かに薪窯の場合、闇夜に繰り返し噴き出すロウソクのような焔をながめていますと、人によっては一種の催眠効果といいましょうか、トランス状態におちいり暴走する者もタマにはいますが、筆者の経験では女性ばかりとは限りません。女性を弁護するわけではありませんが、トラブル時の対応に不安は残るものの、むしろ女性の方が指示をキッチリと守り、安心してまかせられる一面もあります。男女いずれであれ、窯焚きは真剣勝負です。非科学的なことをいうようですが、最後にはスタッフ全員の、何が何でも温度を上げようとする心意気がものをいいます。したがって、見物人はできるだけ排除し、それぞれ役割を担った最小限のスタッフに限るのが望ましいのです。

　窖窯の構造に関しては前編「技術から見た猿投古窯」にて述べましたので、ここでは窯焚きの実際について述べます。
　白瓷窯は、丘の斜面を掘り抜いた須恵器窯と基本的に同じですが、焼き締まりさえすればよい須恵器窯が全長10mを越す例も少なくないのに対し、焼成温度は須恵器より100℃ほど高く、品物も高級品に限られるために全長は6〜7mと、かなり小さくなります。しかし、たかが100℃くらい、となめてかかってはいけません、1100℃から1200℃に温度を上げるためには、須恵

Ⅱ　猿投古窯　技術編

器とは比べ物にならない高度な焼成技術と、燃料の全消費量の半分以上を費やすのです。

　木灰は理論上1240℃が溶融点といわれ、考古学でもこの数字を根拠に穴窯の焼成技術を論じておられますが、実際には理屈通りにはゆきません。既に述べましたが、釉薬は釉中の塩基と素地の硅酸が相まってガラス化を開始しますので、素地の耐火度が低いほど化学反応が促進され、早い時点から熔け始めます。そのために、熱に弱い堆積岩系の素地に施釉すれば1180℃くらいで奇麗なビードロ状に熔けますし、耐火度の高い蛙目系の土であれば1250℃で焼いてもガサガサで見られたものではありません。猿投の使用粘土は、ちょうどその中間くらい、1200℃を打てば灰釉も熔け、素地もほぼ焼結します。須恵器、白瓷のような横炎式の穴窯では、熱源から離れるにしたがい温度が低くなり、かなりの温度差が生じますので、焼成室奥行4～5mほどの標準的な白瓷窯では、灰釉が溶ける温度域はせいぜい火前から2m以内に限られます。したがって手前では高級品である白瓷を焼き、奥では須恵器や食器などを詰め、無駄のない窯焚きが行なわれていたのは述べた通りです。

　薪をくべることだけが窯焚きではありません。薪の準備と管理、窯詰めの時点から既に始まっているのです。焔の流れを十分に考慮し、絶対に取らなければならないモノ、間違いなく取れるモノ、取れればラッキーなモノ、それぞれの配置を考え、納得のゆく窯詰めができれば、それで窯焚きは半分成功しているといってもよいほどです。焼く物、窯の癖、人の癖などそれぞれ条件が違い一概にいえるものではありませんが、ここでは標準的な筆者の白瓷窯（幅1.2m－全長7m弱）で灰釉陶器を焼く場合を例にとり話をすすめます。

　現在のように軽くて丈夫な耐火物がない時代、窯の床面にいかに多くの製品を積み上げ生産効率を高めるか、窯経営上の大きな問題でした。"トチン"や"ツク"を使用して重ね焼きをするなど工夫をこらしても、天井との間にはかなりの隙間があき、焔は製品の上を素通りして煙突から逃げていってしまいます。そこで、窯の傾斜を強くし、天井を低くして分炎柱を設けたりして熱効率を高めようと知恵を絞ったのは前編3章、「技術から見た猿投

論」で述べた通りです。

　今日ではカーボランダムなど優れた耐火板があり、天井ギリギリまで棚組みできますので、その気になれば昔より数倍も窯詰めをすることが可能ですが、昔の焼き物に近づけようと思えば、できるだけ昔通りにすることです。せっかく苦労をして窖窯を焚くのだからできるだけたくさん詰めたい、という気持ちは良く分かりますが、歩留まりを考えてそこをグッとこらえ、控えめにすることです。極論すれば、100個詰めて70を取るか、80個詰めて60を取るか、の話ですが、経験からいいますと、焼き上がりは後者の方が良いことが多いのです。ただし、青磁のように直火を当てない方がよい場合もありますので、釉薬によっては匣鉢に入れて火道を避けた場所に置くなど、目的に合わせた配慮が必要なのはいうまでもありません。

Fig.27　上から薪投入口、オキかき口、ロストル
　　　　筆者窖窯

　窯詰めが終わったらレンガとモルタルで入り口を塞ぎます。古窯の発掘現場からはロストルの存在を確認できませんが、オキの調整に重宝しますので、筆者は上から薪投入口、オキかき口、一番下に二次空気調整口（ロストル）を設けることにしています。

　窯焚き作業は4〜50時間におよぶ長丁場であり、お腹も減れば眠くもなります。スタッフも仕事を休んで駆けつけてくれるのであり、そんな彼らをもてなすのも窯主の大切な仕事の内です。関心は窯焚きの合間に取る食事に集中するのは

II　猿投古窯　技術編

いうまでもありません。窯の上に荒引き胡椒と岩塩をすり込んだ鳥モモ、ジャガイモ・にんにく・トウモロコシ、女性にはもちろんサツマイモなど等、容器に入れ匣鉢をかぶせておけば4～50分ほどで最高の蒸し物が出来上がります。窯詰めが終われば後は天命を待つのみ。窯焚き前日に、かなり力を込めて夜食用のカレーとラーメンスープを作るのが常ですが、この時が"やることは全てやった！"という安らぎの時間です。

　窯のまわりもきれいに掃き清め、準備は完璧に整い、窯に"上手くたのむぞ!!"と、パンパンと拍手を打っていよいよ火入れ、ロストルと薪投入口を閉じて、真ん中のオキかき出し口から焚き火を始めます。最初から貴重な松割り木を使うのはもったいない。アブリの段階では製材所からもらってくる杉や檜の端材が1トンもあれば、900℃くらいまでは楽に上げることができます。長さを50cmくらいに切りそろえておくと後の作業が楽です。

　さて、口元の焚き火だけで二時間足らずの間に300℃くらいまで上がります。さらに燃料の量を増やし、一時間に80℃くらいのペースで温度を上げてゆきます。温度の上昇とともに、煙突の引きも良くなり、パチパチと小気味良い音をたてて、焔が窯の中に吸い込まれてゆく。

　素焼き温度の600℃を過ぎ、さらに焚き続けますが700℃から900℃はデリケートな温度帯です。既に、窯がかなり活性化しているために、薪の操作を誤ると温度が100℃単位で上下するのです。述べましたように、土は急な昇温にも耐えますが、この温度帯での乱高下は粘土中の塩基分や硫化鉄などが急膨張し、アメのようになった器壁を膨らませ、焼きセンベイのような"火ぶくれ"の原因となります。薪窯のアブリは時間をかけて慎重にやれ、といわれるのはこうした理由があるからです。

　焚き始めから10～12時間ほどで手前の熱センサーが900℃を指し、煙道にあるダンパー絞り、焚き口下のロストルのエアー調整をして、攻め焚きに入ります。ロストル口の開き加減は煙突の引き具合によりエアーの流入速度が自動的に変わりますので、最小限にしておきます。というよりも、塞いだレンガの隙間から入り込む程度の空気量で十分でしょう。

　オキかき出し口をレンガでふさぎ、上の薪投入口から松薪（私の場合、50

cmに切り揃え）を 6 〜 7 本ずつ放り込み、攻め焚きを開始します。焼成方が変わるので一時的に温度は下がりますが、あわてずに焚き続ければそのうちに上がり始めます。奥の温度センサーが900℃を超すあたりから煙突から噴き出す黒煙にオレンジ色の炎がチラチラと混じるようになり、そのうちボンッ！という着火音とともに真っ赤な焔に変わります。感動の瞬間です。

　煙突から噴き出す炎を見ながら火が落ちる前に次の薪を投入し、炉内に炎を絶やさないよう還元状態を保ちつつ、さらに温度を上げてゆく。手前のセンサーが1000℃を超すあたりから温度の上がりが重くなり始めます。不思議なもので、同じように焚いているつもりでも、900℃台、1000℃台、あるいは1100℃台のどこかで昇温がピタリと止まり、大なり小なり窯がコジれます。短ければ 5 〜 6 時間、長ければ15時間以上動かなくなることも稀ではありません。このような時の対応には、これといった妙法があるわけではありませんが、人それぞれ経験から得た流儀があります。筆者の場合は窯をあまりいじらず、薪の投入方法を変えることから始めます。例えば、オキの燃焼効率をよくするために表面積を増やす、つまり、燃焼室内にオキの山脈を造り、峰の近くに薪を放り込むことにより斜面をはい上がる酸素を有効に利用するのです。オキの輻射熱は窯全体の熱量を維持する極めて重要な役割があり、山脈の高さを一定に保つよう薪の投入本数、間隔を加減しつつ、しばらく焚き続けますと、上昇に転ずることが多いのです。いずれにせよ、窖窯のような単純な構造の窯は、焼成技術は勿論ですが、窯詰め具合、薪の質、季節なども影響し、同じ窯焚きは一窯とてありません。窯ごとに臨機応変に対処するほかなく、何度窯焚きをしても不安は付きまとうものなのです。

　温度が1000℃台後半で、時間的にも精神的にもユトリのある 2 日目の昼がメインの食事になります。スタッフたちも、これが何よりも楽しみですので手を抜くわけにはゆきません。夏はバーベキュー、冬は鍋物と季節により工夫を凝らします。選手交代の時間でもあり、好きな人はビールでも酒でも心ゆくまで飲んで、夜に備え寝てしまう。

　2 日目の夜は窯の温度も1100℃を超え、いつ不測の事態が起こらないともかぎりませんのでスタッフ全員が集合し、火止めに備えます。この温度帯に入りますと一本調子で上がってゆくことは稀です。"3 度上がっては 2 度下

Ⅱ 猿投古窯 技術編

Fig.28 窯変壺 筆者作
径19cm 高25cm

がる"を繰り返し、一喜一優しつつ辛抱強く焚き続けます。順調にいけば、35〜45時間で1180℃に達し、窯内に置いたゼーゲル錐の8番が倒れ、9番が傾き始める。ここまで来ればあと一息、スタッフが窯を密閉するモルタルを練るなど、火止めの準備に取り掛かります。

　さらに3〜5時間で1200℃を打ち、窯内に置いてあるゼーゲル錐9番の完倒を確認したら、いよいよ火止めです。燃焼室の壁際と火前に置いた灰被りの作品に長い柄のスコップでオキをかぶせて窯変を狙います。最後に薪を大量に放り込み、ロストル、オキかき口、薪投入口にレンガを詰め、モルタルを塗り付け完全に外気の流入を遮断する。急いで上に回り、煙道のダンパーを閉め焔を炉内に閉じ込める。行き場を失った炎が、あちこちのすき間からシューと音をたてて猛烈に噴出しますがモルタルを叩きつけて封じます。こ

の作業は危険を伴いますので、落ち着いて、慎重かつ迅速に行なわなければなりません。外気を遮断された炎は酸素の供給を止められ一気に消火し、炉内は強い還元状態を保ったまま急速に温度を下げる。この最後に行なう火止め操作が須恵器、及び白瓷焼成の特徴です。

薪投入口の開閉問題

　「資料編　窯の傾斜」の項で書き残しました焚き口の開閉問題について触れます。焚き口の開閉問題とは、窯焚きの際、薪を投入後、蓋をしたのか、そのまま開けっ放しであったのか。窯焚きの経験がありませんと些細な問題として見過ごされがちな盲点なのですが、実は窖窯構造の推移を説明し、また、焼成結果に大きく影響する重要な問題を含んでいるのです。40年も前に春日井市教育委員会の大下武氏が問題提起をしておられますが（「資料編」第3章　5．窯について参照）、立命館大学文学部に事務局を置く「窯跡研究会」が神戸にて窖窯焼成実験を行なった、という以外に、これまで開閉問題が論議されたという話をあまり聞きません。

　述べましたように、白瓷や須恵器窯は、窯焚きの最後に薪を大量投入し、燃え尽きる前に窯を密閉しなければなりませんから、発掘調査では焚き口の近くから閉じるのに使われたと思しき粘土ブロックが時々見つかります。このような事実から猿投の陶工たちが"焚き口をふさぐ"あるいは"狭める"という意識を持っていたのはいうまでもありません。

　須恵器や山茶埦窯のように1100℃くらいの中温程度までなら蓋をする、しないにかかわらず、昇温にそれほど苦労することはありませんが、それ以上の高温を必要とする白瓷窯の場合、冷えた外気の流入を極力抑え、酸素の供給をできるだけ薪の燃焼に必要な分にだけ抑えた方が熱効率がよく、猿投の陶工たちも、焚き方にいろいろ工夫を凝らしたに違いありません。

　焚き口を開放して窯を焚く場合の最も効率的な焼成方に"口一杯・差込み方式"があります。切りそろえた薪を投入口一杯に詰め、外気の流入を薪自身で抑えると同時に、窯内部に突き出した先端部分から鉛筆を削るように燃やしてゆく方法です。薪全体を一本の燃料棒に見立て、押し込み加減により

Ⅱ　猿投古窯　技術編

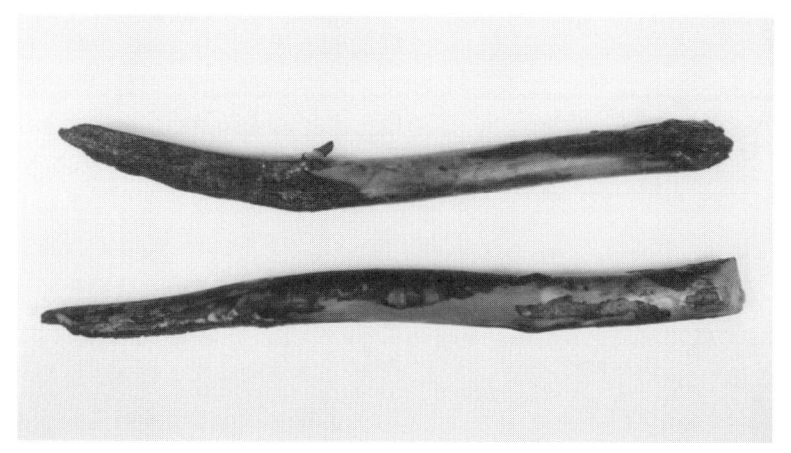

Fig.29　枝部分の燃え残り　黒笹K-G-91号窯出土　三好町立歴史民族資料館提供

　火力を調整することができ、燃え尽きる寸前に同じように口一杯の薪を押し込んでゆく。それを繰り返しながら温度を上げてゆくのですが、燃えにくい堅木を燃料として使用した場合、絶大な効果を発揮します。この焼成方には「ベンチュリーの法則（資料編　３章・分炎柱参照）」が有効に働きます。外気は薪の隙間をぬって炉内に加速侵入し、燃焼に必要な十分な量の酸素が供給されるために、薪は勢いよく燃え、焔は炉内に吸い込まれてゆきます。また、窯がこじれ、昇温が止まった時などに応用しますと、たちまち温度が動き出し、カンフル剤としても非常に有効です。Fig.29は三好町の窯跡から出土した枝部分の燃え残りですが、猿投の工人たちがまさにこの方法で窯を焚いていた事実を如実に物語っています。

　しかし、この焚き方の欠点は、薪を大量に消費し、それに伴い大量のオキが発生することです。次々と押し込まれるオキは焼成室内に侵入し、火前の品物を倒す危険が生じます。そこでオキを収容、消化するための十分なスペースを確保する必要があり、堅木を燃料に多用した猿投初期の窯ほど燃焼室の容積が広いのは理に適っている、といえましょう。

　今一つの欠点は、焚き口で最大カロリーを発生させるために火足が短く、また、熱源が品物から遠いために手前と奥とではかなりの温度差が生じ、どうしても酸化焼成気味になりやすいことです。筆者の経験では、１mに付き約80度、4mの焼成室ですとその差300℃以上にもなり、中段より奥は1000℃

かそれ以下にしか温度が上がらず、どうしても焼きが甘くなります。そのために、スカッとした質の良い灰釉陶器を取れる範囲は狭く、直火が届く火前の一部に限られます。

　９世紀に入り、窯焚きも回数を重ね、原生林が消費されるにつれ林の植生も変化し、二次林である赤松の割合が増えてゆきます。松材はクヌギ、コナラといった従来の堅木燃料と比べますと燃焼効率がはるかによく、オキはほとんど残りません（「資料編」３章・薪の樹種と窯構造の相関関係参照）。そのために、松材を混用しますと、より少ない燃料で同じカロリーを得られるために燃焼室が縮小化してゆきます。また、薪の挿入本数が減る分、過剰な空気の流入を抑えるために、焚き口にスサ入りの粘土ブロックを積み開放口の面積を狭め、蓄熱効果を高める工夫も当然なされたのではないかと思います。

　しかし、堅木・赤松混用でも、"口一杯・差し込み方式"で焚いたとすれば、やはり大量に溜まるオキの処理が問題になります。この場合、窯詰め終了後、あるいはアブリが終わり攻め焚きに入る前に、下部に下駄を履かせたようなロストル（二次空気孔）を設け、その上にさらにブロックを積み重ね薪投入口を設ける方が使い勝手がよいのは確かです。下から酸素を供給した方がオキの燃焼効率が高まるのはどなたにでもお分かりいただけるのではないでしょうか。

　赤松の薪としてのさらなる利点は、オキになっても他の木のように芯が残らず、その樹皮のように細かくバラけ、オキにしてなお昇温に効果を発揮することです。10世紀も初め頃には、薪のほとんどが扱いやすい松材に代わり、オキの消化が早まりますので「資料編　３章・窯床面の傾斜」のデータに見るように燃焼室の容積がかなり縮小します。また、松薪は堅木に比べますとはるかに瞬発力がありますから、従来の"口一杯・差し込み方式"では燃料を無意味に浪費するだけで、もったいないことこの上ありません。松燃料の能力を最大限に活用するためには、開口部をさらに狭め、酸素供給量を燃焼に必要な、できるだけ少ない量に抑えることです。この操作により、カーボンを含んだ火足の長い炎を奥まで送り込み、手前・奥の温度差を縮小させる

ことができ、結果、質のよい品物の取れる範囲が拡大します。そして、いろいろ工夫を重ねる過程で、適当な本数の薪を定期的に炉内に放り込み、そのたびに蓋を閉じる"投げ込み・口閉じ方式"が試され、移行していったのではないか、と想像します。

　"投げ込み・口閉じ方式"の利点は何といいましても、窯の密閉度が増すために蓄熱しやすく、燃料を大幅に節約できることにあります。"口一杯・差し込み方式"と比べて半分ほどですみ、加えて、熱源と品物が接近するために、より奥の品物にまで炎が届き、歩留まりを向上させる効果も当然ながら期待できます。燃焼室の寸法も1.2〜1.3mにまで縮小しますと窯の基礎温度を保つオキの量が不足しますが、"投げ込み・口閉じ方式"では、煙出しから噴き出す焔を眺めつつ、投入する薪の本数（5〜8本）、あるいは投入インターバル（通常3〜4分）の調整によりオキの増減、酸化・還元の具合を加減することができます。
　さて、肝心なその閉じ蓋ですが、薪投入口、あるいは下孔の前に立て掛けるだけですから丈夫で高温に耐え、多少隙間が開こうが、外気をある程度抑えることのできる耐火物であれば、素焼き甕の破片でも何でもよいのです。もし筆者が当時の陶工の立場でしたら、薪投入口や下孔を塞ぐのに、身近にある瓦などを蓋代わりに用います。瓦といいましても現在のような波瓦ではなく、熨斗瓦と呼ばれるわずかに反った板瓦であり、鉄の棒などで引っ掛ける穴でも開けておけば熱い思いをしなくてすみます。高温域に入れば、瓦蓋といえどもたちまち真っ赤に焼けますが、何枚か用意しておき、薪投入毎にローテーションさせれば何とかなるでしょう。陶板が急熱急冷に耐えられず割れるようであれば、硅砂を大量に混ぜ込み、専用の板を作ることも、さして難しいことではないと思います。
　至れり尽くせりの"投げ込み・口閉じ方式"ですが、赤松という窯を焚くために生えてきたような木を得て初めて可能な焼成方であり、1000年以上をおいて今日なお、陶芸家の多くがこの方法で窖窯を焚いているのですから、その効果の程がわかります。現在の窯は薪を投入しやすいように腰のあたりに投入口を設け、薪投入ごとに蓋を開け閉めするのが一般的ですが、天井から耐火物の蓋をワイヤーで吊るすなどして、作業のしやすいように各自工夫

をこらしています。ちなみに筆者は、取っ手付のステンレス板を使用しています。

　平安も後期に入りますと、時代が質より量の汎用器を大量に求めるようになり、猿投ではニーズに応じて粗雑な山茶埦を焼く民営窯が乱立し、窯は再び大型化してゆきます。適当に焼き締まりさえすればよい無釉の山茶埦窯では白瓷窯のようなデリケートな窯焚きは必要ありません。松を中心にその辺で手に入る不特定の燃料を手当たりしだいに使い、アブリは輪切りにした丸太を放り込み（図4参照）、攻め焚きは短時間で焼き上がる"口一杯、差し込み方式"で行なわれたに違いなく、燃焼室は再び拡大化してゆきます。

　薪の樹種と窯構造、薪投入口の開閉問題が複雑な関連性を有しているのはお分かりいただけたかと思います。現代人は、現在の自分たちを頂点に、時代がさかのぼるほど人間の思考能力が劣ると思いがちですが、勘違いでしょう。彼の陶工たちも経験からのみではなく、"どうしたら上手く窯が焚けるのか"、合理性を追求した存在に違いないのです。

炉材

　窯は"壁を焚け"と昔からよくいわれます。炉材、窯の大きさにより窯体の吸熱・蓄熱速度はある程度決まっており、焼き方によって瞬間的には上がるかもしれませんが、大焚きをしたからといって焼成時間を極端に短縮でき

Fig.30

るものでもないようです。平均すれば結局、炉材の蓄熱速度に見合った昇温曲線に落ち着くような気がします。炉材がクレ（手押し煉瓦）の場合は1200℃まで上げる吸熱速度は36〜42時間くらいでしょうか。窖窯の場合は諸条件が複雑に絡み合い、ガス窯のように理屈通りにはなかなかゆきませんが、このくらいの時間で焼ければ燃焼効率も良く灰釉には理想的な窯焚きといえましょう。ちなみに筆者の窯焚きの例では、手前センサー1200℃までの最短焼成時間32時間、最長58時間です。

　火を止めてから素地、あるいは釉薬に含まれる金属類が化学的に固定する900℃までに下がる時間は結果に大きく影響するのは延べました。そのためにも築炉の段階で炉材の選択を軽視することはできません。窖窯を築く場合、プロも含めてほとんどの方がその重要性を深く考えもせず、耐火煉瓦の調達に走ります。しかし、耐火煉瓦は120トンの高圧でプレスされた蓄熱量の大変に大きい素材ですので冷めが遅く、徐冷が必要な結晶釉、あるいは後酸化による緋色を期待する志野釉などには向きますが、青磁や灰釉のような精悍さが魅力の焼き物には不向きなのです。

　灰釉に関しては、理想をいえば、2時間以内に900℃以下に下げられる窯が望ましいのです。何故ならば、化学反応の固定化が早いほどピーク時の釉調の変化を最小限に抑え、スカッとした灰白色のボディーに透明感のある灰釉を期待できるからです。その点、スサ入り粘土を塗りつけた古代の窖窯の減温速度は実際に測ってみないとわかりませんが、気孔が多い今日の断熱レンガに似て、そこそこ早かったのではないかと思われます。

　瀬戸、美濃あたりでは、耐火レンガが登場するまで"クレ"、とか"にぎり"、と呼ばれる手作りレンガで窯を築いていました。耐火度の高い粘土を型に押し込み、手で叩いたり、足で踏んづけたり、昔ながらの方法で作ったレンガで、自然状態に近い密度の炉材といえます。筆者の窖窯も、美濃で昭和初期頃に使用したクレ窯を解体して組み直したものであり、火止め後2時間以内に900℃に下げる、という条件をほぼクリアーします。古陶に近づけようと思えば、昔通りにすることであり、昔通りがどのようなことなのか、こうした炉材の吟味も、作陶以前に気を配らなければならない重要なポイントなのです。

窯焚きの基本は、燃料の供給量、空気の流入量(ロストル)、排気(ダンパー、ドラフト)の黄金バランスを見究めることであるのはガス窯も窖窯も変わりません。これさえきちんと設定すれば、窯の大きさにかかわらず、薪投入のタイミングによるOF・RFのコントロール以外に、最初から最後まで窯を操作する必要はほとんどありません。また、重要なポイントなのですが、窯自体に窯内を最適化する機能が備わっていることに気付く人は少ないようです。窯焚きを交代すると、しばらく窯の調子が狂う経験をした方は多いと思います。同じように焚いているつもりでも、人によりクセがあり、薪のボリューム、投入のタイミング、投入場所などが微妙に違い、一時的に炉内の温度分布に変調をきたすからではないかと考えます。経験からいいますと、窯が焚き手に合わせて調整を図っているとしか思えず、暫くすると上がり始めます。ガス窯でも事情は同じです。先に触れましたように、初心者は昇温が思うようにゆかないと、あちこちいじりたがりますが、あまり頻繁ですと窯自信の最適化機能が狂い、余計にこじれる場合が多いのです。薪窯焚きの場合、時として温度が急に上昇することもありますが、いつか止まりますので、目標温度に達するまでは上がるに任せる。ユメユメ窯の生理に逆らって昇温を抑えようなどとは思わないことです。

焼き締め陶と灰釉陶

　窯焚きは、飯盒炊サンと同じで、薪を効率良く燃やすことではなく、如何に美味しい御飯を炊くかが目的なのです。はじめチョロチョロ中パッパ、ここで火を片方に寄せますと、対流により擦り合っていた米が一方通行になり、米が立って炊き上がるのです。うまい飯を炊き上げるのにも、ちゃんとした理屈があるのです。いわんや相手は巨大な窖窯です。焚き方一つで結果に大きく影響するのはいうまでもありません。

　窯の温度を上げるだけならば、先述しました薪を投入口一杯に詰めるなどの方法もあり、さして難しいことではありません。しかし、メーター温度と灰釉を溶かす実効温度は別物である、ということに気付く人は少ないようで

す。これも窯がこじれた時に使う手ですが、大割りした松材を何本も放り込み、長時間放置すれば、あれよ、という間に温度が上がることがあります。私の経験では、数時間の内に1400℃などという、狂ったような数値を示したことさえあります。温度計を叩いてみても変わりません。ゼーゲル錐も確かに倒れるのですが、灰釉はガサガサで、鼠色に失透し、結果は悲惨であります。

　これを上手く利用したのが備前焼です。備前では、"うちは1300℃で焼いている"などといいますが、備前は上記の焼成方ですので、メーター温度では1300℃くらいは指すでしょう。しかし、試しに灰釉をかけた作品を一緒に窯に入れてみてください。清んだビードロなど、まず期待はできません。いわゆる、サンギリとかゴマと呼ばれる、青みがかり失透した状態になるはずです。そもそも1300℃などという高温を必要とする焼き物など、磁器や志野釉などの一部を除き、そうそうあるものではない。もしもこの温度が灰釉を溶かす実効温度であるならば、備前の土ではとてももたず、ヘタってしまうに違いありません。カツオのタタキは藁の直火で一気に、鮎の塩焼きは遠火でじっくりと焼かなければなりません。お断わりしておきますが、釉焼きと、焼き締めの焼成方の違いを述べているのであって、美的価値云々とは別の話なので、くれぐれも誤解なきよう願います。

　「薪投入口の開閉問題」の項でも触れましたが、須恵器は基本的に備前焼と似ており、耐火度の低い土を使用し、焼き締まりさえすればよいので、温度さえそこそこ上がればそれなりに製品になります。が、しかし、白瓷の場合はそう簡単にはゆきません。

　窖窯で灰釉を焼くときのポイントを幾つか述べましょう。灰釉を美しいビードロに仕上げるコツは炉材などの配慮に加え、"濃い焰の直火"を品物に浴びせ掛けることです。灰釉は温度に敏感な釉薬であり、火面と裏では釉調、流れ方も大分違います。したがって、できるだけ炎が満遍なくゆきわたるように窯詰は軽い方が有利です。また、空気の流入を極力抑え、オキの量を保ちながら、強還元を維持しつつ、温度がようやく上がるようなギリギリのところで攻め焚きをするのです。スタッフにはこの点をよくいい含めるのですが、温度が上がらないのに辛抱できずに、薪の本数を減らしたり、薪投入口

の蓋をずらして空気を入れ、炎を薄めがちなので、監視の目を厳しくしなければなりません。非科学的なことをいうようですが、薪を投入する際のタイミング、勢い、コンマ何秒が回数を重ねる間に影響するのでしょうか、万事を尽くしたあとは、"何が何でも温度を上げる"という焚き手の強い意志が結果を大きく左右するのです。

　薪窯焚きは、半年もかけて造り溜めた作品の成否を決める博打のような作業であることは述べました。個展間際の窯焚きなど、失敗したら大変なことになります。したがって、窯焚き本番で冒険をするのは、かなり勇気がいるものです。大分前になりますが、窯焚きの最後に何を血迷ったのか、薪の代わりに松の生葉を大量に投入したことがあります。生枝葉に含まれる水分が強力な触媒として作用したのでしょう、瞬時に気化した水蒸気は器物を襲い、灰釉は沸騰して無数のクレーター状になり結果は悲惨なものでした。しかし、極度の還元状態は、素地色を見事な青白色に変えたのです。もしこれが焼き締めの窯ならば素晴らしいものになっていたでしょう。「資料編」Fig.16の灰釉も一度煮えた痕跡があり、その器肌は他の猿投陶と比べ突出して白く、高温域で湿った薪を投入したに違いありません。「天は二物を与えず」、教訓は成功よりも失敗から多く学ぶものだと、つくづく悟ったものです。

Fig.31　熱に耐えられず四足壺に倒れ掛かって熔着した壺　筆者窯

攻め焚きに入りますと大なり小なり窯の昇温が止まり、"コジレる"ことがあります。コジレた場合は、その温度帯と程度により、対処法は違いますが、稀に深刻なコジレにおちいることがあります。この"魔のコジレ"にはまりますと、ニッチもサッチもいかず、最低でも20時間以上の凍り付きを覚悟しなければなりません。薪の本数・太さ、投入間隔・方法、ダンパー調整など、あらゆる手段を講じても温度が凍り付いてビクともしなくなるのです。信じられないことですが、長時間燃料の補給を止めても駄目、1℃の変化も表示するデジタルセンサーを以ってしても動きません。温度計が壊れたのでは、と叩いてみても変わりません。この状態を経験した陶芸家たちは"窯に角度がなくなる"と表現します。炉内の温度分布と気圧が固定してしまい熱の移動が止まることを意味するのでしょうか、いい得て妙です。窯の中を覗きますと透き通るように輝き、時折カーボンがダイヤモンドダストのように舞い、とてもこの世のものとは思えない、深刻な状況を一時忘れさせてくれるような、それはそれは神秘的な光景です。高温域でこの現象に遭遇しますと耐火度の弱い作品は大型のモノから、一つ、また一つと倒れてゆきます。説明のつかないこの現象に対しては、窯を諦めない限り、いつか動き出すのを期待して、貴重な薪をむなしく投入し続けるしかありません。"魔のコジレ"と確信したら、一旦窯を閉じて、一眠りして再開した方が良いと思うほどですが、五分後から上昇に転じるかもしれないと思うと、なかなか勇気のいる決断です。どなたか、この現象を論理的に説明できる方が居られたら、是非御教授を賜りたいものです。

窯出し

窯出しの時は、さぞかし心ときめかせながら蓋を開くのだろうな、とお思いでしょうが、窯焚きの過程において結果はほぼ予測できますので、以外と淡々としたものなのです。しかし、薪窯では時として焔のいたずらにより予期せぬ結果を招くことがあります。愛好家たちはこれを"窯変"あるいは"焔の芸術"などといって珍重しますが、焼き物に99.9%"偶然"はない、といってもよいでしょう。"たまたま出た"などという陶芸家の言葉を鵜呑みにしてはいけません。窯焚きの原理がほぼ明らかになった今日、多くの場

合景色は意図的に作られるか、少なくとも経験から得た無作為の作為が働いています。しかし、0.1％、つまり1000個に１個くらいの割合で想わぬ結果を手にすることができるのも事実です。

　厳しいことをいうようですが、焼き物の良し悪しは加点法ではなく減点法で評価すべきではないかと常々思っています。登山に例えれば、頂上に立つためには体力はもちろん、資金、装備、ルート、技術、経験、精神力、サポートなど等、いろいろな条件を想定し、かつクリアーしなければなりません。万全を期したつもりでも、天候の運・不運もつきまとい、ほとんどの登山家が頂上を目前にして引き返します。しかし、なお多くの者たちが幾多の苦難を乗り越え、命を賭けて再び頂上へのアプローチを試みる。そのゲーム性が挑戦者にとって、たまらない魅力なのではないでしょうか。不足感こそが、焼き物に限らず"次こそは"の意欲をかき立てる、あらゆるチャレンジャーに共通する原動力であるのは間違いありません。

　焼き物は窯から出したら出来上がりと思われがちですが、そうではありません。長い時間をかけて、ゆっくりとですが組織は動いており、古くなったコップなどが黄ばみ、もろくなるのは誰もが経験することです。ガラスの一種である釉薬も同様、アルカリを含むために空気中の水分やフッ素など微量な元素による浸食を受けやすく、窯出し直後から劣化を開始するのです。何年もの時を経てヒビ割れをおこす経年貫入、素地から釉薬が部分剥離（はくり）するシバリングなどは欠点とはいえ釉調（おもむ）に趣きを添えます。焼き物の素地である粘土は化学的に安定したアルミナと硅石が主成分であり、釉薬に比べると劣化ははるかに遅い。古い焼き物の中に釉薬が剥離して素地がむき出しになったモノが多いのは、そうした理由からなのです。

　産まれたばかりの赤ん坊はクシャクシャでお世辞にも可愛いとはいえませんが、外気に触れ暫くすれば玉のような肌になる。一般の方々には観察の機会は少ないと思いますが、窯から出たばかりの作品もワサワサとして、どこか落ち着かない感じなのです。釉調が安定するのに最低２・３日、貫入釉などはキンコンと金属を弾くような音が納まるのに一ヶ月以上もかかります。オキに埋まり炭化した焼き締め陶など火事場の焼け残りといった感じで、ガサガサして見られたものではありませんが、丁寧にペーパーヤスリで仕上げ

Ⅱ　猿投古窯　技術編

をして床の間にでも据えれば別物に変身するのです。窯出しに人が立ち会うのを嫌う陶芸家が多いのは、こうしたことも理由の一つなのです。

　ついでに一言。窯出しといえば、意に沿わない作品をこれ見よがしに叩き砕く光景が時々テレビなどで放映されます。そのような行為を人前で、ましてはカメラの前でする陶芸家の心境が純粋なものとはとても思えません。確かに自らに厳しくすれば割らなければならないのも事実であり、泣く泣く一窯、全部砕くことさえ稀ではありません。しかし、自分の力量の不足を責めるべきであって、焼き物に罪はなく、公開処刑の真似事などすべきではない。繰り返さないことを心に念じて、人知れず、ひっそりと処理するのが日の目を見なかった焼き物に対する供養というものでしょう。

　以上、筆者の白瓷窯を一例に、窖窯の焼成について要点を述べました。一概に窖窯といいましても内部構造、炉材、大きさ、目的、燃料、焼成技術など、条件が違えば手段も変わります。焼き物は結果が全てであり、人それぞれ経験から得た流儀というものがあります。個人が一生のうちに体験できる窯焚きなど回数が知れており、筆者の窯焚きが決して最良の方法でもなければ、全てでもありませんが、読者諸姉兄の中に今後窖窯を築こうとする方、あるいは、今までの焼成結果に満足のゆかない方々の参考になれば幸いです。

5．燃料について

Fig.32　薪割りと乾燥　筆者工房

　焼き物の歴史はエネルギー改革の歴史といってもよいほどです。薪材に始まり、石炭、重油、ガス、電気、と時代の変遷とともに窯の構造を工夫し、燃料の効率改善を重ね、今日では寝ていても窯が焚けてしまう自動焼成装置も一般化しつつあります。にもかか

183

わらず陶芸家たちは時代の進歩に逆らい、何故、多くの手間と費用を掛けた作品を、失敗の危険を冒してまで原始的な薪窯で焼こうとするのでしょう？

確かに薪窯は、大きな失敗のリスクを伴いますが、薪の焔に作品を委ねることにより、作者の能力だけでは到達できない"＋α"を作品に付加できる千に一つの可能性を期待するからなのです。たとえ他がうまくゆかなくとも、期待を凌ぐ作品が一点でもとれれば、後に訪れるであろう悲惨な現実を一時忘れ、自らの作品に陶酔できる特権が与えられるのです。理想の達成、これが物造りの目標であり、執念の源でもあるのでしょう。

同じ人間でも人が違えば顔や性格も変わるように、同じ木でも育つ場所が違えば組成も変わりますが、一般的に軽い木ほど燃えるのが早く、オキも残りにくい。樫や橡の木などの重たい木は瞬発力には乏しいのですがトロトロと火力が持続し、オキも多く残るのは述べました。ちなみに樫灰は松灰に比べて、アルミナを倍の16～18％も含み、逆にカルシュウムは半分の20数％しかありません。檜などは油分を多く含み、文字通り「火の木」であり、生木でもパチパチとよく燃えます。

薪燃料に関しては「資料編、第三章・技術から見た猿投窯」、「本編　薪投入口の開閉問題」にて詳しく述べましたので、書き残した注意点を2・3挙げておきます。多少繰り返しになるかもしれませんが、薪の樹種は、焼き上がりに影響を与えるのはお分かりいただけたかと思います。容易に手に入るからといって、製材所から出る杉や檜の端材を多用すると灰釉が乳濁します。これは灰に含まれる硅酸分が器物に降りかかるために釉薬が白く濁る現象であり、"兎の斑（白濁釉・時に鉄釉や灰釉の釉溜まりにコバルト色を発色する）"などの窯変を狙う場合には効果を発揮します。猿投や常滑の古陶にもよく見られる現象であり、当時使用された樹種をある程度推測することができます。杉、檜など常緑樹は、燃え尽きるのに時間がかかり、オキに芯が残るために、燃焼室周りに置き灰被りを狙った作品を押し倒したり、キズをつけたりする危険があるので、注意しなければなりません。樫、クヌギといった重たい樹木の場合は、火力が持続しますので、信楽など、のんびりした窯焚きには重宝でしょう。

ここで、くれぐれも注意しなければならない事があります。製材所によっ

ては、端材の中に長時間海水に浸され塩分をたっぷり含んでいる米松のような輸入材が混ざっていることです。塩分（NaCl）は強烈な触媒作用があり、釉薬や素地に深刻な悪影響を及ぼします。簡単に手に入るからといって外材を多用しますと、いわゆる塩釉になり、素地表面は土管のようにテカテカにコーティングしてしまい、土味どころではありません。したがって、製材所がどのような樹種を専門にしているのか十分に注意を払わなければなりません。

　筆者の仕事場は岐阜の県境に接した愛知県の山里にあり、周りは森林に囲まれており、燃料の調達には便利な場所です。長い間、窯屋を営んでいますと、植林や工事などで伐採した松材の処分に困り、届けてくれることがありますが、松食い虫にやられ、立ち枯れした松だけは困ります。タダとはいえ、原木から薪にするまでにはそれなりの労力が掛かり、アブリにしか使えない材木に手間をかける余裕はありません。

　また、古い民家の屋内の「張り」に使われたような松ならともかく、まともな松でもトタンを被せたまま外に長期間、筆者の経験ですと4〜5年以上放置しますと性が抜けるとでもいいましょうか、「投げ込み、口閉じ方式」では1100℃くらいを限度に温度は上がらなくなります。10時間以上粘っても1100℃を突破できないようでしたら応急的に「口一杯、差込方式」を採用、ロス時間を挽回し、再び「投げ込み、口閉じ方式」に戻して様子を見るのも一つの手です。薪の劣化が原因で温度が上がらないのであれば、いくら頑張っても、それ以上は無理ですので、「口一杯、差込方式」でゆくしかありません。灰釉陶器の質は落ちますが、釉薬モノは温度さえ付けば熔け、焼き締め系もそこそこ取れますので、最悪の事態は避けられます。ましてや虫でも入ったら、どんなに上手く焼いても温度は1000℃が限界と思ってよいでしょう。

　松は繁殖力が強く、痩せた土地でもたくましく育ちます。松は太くなればなるほど、風圧を強く受け、幹枝を支えるために武装し、特にストレスのかかる根元や、枝の付け根部分は蝋で固めたような状態になります。お盆の迎え火に使う松明（たいまつ）はこれであり、マッチ一本で簡単に火がつきます。野中の一本松のように、周りにさえぎる物が何もなく、強風をもろに受ける過酷な環

境にある木は、痩せていても全身これ松ヤニの塊です。このような木はシナリが利くようにワイヤーロープのごとく繊維が複雑に絡み合っており、斧を振り下ろしても、バサバサになるだけで上手く割れません。簡単に火が付くからといって、この松薪でバーベキューでもしようものなら、油煙が染み込み、せっかくの肉も野菜も台無しになります。松一本といえども、それぞれ生い立ちがあるのです。ユメユメおろそかに扱うことなかれ。

　窯焚きには冬に伐採した松を使え、とよくいわれますが決して根拠のないことではありません。植物も動物と同様、冬には活動をほとんど停止し、新陳代謝を必要最小限に抑え、魚も身が引きしまり脂ものるごとく、木も乾燥し、同時に油脂分も濃縮します。春はスプリング（バネ）、芽生えと同時にハジケるごとく活動を再開し大量の水を地面から吸い上げますが、細胞の隅々にまで行き渡った水分を取り除くのは容易なことではないのです。

　最初から薪に使用する、という目的がハッキリしているのであれば、さらに乾燥を促すため、伐採後すぐに枝葉を掃わないで2～3週間そのまま放置しておくのがプロの常識です。松は必死で生き延びようと、水分の補給路を断たれても、乾いたタオルをなお絞るように幹は葉っぱに水分を送り続け、義務を果たそうとしますので内側から乾燥の度合いがさらに進むのです。しかし、植物はモノを言いませんから何もお感じにならないかもしれませんが、よくよく考えてみますと、かなり残酷な話です。食べきれないほど大量に鮎が釣れた場合、新鮮を保つ最も良い保存法はビニール袋に水を入れて鮎を泳がし、生きたまま冷凍庫で凍らすことです。余計なことかもしれませんが、ついつい思い出してしまいました。

燃料のいろいろ

　インドや東南アジアも例に漏れず木を燃料に使い尽くし、砂漠化による塩害が深刻です。そのために、木の伐採は厳しく制限されており、インドではカウダン、すなわち、牛の糞を壁に張り付けて乾かしたものを煮炊きに使っています。水タバコの草代わりにも吸うのですが、これが軽くてなかなかオツな味なのです。もちろん土器を焼く燃料もこれ。有名なマンゴー黒陶の還元剤として、ヤギの糞も重要な燃料の一つなのです。

Ⅱ　猿投古窯　技術編

タイ中部のBANG・KO・NOIという村には、タイ国最初の王朝、スコータイの窯跡が集中しています。鉢の底に鉄サビで魚の絵が描かれているので、スコータイをもじってソコタイ（底鯛）と呼ばれ、日本の骨董好きにはお馴染みの焼き物です。オーストラリアの考古学者が、村人に焼き物を教えていましたが、数年で観光客向けの素朴な焼き物を造るまでに成長しました。窯は天井の落ちた古窯を修復して使います。タイでもやはり木を無許可で伐採する事は禁止されていますので、燃料といえば、一年草であるバナナと、竹と、どこからか調達した潅木やら、端材しかありません。しかし焼けるんですねー、この燃料で。しかも17時間で。

Fig.33　カウダンで土器を焼く　R.パラジャパティさん
インド、ニザマバードにて

Fig.34　ワラによる野焼き
タイ　バンチェンにて

　彩文土器で有名なタイ東北部のバンチェンに隣接して、BANG・KAM・OHというコピー造りの集落があります。数千年前と全く同じ手法で土器を造っているのですが、ここでの燃料は藁（ワラ）です。野焼きはわずか4～50分で完了します。本書の主旨とは外れますが、参考までに本場の野焼き方法を御紹介しましょう。

　・地面を平らに、床ならしする

- ８ｍ四方に、高さ10cmほどのすわりの良い石を３個づつ３列、合計９個並べる
- その石の上に、半割りにした良く乾いた竹を割り口を下にして、３列に並べる。さらにその上に交差する形で、割竹をすき間なく並べる
- 大きい壺から順に口を下に伏せて割り竹の上に並べ、さらにその上に品物を互い違いに積んでゆき、ピラミッドを作る。重ね焼はしない。不安定な物は別として、原則伏せ焼
- 地面と竹の間に、四隅からワラを差し入れる
- 炎が偏らないように、四方から平均に火が回るように点火する
- ワラが燃え、炎が回った時点（点火後約１分）でばらした藁の根元を下にして、壺の回りに立てかけるように置いてゆく。たちまち燃え尽きるが、周りを回りながらワラを間断なく補ってゆく。この時、地面と竹のすき間から冷たい空気が入らないように藁のオキを寄せる。
- ワラを周りに重ね置きするうちに、だんだんせりあがって土器全体をワラのオキが覆い、外気を遮断するような形になる。
- 点火後約40分でオキを一部かき分け、スス切れしてオレンジ色の木肌が確認されたら焼成完了、外側の石を取り払い、自然冷却を待つ
- 黒色土器は、あらかじめ窯横に穴を掘っておき、中に三分の一ほどモミ殻を入れておく。焼き上がりと同時に、まだ赤い土器を取り出して穴に放り込み、そこに更にモミを満たして燻し焼する。制作過程で、生乾きの時に、スプーンの背などでよく磨いておくと、炭化の効果はさらに増す
- 朝焼いたら、夕方取り出し。野焼き準備から、火止めまで、全所要時間一時間

　これで焼けるのか…、腕を組んで、うなってしまうほどあっけない作業ですが、焼けるんですねー。ただし、器壁の厚さ数ミリという、焼成時、内外の温度差を最小限に抑える技があってのことであり、普通は木端微塵に砕け散り、このように上手い具合にはゆきません。アジア各地では現在でも生活の必需品として、貧しくも身近に手に入る材料を最大限に利用して土器が造られており、まさに焼き物の原点を見る思いがして、筆者を惹きつけるので

す。

薪作り

　薪窯を焚く予定が決まったら、何はともあれ薪の準備に取り掛かります。薪の乾燥具合は温度の上がりに大きく影響しますので、できるだけ乾燥させなければならず、窯焚きは、この時点から既に始まっているといってよいでしょう。
　窯焚きはどのような不測の事態が起こるかわかりません。燃料切れで、窯が失敗したなどとは恥ずかしくてプロのいい訳にはなりませんので、十分にゆとりを持った量をあらかじめ準備しておくことです。筆者も以前は、一窯分を2週間ほど掛けて手斧で割っていましたが、現在は効率を考え油圧式の薪割り機を導入しました。しかし、苦労して一本一本手割りした経験からは、逆目・順目、乾燥具合、木の生い立ち、疲れない割り方、など多くを学びました。

　割った薪は二列に並べて積み上げ、トタン板を被せて乾燥させます。たかが薪積みとバカにしてはいけません、限られた敷地に、要領よく薪を積み重ねるのは意外と難しいのです。窯を焚かなければ、何年も積んだままですし、地震もあれば、台風もやってくる。特に湿気は大敵です。湿気を含んだまま放置すると、虫はつくは、腐るわ、キノコは育つは、たちまち使い物にならなくなるのです。
　筆者の窯では敷地が狭いこともあり、50cmに切り揃えた薪を二列、高さ180cmに積み上げます。ここまで高く積む必要はないのですが、キチンと積まれた薪は壁のごとく壮観で、"仕事キッチリ"、窯焚きに対するモチベーションが高まる、という個人的な趣向によるものです。薪積みをみて、俺にもこれくらいは、とばかりに皆がチャレンジするのですが、大抵積み上がるにしたがい傾いてきて、半日の努力もムナしく途中で崩壊します。薪積みぐらいとなめて掛かっているので、崩れる時の慌てぶりは、はた目にはマンガの1シーンを見るようですが、積み直しは、新たに積むより倍以上の手間が掛かります。何げなく積んでも自然とうまくいく人間もいれば、どうしても駄

目な者もいる。良く観察していると、丸太でも薪でも同じですが、上手な人間は無意識的に下積みの薪の上に重さが掛かるように、ならしながら素直に置いてゆく。下手な人は、ただ無造作に積み上げてゆくだけなので隙間ができ、斜め方向に重力が掛かり自重に耐えられず横方向につぶれる。ひとえに、先天的に備わった才能とでもいいましょうか、薪積みのうまい人間は、教えなくとも窯焚きもうまい。

　禅宗の経典に、食事前に唱える五観文（ごかんもん）というのがあります。観第一に"一つ（ひと）には功（こう）の多少（たしょう）を計（はか）り彼（か）の來處（らいしょ）を量（はか）る"。"多くの経過をたどり、目前に据えられた食物を頂くだけの値打ちが我にあるや否や"といった意味でありましょう。"大量の薪を消費するだけの資格が、我が造作にあるや否や"、薪を割りながら、いつもこの言葉を思い出します。たとえスーパーのレジ袋といえども、用が済めばゴミとして捨てるのではなくて、ゴミを入れて捨てるのが袋の役割を尊重する事だと思うのです。薪を割っていると、松食い虫にやられ腐りかけた木、節くれだった木、木っ端など、いろいろな端材が出ます。このような木でも、アブリの段階では十分に役に立ちます。虫食いや節のある木は大割にして、まとめておき、昇温が止まった時などに使用すれば、以外と効果を発揮しますので、ユメユメ粗末に扱ってはなりません。

Ⅲ 猿投古窯　陶芸編

冒頭から私事で恐縮ですが、筆者が猿投陶を手掛けることになった経緯を簡単に述べます。貿易関係の職を辞し、27歳で陶芸を志して間もない頃、建設途中の愛知県陶磁資料館にて一部開館（1978年頃）の記念特別展が開催されました。その折、真っ先に目に飛び込んだのが、ガラスケースの中でスポットライトに浮かぶ、卵型の胴部に四つの子口を配した重要文化財、猿投多口瓶（図版2）でした。奇妙な造形ではありますが、気品の漂うその姿に朝鮮でもなければ中国でもない、日本陶芸の原点を見たのです。"ハマル"とはこのようなことをいうのでしょうか。"焼き物"と"焼き芋"の違いもよくわからない静岡県生まれの人間が生涯を賭け、考古学分野の猿投陶というマニアックな道を歩むハメになってしまったのです。なぜそこまで魅入られたのだろうか？　つらつら思いますに…、

- 誰も手を付けていない未踏の焼き物
- 日本を構築する過程で発生した初の国風陶器であり、内包する文化密度が濃厚
- 情緒・感性ではなく知性を刺激する焼き物
- 芸術を意識した個人の創作品ではなく、当時の国際情勢が産んだ社会的、精神的な焼き物であり、必然美を伴う
- 多様な文化が混在した、制約を受けない自由な造形に、初源の勢い、健康美を感ずる

　猿投陶の持つこのような資質が、筆者の焼き物に対する深層意識を刺激し、今なお尽きることなく創作意欲をかき立てているのです。

　さて、本編では美術・工芸品としての猿投陶を語らなければなりませんが困りました。何故ならば、上記に挙げた理由が猿投陶の魅力をいい尽くしており、これ以上話す言葉が見つからないからです。とはいえ、筆者はたった一人しかいない猿投陶の第一人者、そんな人ごとのようなことをいっている場合ではありません。いろいろな機会を通して"日本陶芸の原点、猿投にあり"ということを、より多くの方々に知っていただき、読者諸姉兄の日本文化に対する造詣に猿投陶を加えていただくのも筆者に課せられた大切な仕事

Ⅲ　猿投古窯　　陶芸編

のうちだからです。
　しかし、考古学資料ではなく、猿投陶を美術工芸作品として分かりやすく御理解いただくには、いったいどのような説明をしたらよいのでしょう。焼き物の魅力を文学的に表現しようとしても筆者の文才ではとても無理ですので、視覚的・表面的「特徴」の説明は評論家諸氏にお任せするとして、本編では造る側の立場から「特徴」を構成する要素とは何か？　に主眼をおいて述べてみようと思います。

1．焼き物の美

　猿投陶も含めて、あえて「陶器の魅力とは何か」を問われれば、ズバリッ！"結果と選択"の問題、と答えるよりほかにありません。陶芸家たちは自分の思い描く色や形、雰囲気を出すために多くの素材、焼成試験を重ね、結果、良かれと思ったものを選択し、それに細工を加えたものを作品として発表するのです。なぜそうなるのかは陶工にもよく分かりません。砂糖は甘く、梅干はスッパイ。結果は原料の性質に大きく依存するのです。粘土、長石などとひとくくりにしますが、似たように見えても人間の顔と同じで原料にもそれぞれ他では代用のできない固有の味があり、その特徴を最大限に引き出すのが陶工の技量というものです。その意味では素材そのものが自らを演出する「生け花」や「料理」などでも同じことがいえるのではないでしょうか。
　料理人は季節や旬を考えて"これぞ"と思う食材を選び、その味を最大限に引き出すべく腕をふるい、見栄えよく盛り付ける。お客は美しく演出された料理を前にして、その来処に思いを馳せ、舌の上で"えもいえぬ"至福のひと時を楽しむ。
　良き素材との出会いは創作意欲をかき立てる重要な原動力であり、造る側はその中から"何ともいえぬ素晴らしさ"を抽出し、形にする。その過程を仕事と呼ぶのであり、結果はその延長線上の終点にすぎないのです。一時の達成感を味わうことはできますが、調理した本人が自分の料理を愛でて何としましょう。焼き物の、"色が美しい"とか、"形が良い"、"安らぐ"といっ

た表面的・情緒的表現は味わう側、鑑賞する側からのお褒めの言葉としてありがたく拝聴するとして、造り手がそれを語ってはおかしなことになりはしませんか。哲学を学ぶ者が、自らを哲学者と呼ぶようなもので、何か変です。味も素っ気もない回答と思われるかもしれませんが、これが技術者のあるべき基本的な認識ではないかと思うのです。

素材

　絵画や彫刻、オブジェなどは人間の知覚、感性にのみ作用し、作品自体が完結した存在であるが故に、ファインアート（純粋芸術）と呼ばれます。しかし服飾や木工、工芸などが芸術品かを問われれば微妙な問題を含みます。なぜならば、それらは用途を前提としており、その役割は二次的であり、単独では存在し得ないからです。焼き物も用途という意味では確かに道具ですが、しかし、儀式、古墳の副葬品、あるいは茶道、華道、書道など、精神活動を伴う一連の所作に組み込まれた場合は、そのレベルに相応しい格・質が求められ、美術・芸術の一部となり得るのです。その美・芸術たる品格、格調とはいったい陶器のどこから発生するのでしょう。

　陶磁器は粘土採取から焼き上がりまで多くの工程を経て完成しますが、上流が汚染されれば下流に被害が及ぶように、どの工程一つをとってもおろそかにはできません。それぞれに専門性があり、そのために古くから分業化され、個人の一貫した美学を作品に反映しづらい、という一面がどうしても付きまといます。そこで、こだわりの陶工たちは納得のゆく素材を求めて山に分け入ります。山にしか原料がないわけではありませんが、スコップを持って民家の周りをうろつくと怪しまれ警察に通報されるのです — 前科二犯の告白。

　伝統陶芸の魅力の多くは素材のかもし出す品格であり、その重要性は繰り返し述べました。極論すれば、優れた素材ならば、ただの土饅頭でも、その特徴を発揮し、存在感のある作品たり得ます、が、逆に、せっかくの素材でも下手な細工をしたばかりに土の持つ品格を台無しにする例もよく見かけます。名工いうところの「一土、二窯、三細工」は素材の重きを熟知した至極

名言といえましょう。

「ありのままに」は木工・建築、陶器など、素材の制約を受ける仕事に共通した真理ではないでしょうか。宮大工の大棟梁、西岡常一氏が著書の中で示唆に富む口伝、名言を述べておられます。

> 「堂塔建立の用材は、木を買わず、山を買え」。「自分で山に行って地質を見、環境による木の癖を見抜いて買いなさい」。「一つの山で生えた木を以って、一つの塔を造れ。あちこちの木をバラバラに買わず、自分で山に行き、木を見て、その山の木をうまく使って、一つの塔や堂を建てなさい」。「堂塔の木組みは寸法で組まず、木の癖で組め」。「木の癖は、木の心」など。
> ——『木のいのち、木のこころ』草思社より抜粋

西岡棟梁曰く「木は生育の方位のままに使え」。法隆寺や薬師寺では堂塔を建てるのに、口伝どおり一つの山で生えた木を使い、南側で育った木は南側に、北の木は北側に、それぞれ育った方位のままに使用するといいます。したがって、南正面の柱は枝が茂るために節が多い。「ありのままに」。あまりにも当たり前のことが千数百年を経てもなお美観と品格を保つのでしょう。「何ともいえぬ素晴らしさ」には専門家の中でも限られた者のみぞ知る、説明できるきちんとした理由があるのです。どんなに良い用材を使用しても癖を無視した建物は寿命が短いとも述べておられますが、木を土に置き換えれば、そのまま優れた陶芸の何たるかを説明するのです。

焼き物は本来、限られた区域の原料のみで造られる生活に欠かせない道具であり、中世以降、安価で大量生産を強いられてきたローカルな産品です。現在のように重たい粘土を、時間と労力をかけて移動する不合理など許されるはずもなく、自ずと原料と薪の豊富な場所に窯を築くことになるのです。そうした条件を満たしたのが今日なお存続する、皆様よく御存じの六古窯と呼ばれる窯場なのです。原料の相互交換が行なわれなかったために各産地の純血が保たれ、結果、長い時間を掛けてそれぞれの特徴を熟知せしめ、製品

の質を深めることに成功したのです。

　しかし、同じ産地の焼き物といえども製品と作品は違います。品物の質とコストバランスが市場の価値判断に耐え、量産が可能なものを製品。たとえ同じ地域の陶土といえども採取場所が違えば個性も微妙に変わります。その微妙な感触にこだわり、コストを考慮せず作者独自の意思を加え単品制作され、特定の個人の内面に善的作用を及ぼす焼き物を作品と呼びます。素材にこだわれば良い仕事ができるとは限りませんが、良い仕事をしている作家は素材にこだわっています。優れた陶芸家は、個性ある素材との出会いが新しい発想をもたらすことをよく知っているのです。

　陶芸の奥義の一つに、西岡棟梁のいわれるように道理を外さないことが挙げられます。堆積岩系の原料は堆積岩系同士、火成岩系は火成岩同士、不思議と相性が良く、焼き物にも多くの場合「ありのままの法則」が当てはまります。

　初心者ご用達の蛙目(がいろめ)粘土、あるいは信楽などの汎用土を混ぜれば、大抵の土は扱いやすい陶土になります。伝統を離れ造形を優先するクラフト系の焼き物であれば便利な素材には違いないでしょう。しかし、そうした安易な方法で"土味"を楽しむ日本古来の焼き物を目指すのは無理とはいいませんが、かえって回り道ではないかと思います。備前の土に信楽の土を混ぜても焼き物にはなりますが、焼き物を知る人には正体不明の妙な代物に写るでしょう。木でいえば集成材(各種の端材を接着剤で圧着し角柱や板状に加工したもの)のようなもので、一般建築ならば、低価格・省資源・廃材利用・規格などの面で優れた素材ではありますが、これを神社仏閣の用材に使ったらどうでしょう？　おかしなことになりはしませんか。決して加工を否定するものではありませんが、適材適所、目的に応じて使い分けるのは当然です。

　余談ですが、ある著名な美術評論家のお宅に伺ったときのことです。立派な袱紗に包まれ、透明釉を掛けただけの見慣れないぐい呑みがありましたので"瀬戸ですか？"と尋ねたところ、一瞬、その場の空気が凍りつきました。京都の有名な陶芸家の作った「京焼き」だそうで、筆者の鑑識眼を疑う軽蔑の眼差しが突き刺さったのです。京都で産する土といえば鉄分の多い深草粘土くらいしか思い浮かばず、京焼でよく使われる仁清土は信楽土を主体とし

Ⅲ　猿投古窯　　陶芸編

ています。その信楽土と瀬戸の慣入土を混ぜ合わせたような正体不明の粘土を使用し、京都の作家が作陶したものは、「祇園に舞妓の絵」でも描いてあれば分りやすいのですが、果たして「何焼き」になるのでしょう？　両手を打って、音がしたのは右の手か左の手か、なかなか判定に苦しむ問題ではあります。

　「志野」とよばれる淡雪をまとったような美しい焼き物が桃山時代、岐阜県東濃地方で焼かれたのは御存じのとおりです。この辺りは花崗岩地帯であり、露出した岩は長い時間をかけて風化し、良質な陶土として低地に堆積しました。地底深くのマグマは徐冷されアプライト長石層を形成し、釜戸長石として産出します。モトをただせば同じマグマの生成物であり、兄弟関係にあるのです。この陶土で造った茶埦に、水溶きした長石を施すだけの極めて単純な組み合わせが、美濃が誇る日本独自の見事な焼き物を産み出したのです。有田でも泉山で産する陶石の素地にやはり陶石立ての釉薬を掛けることで、透き通った玉のような磁器を完成させたのです。しかし有田と美濃を組み合わせても、見られたものではありません。

　焼き物は化学であり、目には見えにくいのですが法則が存在します。一子相伝などともいわれ、桐の二重箱にでも収められた、何かとてつもない秘伝の巻物でもあるかのごとく思われがちですが、実は手品と同様、タネを明かせば一目瞭然、「なーんだ！　そうかッ!!」、当たり前の事が多いのです。この"当たり前"に到達するまでが大変であるが故に極秘なのです。先の西岡棟梁の言葉を噛みしめていただきたい。自分で歩き、見、触れ、汗を流すことで、初めて"当たり前"が見えてくるのです。

　筆者は窯跡を訪ねるとき、同じ道を往復していたのでは移動に時間を浪費するだけで、新たな発見の機会が半減し、もったいないと思いますので、行きと帰りはできるだけ別の道を通るようにしています。日頃見慣れた風景でも何千年、何万年の時を経てなお、日々姿を変えつつあり、昨日まで見過ごしていた路傍の土や石がある時"ふッ！っと"貴重な素材だと気付く事もあるのです。こうした積み重ねが、閃き(ひらめ)をもたらし、一生に一度あるかなしかの出会いに結びつくように思えてならないのです。

　もう一つ例をあげましょう。江戸初期の茶人、小堀遠州好み、七窯の一つ

に静岡県金谷町（現島田市）の志戸呂焼きがあり、その発生は平安時代にまでさかのぼります。このあたりは熱水鉱床が走り、マンガンや赤大理石などいろいろな鉱物を産する地質学的に大変に興味深い場所なのです。筆者の故郷でもあり、小学生の頃よく自転車で黄鉄鉱や蛇紋岩などを探しに出かけ、金色に輝く大きな結晶でも拾えば、クラスではちょっとしたヒーローでした。

　故郷の由緒ある焼き物でもあり、勝手知ったる土地柄、志戸呂焼きの原料はかなり詳しく調べたことがあります。周辺は火山灰が積もって固化した凝灰岩、あるいは石灰岩土質なのですが、所どころ熱水作用を受け変質したと思われる蛇紋岩がスポット状に産出し、盆石愛好家にはよく知られた場所なのです。古志戸呂に使われた土は、これが母岩となり陶土化したものと考えられます（次項参照）。熱変成岩はいろいろな金属を含むことが多く、釉薬の原料にはマンガンと塩基分を多く含んだ、地元で「仁石」と呼ばれる赤茶けた半風化の石を使用し、臼で砕いた粉末に木灰とワラ灰を合わせて釉薬を調合します。素地、釉薬ともに、モトをただせば同じ堆積岩系であり、辛うじて1220℃の還元焼成に耐える、このあたりでは釉焼きのできる稀な素材なのです。この組み合わせが、火成岩系である長石立ての焼き物にはない、遠州好みのしっとりとした味わいを醸し出すのです。堆積系である志戸呂の土と火成岩である美濃の長石を組み合わせても、焼けないことはありませんが、何の変哲もないただの"焼け物"になるだけです。

　長野や岐阜を旅して鯛やマグロの刺身を出されても違和感を感ずるでしょう。感じない人もいますが、その人たちは物造りには向きません。やはり、イワナやヘボ（蜂の子）、馬刺しなど、その土地ならではの料理を味わいたいものです。チーズと塩辛は同じ醗酵系で相性が良く、酒の肴によく合う。カワハギの造りは肝ダレで食べると旨い。カツオの刺し身は酒盗（カツオの内臓の塩辛）にからめると珍味です。「自然の道理」とでもいいましょうか、不思議なもので、不幸にしてバラバラになったモノを元に戻してやると多くの場合"えもいえぬ味"がでるものなのです。ついでながら、カニの第一関節に詰まった身は第二関節を下から押し込むとピタリとはまり、上手く抜くことができます。

Ⅲ　猿投古窯　　陶芸編

土地柄

　「地元びいき」という言葉があります。地酒、特産、偉人、歴史、生まれ育った故郷には誰もが誇りを持っている。高校野球など準決勝ともなれば仕事をほったらかして、町を挙げての応援です。地酒はその土地で呑むのが確かに美味い。故郷から送られてくる特産品は郷愁をさそい、味もひとしおです。筆者は火山灰が堆積して固化した凝灰岩系の土壌で産まれ育ちましたが、現在は火成岩である花崗岩系の地面の上に棲息しています。岐阜県との県境の山村で、周りは山菜の宝庫ですが、自然薯の味が故郷のそれとはまるで違うのです。陶器を焼くのには何かと都合の良い場所ですが、20数年棲んでいてもいまだに馴染めません。「何か」が違うのです。

　風土とは、そこの環境・地形や土質が育む人柄や文化の事を指します。土地柄ともいいます。移動手段が限られていた昔、人間の生活圏はせいぜい半径5〜10キロ程度だったでしょう。降った雨は地面に浸透し、土から必要なミネラル分を取り込み、再び湧き出し植物を育む。人間も同じ水を飲み、その土地で育った野菜を食べ、そこの土の養分を体内に取り込みながら成長するのです。その土地に馴染めないと〝水が合わない〟などといいますが、正確には土が合わないというべきでしょう。

　ある高名な美食家が客をもてなすのに、その人の故郷の川で捕獲した鮎をわざわざ取り寄せて供したという。そのような気配りを知る由もない客なのですが、その味に感動し涙したといいます。どこかで食べた味、どこかで見た風景、どこかで感じた手触り、誰もが知らずのうちに幼少の頃取り込んだ風土の情報が深層意識に刷り込まれ、無意識のうちに似たような体験をしているのではないでしょうか。

　焼き物も例外ではありません。関東人は益子焼き、関西では丹波、名古屋は瀬戸・美濃、岡山はもちろん備前焼であり、ふだん何げなく使っている器でも、その土地で造られた焼き物はどことなく馴染めるものなのです。

　私事ですが、東京と大阪の個展でそれぞれ越前の土で造った壺を出品したことがあります。通常、猿投瓶子、常滑壺、瀬戸片口とか、使用土の産地を明示するのですが、その時には名札に灰釉壺とのみ記して並べたのです。買

い物の折、たまたま立ち寄られた方に買っていただきましたが、一人は加賀出身の人、もう一方は金沢の人でした。このような経験は何度かあります。偶然といえばそうかもしれません。しかし、説明しにくいからといって決して"不思議"なことではなく、故郷の土には人を惹きつける偶然以上の何かがあるように思えてならないのです。人間も、サケが産まれた川に戻るがごとく"土の精"が幼少時に末端の神経細胞、DNAにまで深く浸透し、個々の人生の何げない行為に何らかの因果関係をもたらすような気がしてならないのです。情緒的な表現は苦手ですが、焼き物の魅力とは、その持つ永遠性と、潜在意識の奥底に潜む原点回帰の本能が焦点を結び、そこに投影されるある種の郷愁ではないかとさえ思うのです。

　因果といえば、1983年頃でしたか、故郷の裏山で国道1号線のバイパス工事があり、それに伴い沿線の遺跡調査が行なわれました。あろうことか、子供の頃駆け回っていた実家から2キロ足らずの茶畑から、平安末期の窯が長頸瓶、平瓶、埦類などを伴い3基並んで見つかり、その後の調べで猿投白瓷系の古窯であることが判明したのです。合計17基が出土し、最東端の白瓷系窯として学術的に認められ、旗指古窯群と名付けられました。焼き物はおろか、平安の窯など縁もユカリもないと思っていた筆者の足元に白瓷窯が横たわっていたとは正直、驚きました。因縁など気にするタイプでは断じてありませんが、偶然もここまで重なりますと、さすがに腕を組んで考えてしまいます。
　発掘現場に日参したのはいうまでもありません。茶畑の表土をめくると、直径2ｍ、深さ3ｍもあったでしょうか、粘土採掘のために掘ったと思しき3か所の竪穴跡が現れ、ユンボに頼んで掘り返したところ、案の定、灰白色の粘土塊に突き当たりました。灰釉の発色、青磁釉との相性、土味、品格とも、かなりの優れものであり、やはりスポット状に点在し、その周辺に窯が集まっているのです（「資料編」技術から見た猿投論　猿投窯の陶土参照）。今後、バイパス工事のような大規模造成でもないかぎり姿を現すことのない幻の陶土であり、現在、筆者の持つ原土5トンが全てといってよいでしょう。
　愛知県陶磁資料館に産地不詳ながら志戸呂を銘打った天目茶碗が時々展示されます。この茶埦に使用された粘土は、恐らく間違いなくこの土そのものです。筆者には使い慣れた土だからこそ明言できますが、さすがに日本陶

磁の殿堂、雰囲気だけで志戸呂と予測したその鑑識眼には恐れ入ります。ただし、地理的に見て、大井川の対岸、旧金谷町にある志戸呂窯の製品というより、室町時代と思しき島田市神座のみかん畑に横たわるプレ志戸呂ともいうべき窯跡の作の可能性があります。

　近年、コンピュータによる情報の処理能力が飛躍的に向上し、「DNA解析」技術をはじめ、各言語間における偶然以上の共通性をはじき出し、その統計から文化の来た路を辿る「計量言語学」。解像技術の進歩により、宇宙から砂漠やジャングルに眠る遺跡を検知する「宇宙考古学」など、それまで学者個人の思い入れに頼っていた推論を、科学の目から解析し、見直そうとする傾向が強まりつつあります。

　気象変動が人間活動に及ぼす影響を過去の気象データから割り出そうとする「歴史気象学」もその一つです。平安中期から鎌倉にかけては中世温暖期と呼ばれ、木の年輪巾が過去において最も広く、刀のサイズも巾、長さ共に最大であり、鎧の平均寸法も小氷期と呼ばれる江戸時代のそれと比べると、かなり大きいのです。農産物の収穫が増え、食糧事情も格段に良くなり人間の活動が活発化した、というのが気象学の推測です。奇しくもこの時期、朝鮮半島では高麗王朝が成立（936年）、大陸では宋王朝が興り（960年）、日本においても律令制が崩壊し、急速に国風化が進みます。そして、武士が台頭し戦乱の中世に突入するのですが、これら一連の動きは個々別々、偶然に重なったのではなく、人間の生理にまで影響を及ぼす地球規模の何か大きな力が作用したように思えてなりません。長らく古代の焼き物などにかかわっていますと、人間も他の動植物たちと同様、所せんは"大自然の摂理（万物に適用される法則）"から逃れられない存在であると思うこと、しばしばです。

2．猿投陶、美の本質

　見慣れた地図上では日本は大陸から隔離された島国のように思われますが、アジアの地図をひっくり返してみますと、けっして孤立しているのではなく、カムチャッカ半島から南西諸島を貫く環日本海文化圏の一部であるこ

とがよくわかります。北方ルート、朝鮮半島ルート、南西諸島ルート、さらには台湾を経由して、中国南部から、フィリピン方面から、様々な民族が日本にやって来たであろう事が一目りょう然です。人の移動に伴い、遠くはインド・中東方面からも様々な文化や技術が日本に押し寄せ、伝播の過程でさらに意味を加えつつ、日本の風土、DNAに適応すべく分化し、日本国を構築していったのです。

　日本に変革を強いる文化の大波は、これまで4度押し寄せたと考えています。最初は、紀元前800〜1000年頃の稲作文化上陸。2度目は思想・統治システムを取り入れ国家の基盤を固めた古墳時代から平安中期にかけて。3度目は、技術革新が急速に進んだ明治維新。4度目は、コンピュータにより全世界がネットで結ばれ、膨大な情報が瞬時に飛び交い、人間の活動がピークに達した今現在です。猿投窯は、まさに、その激動の時代、古代を代表する窯場であり続け、日本の精神風土に沿うよう加工された本邦初の国風陶器を産み出したのです。

　2008年現在、猿投陶では、多口瓶・短頸壺・経筒外容器・四足壺の4点が重要文化財に指定されていますが、個別の焼き物の指定比率としては、その希少性から、渥美窯と並び突出して多いといえましょう。猿投の代表作品は図版にてコメントを添えてご紹介しましたが、ご覧のように、その形状の異質さから、日本人の持つ焼き物の概念では消化しにくく、陶芸作品というよりも考古学資料としての価値に重きを置かれているのが実情ではないでしょうか。猿投陶は他の陶芸作品のように、情緒・感性に訴える焼き物ではなく、予備知識なくしてその本質を理解するのは困難な、知識と教養を必要とするリベラル・アート、知性を刺激する芸術なのです。

猿投窯の思想的背景

　意識する、しないにかかわらず、信仰のあり様が人間の深層意識の一部を構成し、それに基づく価値観がその社会なり文化を産み出す。それほど単純に割り切れる問題とは思いませんが、世界の文化地図は信ずるところの宗教により大きく色分けできることは確かです。日本人はイスラム諸国を訪ねれば、その考え方の違いに戸惑い、仏教国に入れば安堵するものです。その国

の文化、人々を深く知ろうと思えば、その宗教を理解することが必須条件であり、国際人として身に付けなければならない教養の基本ともいえるものです。信仰意識が希薄といわれる日本人ですが、果たしてそうでしょうか？これだけ長い伝統と高い文化をもつ日本が宗教と無縁なわけがありません。

「資料編」でも触れましたように、土器に始まり、埴輪、須恵器、猿投陶など古代の焼き物は例外なく宗教性を具えています。埴輪はいうまでもなく、初期の須恵器は明器（副葬品）として、猿投白瓷は神仏具・祭器として供されていたのは述べたとおりです。

信仰の発生源が畏敬とか、尊厳、感謝、愛情、苦悩、別離、願望、絶対といった、大自然の支配下にあった狩猟時代の素朴な気持ちの産物とすれば、それらはまさに芸術の源泉そのものといっても過言ではありません。信仰から発する"美"は必然美です。意図しなくても結果的にそこに付随する美です。畏敬に対しては供する美。尊厳・感謝には崇める美。愛情には包容の美。

コラム

「**真・善・美**」：人間の肉体には、仏様が棲んでいますが、同時に百八の煩悩(ぼんのう)も棲んでいる。数の多い分、煩悩派が常に優勢です。外部からの誘惑には先ず煩悩が対応するのですが、仏様はいつも小言ばかりいっているので体内では疎(うと)んじられ"ホットケッ！"と隅の方に追いやられている。ところが「美」とか「愛」とか目に見えないモノは煩悩を素通りして仏様のほうに蓄積される。仏様は溜め込んだ「美」とか「真理」といった武器を使い、少しずつ煩悩派を支配下に治め、体内領土の拡大を図るのです。仏軍がある程度の勢力に成長すると肉体もその存在を無視できなくなり、時々仏様の声に耳を傾けるようになる。ここに来て、ようやく「善」の車輪が廻りだし「悟りの道」を辿(たど)り始めるのです。動力源は「真・善・美」ですが、これらはいわゆる「原油」状態であり、「知識・知恵・実践」といった精製装置がなければ燃料として使えません。仏教的に解釈すれば、「真・善・美＝種子(しゅうじ)」は「知識・知恵・実践＝薫習(くんじゅう)」により精製され、根本意識のエンジン「阿頼耶識(あらやしき)」に送られます。阿頼耶識は新たなる「種子」を生み、「薫習」⇒「阿頼耶識」⇒「種子」⇒「薫習」⇒「阿頼耶識」…、という、まるで蒸気機関車のような力強い「正の循環」を生み出すのです。「種子」が「偽・悪・醜」であれば、当然ながら「負の循環」におちいるというわけです。

苦悩・苦渋には救いの美。別離には哀愁の美。願望には希望の美。絶対には委ねる美。万人が共有する祈りの中にこそ"美"の原因は潜み、数々の"美・芸術"を生み出してきたのはまぎれもない事実です。

"日本人の根っ子"、この問題を考えるのには、やはり信仰を抜きにして語ることはできないと思います。信仰とは神話に始まる神道を指すのであり、その精神文化に果たした役割は計り知れず、日本人の心情を支える不動の大黒柱といっても過言ではありません。信教の問題はデリケートであり、異論もおありでしょう。筆者は神道を標榜する立場にあるわけではありません。が、しかし、信仰と文化は密接にかかわる、避けて通ることのできない極めて重要な関係にあり、きのう今日の情緒論、感情論、主義主張で論議すべき低次元の問題とは問題が違うのです。

神道がいつ頃発生し、どのような経緯をたどり体系化されたのか、日本最古の歴史書である『古事記』、それに続く正史『日本書紀』、『古語拾遺』などからは、神代の靄（もや）につつまれ、その史実を読み取ることはできません。が、『魏志倭人伝』には「卑弥呼以死大作冢徑百余歩徇葬者奴婢百余人」とあるように卑弥呼の死に伴い奴婢100余人が殉葬されたようで、既にその頃には王の神格化がなされた形跡がうかがえます（「資料編」第4章 古陶の呼称参照）。

あるいは、聖書と神道の偶然以上の類似点を根拠に、日ヘ（ヘブライ）同祖論なる、否定材料を探るほど真実味を帯びる、あながち無視できないトンデモ説まで存在するのです。

ただし、ここでいう神道とは明治政府により神武天皇即位の年、紀元前660年2月11日を日本国史の紀元と定め、人心統一を図るためにプロパガンダ（扇動）として利用された国家神道、皇国史観のことではありません。"森羅万象に神宿る"日本人の心脈に流れる本来の宗教観のことですので、くれぐれも誤解なきよう願います。

かつて神社は全国に情報ネットワークを張りめぐらし、人心を掌握するという、極めて重要な政治的役割を担っていました。本書でも度々引用する平安期の律令細則『延喜式』は、神祇官・太政官を二軸に据え、全50巻・3300

Ⅲ　猿投古窯　陶芸編

条のうち１～10巻まで祭事、祝詞、践祚大嘗祭、当時の主な神社2861社など神祇に関する詳細が記されており、当時、神道が人々の生活、価値観にいかに大きな役割を担っていたのかを物語ります。

　神道には、規範も教義もなければ、宗教に付きもののタブー（禁忌）もありません。このことが逆に、他の宗教や思想の干渉を許さず、数千年間、狩猟時代的正義とでもいいましょうか、初原の宗教観を保持したまま今日に至り、世界に例を見ない独自の思想を持つに至ったと考えます。神様もおおらかなもので、説教じみたことは一切いわないし、偶像もなく、布教活動もしません。他教に干渉しないどころか全て取り込んでしまい、定員をはるかにオーバーする八百万も神様がいるのに、困窮した時でも誰も助けに来てくれない。すがりようがないので自分で頑張るしかありません。困った親を持ったようなものです。年始のお参りも御利益をお願いするのではなく　"南無八幡大菩薩、我に力を与えたまえ"と新たなる決意を、神様と仏様が合体した変てこな主の鎮座まします神社に誓いにゆくのです。いさぎよいではありませんか！　これが東洋の片隅にあって、今日の繁栄を築いた日本人の底流をなす真情であり、この律儀な行動様式が、日本の経済、社会、文化、技術、芸術など各方面に影響を及ぼさないわけがありません。信仰の名の下に今日なお多くの人々が殺しあっている現実を見るにつけ、教義も偶像も禁忌もない神道は、宗教を意識しなくても、自らの行為を律する信仰の理想的なあり様として特記すべき資質を具えているのです。

　つかみどころのない神道を説明するのに、この行動様式自体が神道であるという学者もいます。アリストテレス（前384～322）に「四原因論（質料因・動力因・形相因・目的因）」がありますが、その一つ、「目的因」には"人間の行為には必ず目的があり、その目的を達成しようとする目的が最高位のものである"と説いています。何やら神道と一脈通ずるものを感ずるではありませんか。

　日本文化を形作る特徴の一つは、偶像を持たない神道の精神がそうさせるのでしょうか、無形である"行為"を芸術に位置づけた点にあると思うのです。日本人の潜在意識を支配するこの精神が、仏教の無常、無我、寂静、あるいは儒教の仁・礼などの思想と共鳴し、一挙手一投足に意味を含ませ、単なる社交の余興であった"茶をすする行為"を芸術の域にまで高めた一因で

あるのは想像できましょう。極限にまで精錬された所作は使用する道具類などにも高い精神性を求め、茶道を世界に類を見ない総合芸術へと進化させ、桃山時代に完成に至り、焼き物のみならず、書画、工芸、華道、庭園等、文化面に限らず武道における所作、礼儀などをも統括する、日本独特の様式美を生み出すのです。

　古墳―平安時代中期、律令制崩壊に至るまでの日本は、その固有の精神を培い、根付かせ、日本国の土台を構築する非常に重要な時期に当たり、半島文化である須恵器の登場、仏教伝来、さらには大陸文化を積極的に取り入れ、奈良時代初頭に神仏が習合されます。猿投陶はまさにその原思想的価値感が生み出した本邦初のオリジナルな焼き物であり、背景を知らずして猿投陶を美術工芸的に観察しようとも、その本質を読み解くことは困難な焼き物、リベラル・アート（知的芸術）といえるのではないでしょうか。中国清時代の『陶説』という本の中に"因器知政（ウツハニヨリテマツリゴトヲシル）"という一文がありますが、冒頭に挙げましたように、猿投陶は内包する文化・社会・歴史の密度が濃厚であり、精神文化の推移を器形に写した、まさに時代の証言者といえるのではないでしょうか。

3．古陶の復元

　復元の目的はいろいろあります。傷んだ壁画の保存。劣化の進んだ名画の修復。天災などにより壊れた古刹の修繕。破損リスクを回避するための工芸レプリカ。技術の伝承。いずれも文化財を後世に残すために必要な作業です。そのほかに、技法の修習、名作への挑戦など個人的な事情もありましょう。理由はどうあれ、時代に耐え得るきちんとした復元は大変な専門性を要する仕事です。中には、もちろん金銭目的の悪意の贋作なども紛れ込み、骨董店の片隅で色香を放ちつつ、手に取る者たちの心眼を試し、美の魔界に誘い込みその風趣をさらに奥深いものにしています。

　古作の精神性をも写した完璧なる複製はレプリカか芸術か、微妙なものがあります。例えば、和紙に横一本線を引いた古墨画があり「円相」という題

Ⅲ　猿投古窯　陶芸編

名だったとします。「円」は「縁」、地球という大きな輪の中に生かされている一部の自分を切り取り、表現した作品とすれば、その意味を読み解かなければ本物の複製などできようはずがありません。画用紙を真っ黒に塗りつぶした絵を見て、保母がその幼児に"これは何を描いたの？"とたずねると"クジラを描いたんだけど大きすぎて入らなかったんだよ"と答えたそうです。かように、その「意味」するところまで写すのには卓越した技術のほかに、作者の意図を読み取り、抽象を具象化し表現することのできる、本物の作者以上に優れた能力が要求されます。

　10数年前になりますか、大阪の個展で猿投花文手付瓶（図版12）を買っていただいた方から"大変気に入っているので息子2人に残したいのだが同じ物をもう一本造ってほしい"という注文をいただきました。実物より良くても悪くてもいけないというのです。何本か造ってみたのですが、寸法、形、重量すべて同じでも、"雰囲気"が違う、とのことでなかなか御納得をいただけない。確かにその通り、土が変わり、窯が違えば焼き上がりも微妙に異なります。しかし出来ませんでは済まされず、物造りの名誉にかけても御期待に応えなくてはなりません。80歳を越す御年ながら柔軟な頭脳の持ち主であられ、十分な御配慮とともに叱咤激励を賜り、自らの作陶姿勢を見直す良い機会をいただきました。厳しい注文で何度か挑戦する4年がかりの仕事になりましたが、つい先日（2008年5月）ようやくご納得をいただき、安堵したものです。しかしながら、たとえ自分の造った作品といえども過去に造った同じモノを再現しろ、といわれたら難しいものだということをつくづく感じたものです。否、自分の造ったものだからこそ、もっと難しいのかもしれない。造った本人がそういうのですから間違いありません。

　「猿投古陶の復元」などと大層なことをいうようですが、筆者にそれほど崇高な理念があったわけではありません。古陶の技法習得と、愛知県陶磁資料館にて猿投多口瓶に出会った時の感動、それを自分自身で体現したかった、という極めて個人的な動機なのですが、研究を重ねるうちに、その攻略方といいますか、知的ゲーム性にかなりハマリまして、アッという間に長い年月が過ぎてしまいました。その過程で得た情報の多くは「資料編」「技術編」で述べましたので、既に「古陶の復元」のプロセスは大方ご理解いただけた

ものと思います。原料の特定、使用した道具、製作技術、焼成方法など、実践した者でなければ得られないデータの蓄積が、出土品から推測される考古学の仮説を担保し、補足、あるいは修正するのに、お役に立てば幸いです。本項では"まとめ"をかねて書き残した点を整理しておきましょう。

原料・技法と造形

　"水面に浮いた氷の一角から全体を推し量る"のが考古学だとすれば、"水面下で作業をしていたら一角が水面に浮いた"のが物造りの立場です。猿投の古窯址からは紙のように薄くロクロ挽きされた陶片が数多く見つかります。長頸瓶の頸部など、厚み2mmにも満たない陶片も珍しくありません。考古学では"薄い器体＝高い技術"と解釈しますが、それは違います。"腰があり、よく伸びる土だから薄く挽ける"というのが正確です。考古学者と技術者の解釈の違いとはこんなものでしょうか。"信頼に足る根拠に基づく"ことは当然ですが、水面の上と下から事実の解明を開始し、出会ったところの"ズレ"にこそ討議すべき問題が浮かび上がります。

　"必要かつ十分な技量を持っている"という前提の基で、古陶と同じ素材、同じ道具、同じ技法、同じ窯を使えば、時代の新旧はともかくとして、物理的には同じものができるはずです。こうしたハード（原理・原則）の部分さえキチッと押さえておけば、ソフト（形状）は二次的についてきます。実験考古学の強みは、復元した現物を以って理論補強できる点にあると思うのです。

　素材の重要性は繰り返し述べてきましたが、復元の第一歩は、当時使用した同じ粘土を探すことから始まります。柿ノ木に桃がならないのと同じで、種が違えば、成る実も当然違いますから、素材の入手は絶対条件となります。

　古窯の多くは、粘土層の近くに築かれており、付近で粘土が見つかるケースが多く、古窯跡の陶片と、採取した粘土を同じ窯で焼く"焼き合わせ"によって、昔使用した粘土を特定します（技術編　地質・原料の項参照）。陶片といえども、鉄分の含有量、可塑性、粒度、焼成温度、吸水率など、使用粘土を特定する素材情報が潜んでいます。高台部分など、カケラによっては、

Ⅲ　猿投古窯　陶芸編

削り道具や丁寧さ、回転体の精度など、技術情報も含まれます。

　かつては発掘済みの窯跡でもカケラくらいは残っていたものですが、ここ二十数年で古窯跡周辺の様相は一変しました。開発工事に追われるように緊急発掘が行なわれ、調査が済めばたちまち破壊され、道路や工業団地と化しカケラどころか痕跡も残りません。粘土は地盤を不安定にする厄介物として取り除かれ、瓦土の増量材として業者に引き取られてゆき、もはや目ぼしい陶土の入手はほとんど困難です。陶土を失うことは猿投陶の息の根を完全に断ち切ることを意味し、今後、どなたかが猿投陶の再現にチャレンジしようとも、姿形を真似る事はできましょうが、ヒラメをカレイで代用するようなものであり、似て非なるものになるでしょう。

　それはさておき、土が特定できたら次は数ある工程の中で最も華やかな作業部門、ロクロ成形です。下回しの小僧たちも、先輩のあざやかなロクロさばきを"いつかは俺も"と羨望の眼差しで眺めていたことでしょう。ロクロの構造、精度により技法も違えば作風も変わります。電動ロクロなどというモノは勿論ありません。

　猿投窯で成形に使用されたロクロの発見例はまだありませんが、度々引用する『和名類聚抄』には、「造作具」の条に「轆轤　圓轉木機也」とあります。木製の回転体というのは分かりましたが、どのような構造をしていたのかは不明です。成形技法については、「轆轤（ロクロ）成形」の項で詳しく述べましたが、筆者は造るモノにより、手ロクロと蹴ロクロを使い分け、動力はもちろん一切使いません。

　形が出来上がり乾燥したら、次は釉掛けです。述べましたように、猿投の粘土はシルト質（粒度が粗い）のために水分を吸うと割れる可能性が非常に高いのです。破損のリスクを回避するために、筆者ならば、白瓷類の素地は前回の窯で一番奥に置き、素焼きをすましてから釉掛けをするでしょう。この方法は、1000℃前後で焼き締めた素焼き物が黒笹地区の窯跡から多数出土するところから、既に緑釉陶で行なわれております。詳しくは「技術編」釉薬の項を御覧になって下さい。

　そして、いよいよ焼き物のハイライト、窯焚きです。これまでの努力のす

べてを炎に委(ゆだ)ねる最後の工程です。窯は「煙管(きせる)」のような単純構造の窖窯で、燃料はもちろん薪です。昔の焼き物を造ろうと思えば、昔通りにやることです。「昔通り」がどういう事なのか、よく考えるのが復元作業をするに当たり最も大事な仕事なのですね。昔はシルト質の山の斜面を掘り抜き、あるいはアーチを掛け、京壁と同じように仕上げにスサ入り粘土（6～9ｃｍにきざんだワラを粘土に混入し、剥落、乾燥切れを防ぐ）を塗り付けて窯を築きました。乾燥時のひび割れを防ぐとともに、焼けばワラは燃え、気孔となり断熱効果を発揮します。蓄熱量は炉壁の比重に比例しますから、スサ入り粘土のシールドがあるとないとでは昇温、減温速度は当然違い、焼成結果に影響を及ぼします。焼き物は他の工芸と違い、化学反応を経て完成します。昔と同じ化学変化を起こさせるためには、焼く以前の、道具、炉材といったハード部分の吟味を慎重にすることです（技術編　窯の項参照）。

主観の排除

　法隆寺壁画の模写にかかわった知人の話ですが、１ｍｍ四方に四～六つ、大小濃淡の点を置いてゆき、筆が誤り"ハネ"ても、担当者の意思が入るからダメという厳しい作業なのだそうです。いわゆる点描画、今でいう"ピクセル：画素数"の考え方とよく似ています。

　陶芸図鑑には大抵、代表作の立派な写真と各部の寸法、賛美の言葉がならびますが、私たち陶工にとって最も必要な情報は、実は重さなのです。「技術編」で述べましたように、昔ながらの慣性を利用した造り方をして初めて分かる微妙な感触なのですが、寸法と重量が分かれば可塑性、腰の強さなど、使用粘土の特徴、ロクロの精度、重心の位置、陶工の技量など様々なことが推測できるのです。

　古陶に限りませんが、復元作業は可能な限り理論を突き詰め、技術的に限界点に達した時からが本当の仕事だと思うのです。情緒的なことをいうようですが、最後は、ひたすら古陶の聲(こえ)に六感を傾け、造った陶工の"心意気"を形にすることだと思うのです。同じ木になる柿でも枝によっては、実の色、大きさもまちまちです。姿かたちが違っても、多少のことはよいではありませんか。"見てくれ"の枝葉より"技術"の幹、さらには"心意気"である

Ⅲ　猿投古窯　陶芸編

根っ子。彼の陶工たちと立場・意思を同じくすることにより初めて古陶と同じ感動を伴う"本物"が完成するのです。主義・主張・主観などというものは復元作業には役にたちません。それどころか、邪魔にさえなります。このような経験は、自己を排除した無作為のなす造形が、しばしば最も個性的なものを産みだすということを教えてくれるのです。

　古陶の模写にはちょっとしたコツがあります。卵の殻のように薄くて軽い卵殻土器（らんかくどき）の制法を例に挙げましょう。この土器は、"叩（たた）き"と呼ばれる技法で造られます。銅の打ち出しのように内側にコテをあて、外側から羽子板状の板でパンパンと叩き伸ばしながら壺や甕（かめ）を造る、アジア各地で行なわれている方法です。筆者もこの技術を身に付けようと4000年以上の歴史をもつ彩文土器で名高いタイのバンチェンで延べ4ヶ月ほどトレーニングをしたことがあります。この技術を習得するのには、ひたすら反復して訓練するよりほかにないのですが、技術にこだわって造ろうとしてもなかなか中心がとれず、思うような形になってくれません。そこで、この土器壺に水を入れて運ぶ女や子供たちの労苦の軽減を図ることを念頭において叩くのです。頭を切り替えることにより、己の技術に対する執着から解き放たれ、気負いなく造作に集中することができるのです。

元を写す

　考古学では出土品を資料として捉えますから、復元といえば如何に忠実に古陶を写すかに重きが置かれますが、陶芸作品としてみた場合、そうした考え方に囚われる必要はないと思います。出土品、あるいは伝世品といえども、それらは、時代が要求し、何かを参考に数多く造られた製品の、たまたま残ったサンプルの一つにすぎません。猿投陶の代表作ともいえる多口瓶でさえ、底が抜け、窯内に放棄された失敗作の一つであり、それらを如何に忠実に模写しようとも、所詮はコピーのコピーなのです。古陶とよく似たものを造るのも技量の一つには違いありませんが、まずい料理でも同じように作れといわれたら美味しい料理を作るよりもさらに難しいのではないでしょうか。表面的特長にだけとらわれると、似て非なるモノしかできないばかりか、手本

を超えることは絶対に出来ません。復元の対象物から何を感じ取るのか、そのイメージをリメイク（加工しなおす）することで対象物のもつ本質をより鮮明にすることが重要なのです。本質を踏まえ、より適切なモデルを作り出そうとする意欲が本物に匹敵する造形を可能にするのです。

　感動を伴う"本物のレプリカ"を造るためには、彼らが手本とした大元を観察することが大事なのはいうまでもありません。彼らの手本とは、青磁・白磁といった舶載陶磁器、浄瓶・水瓶といった金銅製品、あるいは法隆寺宝物や正倉院御物などであり、実物に接する機会は、私たちの方が当時の陶工たちよりも圧倒的に多いのです。それらをよく観察し、咀嚼し、自分のイメージに取り込んで初めて"思い切り"のよい造形が可能になるのです。

　猿投陶は陶工個人の創作ではなく、舶載陶磁器の国産化を目指した国家的プロジェクトが産み出した焼き物です。そこに陶工の意思はありません。しかし、意思はなくとも陶工の手による産物である以上、技量や性格、癖が結果に反映されるものです。陶工たちを取り巻く作陶環境は直接、間接に制作意欲に影響を与えたに違いありません。良い仕事をするためには、かなりの意欲と集中力が要求されます。気の入った作品は、集中して息を詰め、止まる寸前まで回転を無駄にしないために、ロクロ目にメリハリがつき、器面がシャープに引き締まるのです。名陶を見て"何ともいえず良い"の"何ともいえない"部分は、造った陶工の意気込みであり、言葉に表現しにくいのです。

　"誇り"は"やる気"を喚起させる大きな要素であるのは古今東西を問いません。ドイツでは優れた職人には"マイスター"の称号が与えられ、中国でも、宋時代には工芸優遇政策により優秀な工人には冠位が与えられ、その腕により、士・創・匠と、それなりの地位と名誉が保証されていました。日本でも奈良時代には優れた職人には冠位を授け（「資料編」弘仁瓷器について参照）その技量を称えました。果たして平安期の猿投窯ではどうだったのでしょうか？　名工たちには、せめて敬意だけでも払われたのであろうか？　さもなくば、監督の顔色をうかがいつつ手を抜いて、さっさとノルマをこなし、酒でも喰らいたいのが人情ではないでしょうか。

　復元作業はただ姿かたちを真似ればよい、というものではありません。古

陶からこうした陶工たちの息づかいを感じ取ることも大事な作業のうちですが、筆者の文才では、このあたりのデリケートな表現は難しく誤解を招きやすいので、これくらいにしておいたほうがよさそうです。

4．平安時代の宴(うたげ)と飲食器

　ところで猿投窯をはじめ、各地から宮廷に納められた飲食器は、具体的にはどのように使用されていたのでしょうか。例により古文書から記述を拾いますと。

　『延喜式』巻24「主計上」には畿内にて使用する50種類を越す飲食器をはじめ、食卓を飾る敷物、ワサビ・辛子などといった調味料に至るまで諸国調納品目、特産品などが事細かに記されています。特に食品に関しては、多くが干物や酢漬け、塩辛の類ですが、本業をほうり投げて平安時代の食生活を研究したくなるほど興味をそそる食材がひしめいています。

・『延喜式』巻39「内膳司」は宮廷の食膳一切を取り仕切る役所ですが、「諸国貢進御贄」の条に、上記「主計上」に掲げられた調材の詳細と、献納期日など、さらに具体的な指示がなされています。

志摩国。	正月元旦。新嘗會二節各八擔。正月七日。十六日。五月五日七月七日。九月九日。五節各三擔。
三河国。	正月三擔。
若狭国。	三節各十擔。
紀伊・淡路国。	三節各五擔
伊勢国。	鯛春酢二擔二十籠二度。鮨年魚二擔四壺二度。磯蠣（磯貝の類）。
越前国	楚割鮭八十隻。鮭兒。氷頭。背腸各四筥(たむかな)（普茶料理、あるいは筍）。別一斗。
尾張国。	為伊二鱸二十壺。白貝二擔四壺。巻貝二擔四壺。雉膳納十八籠。

貢進国を「御食国(みけつくに)」あるいは「美し国(うましくに)」と呼び、都から近い海や湖に面した志摩・若狭・近江・紀伊・淡路・尾張・三河などの国々がそれにあたります。越前国から運ばれる"鮭児(けいじ)"とは、もしかして1万匹に1匹といわれる幻の鮭、全身これ脂身の"鮭児"のことを指すのでしょうか？　これ等の国々には"擔二十籠二度。二擔四壷"など"擔（かつぐ）"とあるように、珍味類などを壷や籠に詰め、運脚夫に背負わせ定期的に納入を義務付けていたようです。天皇に地元の水産物を貢進することは「宮内庁御用達」を意味し、さぞかし名誉なことであったのでしょう。一方、天皇にとりましても、遠くから運ばれてくる各地の珍味を公卿たちに振舞うことにより、その地が天皇を信奉し敬い、統治下にあることを誇示する政治的な意味をも含んでいたようです。

　さて、宮中において、各地から持ち込まれる食材や飲食器はどのように供され、使用されていたのでしょうか。一般庶民の食卓とは縁遠い内容ですが、平安後期に編纂された宮廷で催される饗宴の様子や調度品、装束など、極めて具体的に言及した4巻からなる一級の資料、『類聚雑要抄(るいじゅうざつようしょう)』なる文書がその様子を詳細に記録しています。原本は既にありませんが写本が残されており、現在最も古いといわれる京都大学附属図書館所蔵の「平松文庫」の資料が底本とされているようです。江戸時代（1704年）に記載事項を着色図化した「指図巻」が著され、宮廷の宴の様子が、視覚的に理解できる貴重な文献に生まれ変わりました。
　第1巻には正月1日の御歯固(おはがた)めの儀式、宮中での大饗に始まり、行幸に伴う宴席の献立、配膳、出す料理の順番、器の種類、席の配置に至るまで事細かに記されています。第2巻は貴族の母屋、寝殿などの様子。第3巻は永久3年（1115年）、内大臣藤原忠通が5人の舞姫（貴族の娘）を宴の席で舞わせ、天皇に進上する諸事に関する記述です。羽織物、調度、料理、演出。贅を尽くし、貴族たちが娘を差し出し、天皇家との外戚関係を結ぼうとする思惑が見え隠れし、大変に生々しく、興味深い内容ですが、残念ながら本書の主旨とは異なります。第4巻には、厨子・書具・香具・装身具・化粧道具・各種アクセサリー・几帳・仕切り屏風など、豪華な調度類が詳しく記載され、

Ⅲ　猿投古窯　　陶芸編

当時の貴族たちの生活の様子を知ることができる貴重な資料です。

平安京の宴

　京都大学付属図書館が公開しているデータベース『類聚雑要抄』第1巻を参考に、「永久4年（1116）正月23日」東三条殿にて催された饗宴の様子から貴族たちの優雅な生活を垣間見てみますと、

・母屋大饗　永久4年（1116）正月23日　内大臣母屋大饗　東三條殿

　同饗膳の差図
　立作所の物ならびに追物など尊座の膳の定め

　獼猴桃（サルナシの実）・鯛・小柑子（みかん）・鱒・蟹蝤（ヤドカリ）・霊蠃子・小蠃子（巻貝の一種）・石華（磯の生物、亀の手・フジツボなど）・干棗（ほしなつめ）・梨子・餢飳（唐菓子）・黏臍（唐菓子）・鯉鱠（鯉のナマス）・雉（キジ）・干物・楚割（鯛・鮫・鮭などの魚肉の干

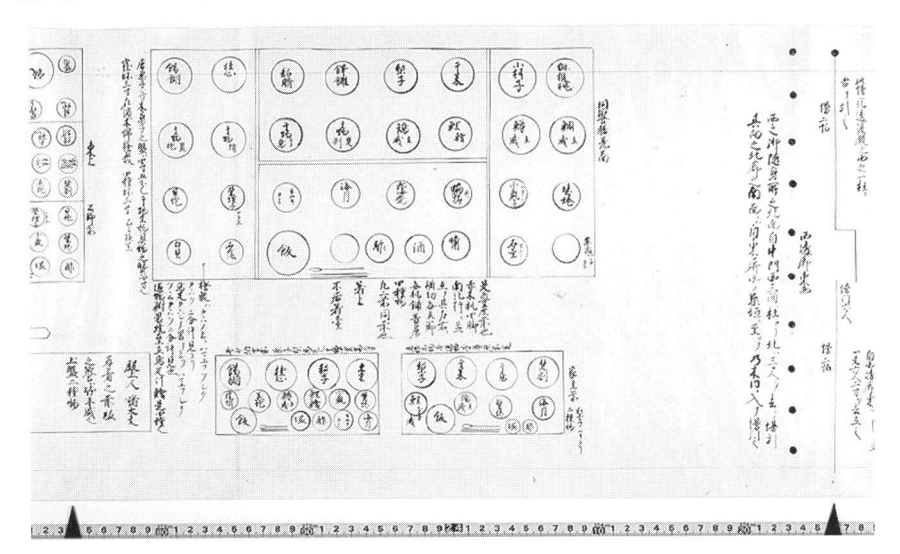

図6　京都大学附属図書館所蔵　平松文庫　『類聚雑要抄』　[v.1,12/22]

物）・干物・干鳥・蝙蟜（ゴカイなどユムシの一種？）・老海鼠（ナマコ？）・海月・モムキコミ（キジの内臓の塩辛）・醬・酒・酢・塩・飯・桂心（餅菓子？）・饆餾（唐菓子）・干物・置鮑（殻付きのアワビ）・栄螺子・貝鮑・石陰子（磯貝の一種）・白貝（ほっき貝？）

　これ尊座の前なり、赤木の机四脚を南北行に並べ立て、その左右に横切におのおの一脚を立つ。机ごとに簀薦（竹で編んだスノコ様の敷物）を置く。四種物、おおよそ二膳、同じ膳なり。
　箸と匙は箸台にすえず。
　搔敷（食べ物の下に敷く木の葉）は柏の上に浜木綿を敷く、柏を二分ばかり見せたり。
　鳥の足、柏の裏を上にして浜木綿にて包む、柏を二分ばかり見せるなり。
　追物、鮒の裏焼（鮒の腹にナスや栗など詰めて焼いたもの）・茎立（野菜の茎）・鳥足（モモ肉）・汁鱠これ四種なり。
　唐菓子ならびに木菓子の盤は四寸五分なり。干物・生物・貝物の盤は四寸なり。浜木綿・搔敷あり。四種の坏は三寸、以上様器。
　家主の前　　　梨子むきたり、二種物、楚割・海月・干鳥・蟹蜷……。
　弁少納言の前　　菓子梨子の高さに定めるなり。干物四重の高さ二寸。棗・梨子・桂心・饆餾……。

　—訳・注『類聚雑要抄　指図巻』川本重雄・小泉和子編　中央公論美術出版　（　）内同語彙解説より、文の一部筆者改変

　平安時代の宴は道具の色・格式、調度、席順など、身分により厳格に差別化がなされており、その最も顕著な例は皿の数、つまり料理の数にあらわれます。

　・上記、母屋大饗の例ですと、

　　　　尊客　　　　　　　36種
　　　　公卿　　　　　　　27種

家主	14種
弁少納言	18種
上官	17種
殿上人・諸太夫	12種
殿上人以下	追物無し

―同上　表6　より

　うーん！　当然ながら、料理は塩辛、酢の物、干物といった保存食が多いのですが、それにしても、思わず塩分の取り過ぎと、痛風・糖尿病を心配してしまうほどプリン体に満ちた山海の珍味がテンコ盛りであります。基本的に素材の味を生かした淡白な味付けのようで、各自の盆の手前にある好みの調味料（醬　酢　酒　塩）を付けて食したようです。しかし、このお膳立ては、料理を卓一杯に並べる朝鮮の宮廷料理の形式とよく似ているではありませんか。平安の食卓事情に興味は付きませんが、食べ物のことはこのくらいにして次に進みましょう。

宴席の飲食器

　・『類聚雑要抄』は、宮中の宴席にて使用される当時の飲食器の種類や規格など具体例をも列記しています。

　銀器：盤（さら）・窪坏・汁坏（飯坏）・分器（飯碗・蓋有）・水碗・銚子・酒盞
　青瓷：青瓷佐良（蓋・盤窪付）
　陶器：佐良－盤（4寸5分様器）・盤（4寸様器）・盤（8寸尻付深草）・平盤（深草）・土盤・坏（3寸5分様器）・坏（春日様器）・坏（小春日様器）・窪坏・四種坏（3寸様器）汁坏・飯坏・飯器（1尺7寸尻付深草）・箸台（5寸深草）
　盞：　酒盞（春日様器）・盖酒坏・酒坏（深草）・小土器3重
　注器：樽（土瓶子）・小杓
　土器：楠葉大土器・楠葉小土器

──『類聚雑要抄　指図巻』川本重雄・小泉和子編　中央公論美術出版　表2より抜粋

- 盤窪(さらくぼて)：段皿のことか、猿投では盛んに造られた容器。
- 様器：宮廷儀式に使用する厳格に法量（寸法）を定めた容器のこと。特に明記のないものは須恵器、あるいは白瓷を指すものと思われます。
- 分器：円筒形に高盛りされた飯を匙で取り分ける埦。
- 水碗：水飯、いわゆる水茶漬け用の小埦。
- 酒坏：多種登場しますが、「春日様器」は興福寺淨清所（資料編・陶工たちの制作環境参照）などの官営工房で造られた土器と推測されます。
- 深草：嵯峨野など、場所については諸説あるようですが定かではありません。京都市伏見区？「深草」粘土は鉄分を大変に多く含むために色付け用には便利な素材で、つい最近まで市販されておりましたがこの頃は見かけません。京都市幡枝では最近まで年寄りが肘を使い薄く延ばしてゆく独特の方法で、精巧な土器の小皿を造っていました。
- 窪坏：通常、真ん中を窪ませた坏台を指し、脚付と脚無しがあります。この場合の銀器は、窪ました坏、いわゆる小坏のことで、珍味入れとして使用しています。
- 楠場(くずは)：内膳司所属の瓦器工房。河内国交野郡（現枚方市）にあった。

　　　　　　　　　　　　　　　　──同上　語彙解説参考。筆者補足

- 青瓷佐良：永久3年（1115）正月3日間、宮中にて長寿を祈念する「御歯固の供御」の行事が行なわれ、その様子が『類聚雑要抄』に詳しく記載されています。青瓷は、まず円形の漆盆の上に盤窪を置き、その上に蓋擎子（埦状の蓋付き容器）、中に料理を盛った青瓷皿を入れて蓋をかぶせる、という3重・4重の極めて特殊な扱いがなされています。料理は、大根・糟漬瓜・味噌漬瓜・素干鮎・煮塩鮎・水鳥（鴨）・雉、の7種。天皇・皇太后・宮内省長官の3者のみに供される特別な膳であった

Ⅲ　猿投古窯　陶芸編

ようです。
　文面、あるいは「指図巻」からは使用された青瓷佐良が国産の緑釉陶器なのか、越磁、あるいは同安・耀州系の青磁を指すのか、はたまた高麗青磁なのか、特定することはできません。ただ、時代もここまで下りますとブームも去り、実用向きでない軟陶の緑釉陶器がそれほど珍重されたのか多いに疑問を感ずるのであり、舶載青磁である可能性をも視野に入れるべきだと思います。

　永久3年7月の宴では全て銀器を揃えましたが「母屋の大饗」では舶来の青磁碗などをふんだんに使用すると思いきや、食器類は意外にも質素です。この時代、宴の趣旨により料理をはじめ、使用する飲食器を使い分けていたことが想像されます。節目の饗宴は儀式の役割を兼ねていたのでしょうか、外来文化の伝来以前から受け継がれた古来よりの伝統を重んじ、土器を多用し、敷物の上に料理を盛る点も注目されます。最も多用されたのは汎用食器である盤、すなわち佐良（皿）であり、その用途により盞、坏などとも呼ばれました。『類聚雑要抄』によりますと、宮廷にて使用された盤類は、8

Fig.35　伊勢神宮　神饌膳　筆者作　酒器類は現代風にアレンジ

寸・6寸・4.5寸・4寸・3.5寸・3寸、と寸法が厳格に定められ、また、それぞれベタ底、尻付、高台付があり、身分に応じ使い分けられていたようです。この様式の元を考えますと、料理の品数はともかく、伊勢神宮にて毎日、朝8時と夕4時に神前に供えられる神饌（みけ）を連想せずにはいられません。

神宮では6・4・3寸の土器を使用しますが、カシワかトクラベの葉を敷き、それらの土器には

6寸土器	餅・鮑・鯛・海老・鱒
4寸土器	餅・牡蠣・鯉・鮒・海草・野菜・果物
3寸土器	飯・塩・白酒・黒酒・清酒・醴酒（ひとよざけ：甘酒）
その他：	御箸台・酒壺・水垸・坏台

など、季節の物が盛られ、一度使用した土器は砕かれて浄地に埋められます。詳細は省きますが、延暦期の「皇大神宮儀式帳」によりますと、土師器（はじのうつは）と陶器（すえのうつは）の二部門があり、土師器作物忌は17種、陶器作内人は12種類の器種を分担制作していましたが、現在では三重県多気郡明和町蓑村にある御料土器調製所において、ゆかりの方々により土器のみが製作されています。

時代は下りますが、江戸時代になりますと「お伊勢講」という仕組みができ、「講」に参加すれば誰でも一度は「お蔭参り」が実現できるようになりました。講を代表してのお伊勢参りであり、道中無事の祈願を受け、盛大に見送られて伊勢に向かう一生一度の夢のような旅です。講の衆の幸せを祈願し、神宮で神饌膳を食べ、その御料土器を持ち帰ることにより"確かに参ってきた"証としたそうです。

神饌は神社によりそれぞれの流儀があるようですが、料理を円筒形に高盛りにしてお供えする形式は春日大社などに一般的にみられ、韓国の祭祀でも見かける光景です。

須恵器や白瓷器の用途は飲食器としてばかりではありません。各種の香を削って粉末にし、甘葛（あまずら：アマチャヅルを煮詰めたもの）や蜂蜜などで練り合わせたものが「練香」ですが、貴族の間では、優れた香を調合す

Ⅲ　猿投古窯　陶芸編

る技術は教養の証とされ、自らの装束にその香を移し、さりげなくその優劣を競っていたのです。図は省きますが、『類聚雑要抄』巻第4には「練香」を調合する道具類一式の記載があります。そこに「白子（白瓷）器二口　口径三寸五分」とあるように白瓷は宮廷において食器のみならず、いろいろな用途に使われていたのがわかります。その他に螺鈿蒔絵の豪壮な硯筥に納められた書具一式の中に「亀形瓦硯（須恵器）」なども散見でき、平安時代の貴族の衣・食・住、をはじめ、焼き物などの道具類がどのように使用されていたのか具体的に把握することのできる貴重な資料です。御興味のある方は、一度御覧あれ。

5．私見―美術・芸術とは何か？

　これまで猿投古陶をいろいろな角度から考査し、その実態の解明に努めてきました。最後に猿投陶の美術的側面を語るに乗じ、その大前提である人類の永遠のテーマともいうべき、最も難解な「美術・芸術とは何か？」について、私見を述べさせていただきます。

　フランスの大学入学資格試験、バカロレアに恒例の哲学問題があります。芸術に関係する過去の問いを幾つかあげてみますと、"宗教と芸術との関連を述べよ""人は美を判断するのか、感知するのか？""芸術がなくても、人は美を感ずることができるか？""経験が何かを証明することが可能か？"などなど、美術にたずさわる者たちには必須ともいうべき興味深いテーマが出題されるのです。「黒船が日本にやって来た、何艘で来たのか？」などという低次元の問題とは問題が違います。

　2005年の問題は、"ある芸術作品が美しいということを他人に根拠を示して説得する事ができるか？"というもので、高校生たちが、ですよ！　このような問いに4時間をかけて解答をするのです。美という抽象概念をどれだけ厳密化できるか。自分の主観をいかに客観的に分析し、相手の主観との合意点を見出せるかを試すものです。主観とは個人の思想背景にある客観的情報量の集約であり、情報の質と量、及びその解釈により結論が異なるという

点で主観なのです。説得する側、される側、共に主観的対立関係にあり解答は定まらず、難問といえましょう。ちなみに、作品の持つ、時代・歴史的背景、作者、技法・技術などの客観的要素は作品の理解を深めはしますが、問いの本質に重要な意味は持ちません。

2006年のセンター試験、日本史Bは「地図上に記された前方後円墳の前方部はどちらの方向を向いているか？」というのです。質問の意図が理解できず、思わず読み返してしまいました。…。知識の豊富さを誇るだけならば辞書一冊あれば事足りることです。知識と、それを活用する知恵が有機的に結びつき初めて教養、すなわち、総合力・人間力を確かなものにするのではないでしょうか。人間力とは、政治、経済、社会のみならず、芸術、情緒、理念、といった抽象概念を、どれだけ深く、どれほど具体的に理解することができるのか、その能力を指します。ちなみにバカロレア2007年の問題は、"芸術作品は他の物のように現実なのか？"というものです。幼少時から、こうした論理教育を徹底して行なう西欧諸国は、やはり成熟した文化を有する大人の国といえましょう。

日本に西洋美学が紹介されたのは、明治18年、アメリカの東洋美術家、フェノロサにより東京美術学校（現東京芸大）においてなされた「ヘーゲル美学」の講義が最初のようです。文部科学省、美術の学習指導要領に目を通しますと、現在においてもその内容はほとんど当時と変わらず、ヘーゲル美学そのものといえます。我々日本人の芸術に対する概念に大きな影響を与えたヘーゲル（Friedrich Hegel：1770〜1831、ドイツの哲学者）は、次のように述べています。

> まどろむ感情や気分や情熱など、ありとあらゆる感情を呼びさまし、生気をあたえること。心を満たし、成熟した人間にも未熟な人間にも、人間の心がそのもっとも奥深い内面においてかかえこみ、経験し、うみだすことのできる一切を充実させること。さらにまた、人間の胸中にあるさまざまな可能性や側面を揺り動かし、かきたてるようなものや、思考や理念のうちにあって精神の本質や品位にかかわる高貴で永遠な真理のすばらしさを、感情や直観に呈示して満足感をあたえること。のみな

らず、不幸や困窮、悪や犯罪をも理解させ、人間の奥底にひそむ残忍なぞっとするもののすべてを、快楽や幸福のすべてとともにあきらかにし、ついには、空想心を想像力の無為の遊びに連れこんで、感覚を刺激する直感と感情の魅力的な魔術のとりこにすること。── 芸術はこうした多種多様で盛り沢山の内容をとらえて、わたしたちの日常の自然な経験の狭さを補うとともに、わたしたちの内なる情熱をかきたてて、日常の経験に目を見ひらかせ、あらゆる事象を受け入れるに足る感受性を養うのです。

――『ヘーゲル美学講義　上』長谷川宏訳　作品社

美と哲学

　"美"は自然の内に、五感、素材、技術、精神の内に、あるいは偶然の中に潜みます。あらゆる要素が美を生む可能性を秘め、その組み合わせは無限であり法則はありません。それらは葉上の露のごとく結合し、成長し、美の化身となります。その形状はときに音楽であり、絵画、彫刻、詩歌、文学、舞踊、映像、築造物、あるいは工芸に姿を変え、私たちの心を浄化し、想像力をかき立て、思索に誘い、生命(いのち)に"意味"と潤(うるお)いをもたらします。
　"美"が、なぜ美しいのか？　古代ギリシャ以来、心の不思議を解く根源的な問題として論じられてきましたが、今なお明快な解答を得ていません。しかし"美しい"理由の根拠はできるだけ客観的、論理的に明らかにされるべきだと思います。なぜならば、自分が"善的"であり、"進歩"を促がすものでありたいと考えるのが人間であり、自らの行為に確かな保証を求め、そこに"美"を必要とすると思うからです。私たちの周りに普遍的に存在する"美"が形になり、個人あるいは社会の"進歩"をうながすものであるならば、裏を返せば"進歩"に役立つ何かを抽出し、表現する行為を創作活動というのであり、その行為自体が既に"美"を構成する一部となり得るのではないでしょうか。
　とはいえ、美・芸術を一般論でまとめようとする試みは、ほとんど無謀とも思える作業です。なぜならば、その内容はあまりにも深く広範囲に及び、

人間のみならず森羅万象（宇宙に存在する一切の物）そのものを問う根源的問題を含むからです。

　果たして、芸術の中に、誰もが納得できる客観的、論理的法則というものを見いだすことができるのでしょうか？　もしそのようなものがあるとすれば人間は芸術を自在に操れることになります。まるで夢のような話ですが、創作活動に関わる者にとり常に心に潜む素朴な願望だと思うのです。

　過去に、どれだけ多くの優秀な頭脳がこの可能性に挑んだことでしょうか。図書館の書棚を覗いてみてください。美学、哲学、宗教はいうに及ばず、幾何学、心理学、大脳生理学、はては理論物理まで、あらゆる視点から論議し尽くされた芸術論がひしめいています。しかし、芸術の範囲は極めて多岐に及び、個人の能力では仕分けが困難であり、いずれも難解、かつ回りくどい表現が多用され、多くは主観論、各論、抽象論に終始し"だから何故？"の核心部分が今一つはっきりしないのです。

　日本においては、明治初期に入ってきた西洋の「Art」という言葉が哲学的考査を経ないまま「芸術」、あるいは「美術」と翻訳され、芸・美術の概念が規制されず、観念論、抽象論のまま今日に至っているように思えてなりません。欧米では「美学」は物事の本質的な価値観を問う形而上学、すなわち哲学と解釈し、「芸術」は人為の成せる技・術を指し、明確に自然美とは区別しますが、東洋では「美」を内包するあらゆるものを意味します。

　そもそも漢字の「美」は「大きい」と「羊」の合成語であり、「大きな捧げ物、生贄、犠牲」を意味する言葉です。食いしん坊な人は"丸々と太った美味そうな羊"と解釈するかもしれませんが、"危機に際し、自己を犠牲にしてでも所属の共同体を守る"、これが東洋における"美しい"の原義ではないでしょうか。

　いずれにせよ、よく分からないことを論(あげつら)うよりも、分からない原因をハッキリさせる方が"美・芸術"を理解しやすいのではないかと思いますので、その主たるいくつかを挙げてみます。

　・論争の対象となる"美"は人間の六感（眼・耳・鼻・舌・身・意）に善的刺激を与え、それぞれが複雑に連絡しあい"快"に誘う。そのメカニ

Ⅲ　猿投古窯　陶芸編

　　ズムが生理的なものか、精神的なものか、心理的なものか、思想的なものか、社会的なものか、時間的なものか、あるいは、それらが複合したものなのか、整理が困難。

・地域、民族、文化、時代、因果関係によっても美・芸術の解釈は異なり普遍化が難しい。個人レベルにおいてさえ、例えば裸体像を官能美と見るか、造形美、あるいはギリシャ彫刻のごとく神の創造物である理想美・賛美と捉えるかは、鑑賞する人間の置かれた状況・感性・理性・悟性・教養・経験・思想・信仰などに依存しており、線引きが困難。

・"美"は今日まで主に人文科学の分野で扱われてきたために、自然科学のような厳密化，定義化の作業を怠ってきたように思われます。最近の傾向として、心理学、生理学、生物学などの進歩に伴い、当然ながら意識・認識のメカニズムという科学的視点から"美"を論じようという試みもなされています。しかし、分析技術が進歩し、たとえ全てが解明されようとも、生命に「意味」を加え、あるいは見出すのは個々人の意思であり、結局、"だから何故？"という人間の心の問題に回帰する。

・"美"を感ずる能力は思考以前に人間にあらかじめ組み込まれた機能であるが故に説明しにくいのではないでしょうか。それはあたかも、身体が意識を備えており、その意識ゆえに身体の存在を認識しますが、意識自体が内在する身体（人間）は意識の何たるかを説明できないのとよく似ています。ヤヤコしい話になりますが、芸術論を煮詰めてゆくと、どうしてもこの哲学的難問に突き当たります。

・意識は常に、より新鮮な「意味」、あるいは、「刺激」を模索しており、その意志が強く、方向性がハッキリしているほど求める対象と出会う可能性は増します。「意味」の中には当然、「芸術」も含まれ、自分の求めようとする未知なる対象を代弁する「媒体」に出会った時に心は洗われ、満される。「媒体」、すなわち「芸術」とは知覚・感覚に善的に作用し感動を喚起しますが、あらゆるレベルの個人にとって常に予測できない

もの、不確定なもの、未知なものであるが故に、抽象的な表現に止まらざるを得ない。その「媒体」の具象化を試み、成功した者を芸術家と呼ぶのではないでしょうか。

・いずれにせよ地球上のあらゆる地域に文化が存在する以上、形・表現こそ違え、人種・思想にかかわらず人間には最初から精神に刻印された"美"を感じ、表現する超越的直感が具わっている、と考えられる。

・抽象論を付け加えれば、芸術は人文科学ではなく自然科学に属し、さらに突き詰めれば、あらゆる存在の根源、すなわち、エネルギーが質量に変換するメカニズムを解き明かす試み、理論物理の領域にまでその定義を求めることになり、そこに至り、芸術・宗教・哲学・物理学は合流する。

このような不明の因子を解消する為に、人間は"Why?：何故美しいのか"から"How?：何が美を演出するのか"に発想を転換しました。古代ギリシャでは「美は対象物の持つ固有の特徴である」として数値的に証明する事が試され、最も美しいバランスとして黄金比（1：1.618）を見出し、パルテノン宮殿などが設計されたといわれます。また、対象物を幾何学的に分解し、「遠近法」などを用いて美を組み立てようとする試みも行なわれました。レオナルド・ダ・ビンチ（イタリア：1452～1519）は作品を幾何、数理的に構図し、「最後の晩餐」や「ウィトゥルウィウス的人間」を描いています。

エドムント・フッサール（Edmund Husserl 1859～1938 現チェコ生まれ、心理学、哲学、数理学者、現象学の創始者）は、「文化は意味である」と唱えました。文化を芸術といい換えても説得力を持ちます。ある対象物に意味を見出して、あるいは、意味を加えることで、初めて文化・芸術たり得る、というわけです。猫に小判、馬の耳に念仏。対象物に"意味"を見出せない者たちに芸術は存在しないということでしょうか。なるほど！　さすがフッサール師匠、「芸術は意味である」、たった八文字で芸術の何たるか、その一面を的確にいい当てています。

この考え方を膨らませて人間自身に適用すれば、"無機から無機に至る有

Ⅲ　猿投古窯　　陶芸編

機的存在"、つまり生命の中に"意味"を見出そうとする機会が人生、という理屈も成り立ち得ます。そのように解釈すれば、一度きり与えられた人生というステージで、どのような脚本を描き、どのように演ずるか、誰にでも

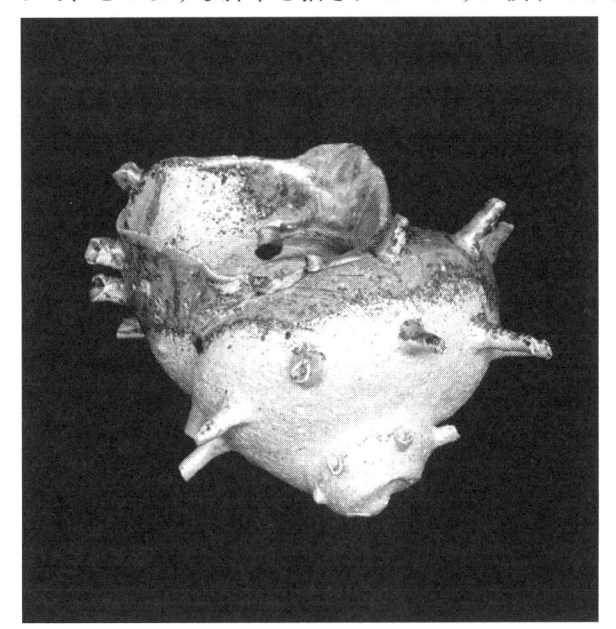

Fig.36　サザエ　筆者作　径18cm　高11cm

> **コラム**
>
> **貝の形**：「数式の美学」。一度は語ってみたくとも、残念ながら偉業を成した物理・数学者にのみ許される言葉です。物理学では、自然界に存在するあらゆるものに合理的、普遍的な数式があると考えます。分かりやすい例として「貝の形」を取り上げますと、形状こそ様々であれ、その渦巻きは、n、nr、nr^2、nr^3、nr^4……、と等比級数の描く幾何学構造をしており、nの値により細長い巻貝であったり、サザエ、あるいはアワビ（アワビも巻貝の一種）であったりするのです。さらにいうならば、貝殻の主要成分である酸化カルシウム（CaO）、あるいは炭酸カルシウム（$CaCO_3$）を構成する原子レベルの化合比率は決まっており、その数値に準じて貝殻の渦巻きは増殖する。

芸術作品の主役たる機会は与えられている、ともいえるのではないでしょうか。

227

フッサールの弟子、マルティン・ハイデッガー（Martin Heidegger 1889～1976　ドイツ生まれ、哲学者、『存在と時間』の著者）は"美は流通の過程で発生する"といいます。例えば、米一表　⇒　綿十反　⇒　絹一反　⇒　金糸何斤　⇒　…、と物流の過程で価値が濃縮され、"美"はその過程上に存在する、というのです。さすがに実存主義者、"美"を現象と捉える考え方には一面の説得力があります。濃縮の方向性は個々人の持つ価値観に委ねられ、胃袋に収まったり、身を着飾ったり、体験として思い出に残されたり、蒐集に加えられ、その一部が芸術として集束されてゆく、ということでしょうか。当たり前といえば当たり前ですが、分かりやすい考え方であり、筆者の好きな論法です。

　ピュタゴラス（Pythagoras BC582～496　古代ギリシャの哲学者・数学者）は"万物は数値に支配されている"という有名な言葉を残しました。"数値"を、広い意味でエネルギーの移動、変換、置換と看做せば、恐れ多いことながら、ピュタゴラスの言葉を"万物の根源はエネルギーである"といいかえても説得力を持ちます。暗黒物質（Dark Matter、Black Material：宇宙空間の隅々にまで、あまねく存在するエネルギー）の存在を最先端物理学は既に認知しています。その正体は、まだよく分かりませんが、それは、過去・現在・未来永劫、原因・環境・条件などに影響を受けない、絶対真理、"不変・不偏・普遍（かわらず・かたよらず・あまねく）"という、抽象概念を意味するものなのかもしれません。生物はエネルギーが尽きれば、電池の切れたオモチャのごとく、個々の活動を停止します。が、その細胞たちは、分子、さらには原子レベルにまで分解され、新たなるエネルギーの集合体に再構築され、形状を変えつつ活動を再開する。万物の本質とは、我々の心身を含め、あらゆるものを構成するこの宇宙に満満ちている実態のない永遠不滅の根本原理＝エネルギーの集束・拡散・揺らぎが生じせしめる現象、と考えるとツジツマがあいます。手塚治氏の名作、『火の鳥』はまさにこのことをテーマにしているのではないかと思います。我々の持つ、超越的直感は、"そのメカニズム"を、感知はするが、認知することはできない。そんな時、"それ"を、ハッ！と気付かせてくれる「媒体」、無色の太陽光でもプリズム

（＝媒体）を透す事で七色の可視光線に変わり、その正体を現わします。芸術とは「媒体」すなわち「真理の翻訳装置」、そのようなものかもしれません。

　話を地球上の現実に戻しましょう。　数値至上主義は、考えようによっては唯物論に傾きがちであり、危険をともなう思想ともいえますが、あらゆる物事を数値化することにより、科学技術が私たちに今日の繁栄をもたらしたのは、まぎれもない事実です。　日常生活も経済という数値に拘束されているのは間違いありません。マルクスは"意識が人間の存在を決定するのではなく、社会的存在が人間の意識を決定する"と説きました。一面の真理には違いありませんが、しかし、そこに美や感動を見出すことはできません。数値に支配された恋に限りなく愛情を注ぐことが出来るでしょうか？　ドラマチックな展開など期待できようハズもなく、多くは打算という形で終止符を打つのです（賢い!!）。

> **コラム**
>
> **ピュタゴラス教団**：ピュタゴラス大先生は実に多くの顔を持った人物だったようです。幾何、数学、天文など現代科学の多くは彼から始まるともいわれます。芸術とも大変にかかわりが深く、現代音楽の祖ともいうべき音律の基礎を創り出したことでもよく知られている。"ピュタゴラスの定理"は有名ですが、同時に秘教占数術を説くピュタゴラス教団の主催者でもあるのです。ピュタゴラス教団に入団するのには厳格な審査があり、三学・四科（文法・論理学・修辞学、天文・算術・幾何・音楽）に精通しなければなりません。これらの学科は"神の存在、真理の探究"をするための必須科目でありartes liberals（英語でリベラル・アート：liberal art）と訳されます。liberalの原義は"人を自由にする"という意味で、教養を身に付けることは、すなわち無知の束縛から解き放たれることを意味する、というわけです。古代ギリシャの哲学者の多くが数学者を兼ねていたのも、こうした理由があるのですね。教団の結束は大変に固く、一度入団すると、脱退は許されず、破門、あるいは、なお去ろうとする者には、霊的死を意味する墓標が立てられた、といわれます。

唯物視観では、太陽は古来より信仰の対象とはいえ、存在の何たるかを問うても、ほとんど意味を持ちません。太陽に地球生命を慈しむ意思があるとは考えられないからです。東から昇り、熱と光を供給し、結果的に多くを育み西に沈む。それだけの事です。うーん…その通りかもしれません。が、しかし、それをいったら身もフタもないではありませんか。植物や動物と同じことで、繁殖に励み、受動的存在を受け入れて、話は終わりです。
　それでは済まないのが人間ではないかと思うのです。人間は挑戦する生き物であり、向上を目指す、という習性を持ちます。人間を他の動物と区別する決定的な違いとは何か？　二足歩行をする、道具を作り使用する、火を制御する、いろいろ思い浮かびます。しかし、それらは他の生物たちも種保存のために大なり小なり具えている技術的な特性にすぎません。決定的な違いとは？　それは、「創造力を有する」こと、と「抽象概念を理解する」ことではないでしょうか。創造力とは、空想を想像に、想像を理想に、理想を確信に、確信を実現に導く能力のことです。抽象概念とは、存在・時間・空間、あるいは、芸術・信仰・精神・理性・意志・情緒など等、人間の心に作用する無形の諸要素を指します。
　自然界を支配する"数値"はあらゆる動植物にとって、絶対の"掟"であります。しかし、人間は上記のような特質を持つが故に、絶対であるべき数値を自分たちの都合の良いように置き換える能力を身につけてしまいました。その能力は不完全なるが故に、時として暴走し、計り知れない惨劇をもたらしてきましたし、今後さらに悲惨な結果を生む可能性を大いに秘めているのです。反面、理想とか名誉、使命、愛情といった、数値に換算できないもののために自己犠牲をもいとわぬ行為は、人々に大きな感銘と教訓を与え、これまで芸術に多くの素材を提供し、これからも多くのドラマを生むに違いありません。

　別の視点からArtを考えてみましょう。英語のcultureには「文化」のほかに「耕す」という意味もあります。これにラテン語の「畑」を意味するagriを付けると、agriculture、すなわち農業です。聖書によりますと、アダムの息子カインは大地を耕し（人工：自然破壊事始め）、汗水流して収穫した作物を神に捧げるのですが、ヤファウェ（神）はこれを良しとせず、羊の供物

（自然の恵み）を捧げた弟のアベルを祝福します。嫉妬に狂ったカインはアベルを殺してしまい、人類最初の殺人者として印を刻されノドの地に追放されます（『旧約聖書』創世記　4）。英語のArtは辞書を引きますと「1．芸術・美術、2．技術・技芸・こつ、3．人工・技巧・作為・術策」とあり、反意語はNature「自然」です。聖書を人生の規範としている人たちにとり、ArtとNatureの解釈の根拠は明確です。

　「文化」とは牙(きば)とか嗅覚、毛皮、偽装(カムフラージュ)、強力な爪、といった動物に備わっているはずの自己防衛手段を持たない人間が備えた集団保身機能ともいえます。無防備な肉体を他の捕食動物から隔離し、過酷な環境から身を守るためのバリアー、つまり「文化」という防護壁を張り巡らし、自然界と一線を画したのです。"自然との調和、共存"などと声を高らかに唱えますが、裏を返せば自然と相対する以外に生きる術(すべ)を持たない人間の性(さが)を自ら吐露しているとしか思えないではありませんか。否、それどころか「文化」とは人間自身も"善意"を疑わない、自然を癌細胞のごとく徐々に蝕(むしば)み破滅に導く、サイレント・ウェポン（Silent Weapon：沈黙の兵器）といっても過言ではありません。

　人間は、自分達が自然界に生まれながら、非自然的な存在であることを自覚しています。が、本来の居場所である自然界に在りたくとも、とてもかなうことではありません。そのジレンマ（二つの選択肢があっても双方ともに何らかの不都合を伴う）をどうすることもできないのです。かといって、原点回帰の願望は深層意識に封じられてはいるものの、とても抑えきれるものではありません。その思いが、仮想的、擬似的に視覚・聴覚・嗅覚・味覚・触覚・知覚、すべてに作用し、心像化することのできる「媒体」を必要とする。「媒体」、それが人間の産み出す人工の自然、「Art：芸術」の担う役割の一端ではないかとも思えるのです。

　本書の主旨からだんだん横道にそれてきましたが、脱線しついでにもう少し暴走を許していただきますと…。

日本の美

　一口に芸術といいますが、外向きの美・内向きの美。十分な美・必要な美。

派手な美・簡素な美。圧力の美・引力の美。展開する美・掘り下げる美。活性化する美・沈静化する美。訴える美・思索を誘う美。陽気な美・静寂な美。"美"の形態もいろいろあります。概して、前者は西洋的、後者は日本的な印象を覚えませんか？　さらに乱暴ないい方をするならば、西洋では"長いものは切り刻め（加工）"、東洋では"長いものには巻かれろ（あるがまま）"という大きな考え方の相違があるように思えるのです。焼き物と食物は有史以来、切っても切れぬ深い関係にあり、双方とも日常かかわるものだけに民族性がよくでます。文化の発生源といっても過言ではありません。最近でこそ、その境界は曖昧ですが、食器を例に取れば大ざっぱに磁器文化、陶器文化、土器文化に大別出来ましょう。

　ヨーロッパでは石をブロック状に加工して規格化し、設計図どおりに整然と積み重ね城壁を築きます。完成したその姿は水平、直角がきちんと整い、堂々として威容を誇り、いかにも頑丈そうで権威と存在感がただよいます。食器も磁器、あるいはストーンウェアー（　器：焼き締め陶の一種)が主流であり、水漏れなど絶対に許されることではありません。"長いものは切り刻め"。彼等のDNAは素材を徹底的に分析、分解し、自分たちの意に沿うように加工し、組み合わせる事で目的を達成しようとします。このような傾向が、多くの手間を加えた食材＋ソースで、丸くて白い磁器皿というキャンバスに、まるで抽象画のようなフランス料理を描かせるのでありましょう。

　対して日本では自然石を上手く組み合わせて城壁を築きます。"長いものには巻かれろ"。大小の石が折りなす緩やかなカーブは防護壁とは思えない、自然と一体化した繊細、かつ優雅で美的な風景を生むのです。食器にしましても、西洋の磁器に対して、日本は陶器を多用します。器が多少水漏れしようとも"雨漏り手"などと呼び、欠点も景色として楽しんでしまう。生食を好む食文化もDNAは同じです。フランスと違い、日本料理は厳選され、必要最小限の手間で手際よく処理された食材自身が素材美を演出するのです。食器の種類は色、形、素材とも料理にふさわしい器が用意され、その組み合わせは多様を極めます。これだけ繊細かつ高度な感性を持つ日本は、食文化において間違いなく世界一でありましょう。

　西洋では、どんなに雄大で美しくとも、人間の存在にかかわりなく在る自

Ⅲ　猿投古窯　　陶芸編

然を芸術とは呼びません。なぜならば、作者の精神・意思というフィルターを透すことで、自然界に潜む、人間の意識に作用する"何か"を抽出し、具象化する作業を創作活動と定義するからです。

　そのために欧米では自分の内なる思いを如何に人々に訴え、共感を得るか、技巧・スケール・インパクト・サプライズなど、手段を尽くして表現に腐心します。鑑賞者は作品の中に作者の意図を読み取ろうとする。作者と鑑賞者の交流が密であり、分かりやすさという点において西洋芸術は敷居が低く、間口を広く開放し、自作に対する説明責任をより多く果たしているように思えます。岡本太郎氏は"芸術は爆発だ！"と喝破しましたが、外向きのコンテンポラリー（現代的）な欧米的芸術観ともいえましょう。

　それに対して日本人は無駄を徹底的に削ぎ落とし、さらに精錬を目指すという志向性をもつ不思議な人種であります。よほど小宇宙が好きとみえて、茶埦、刀剣、盆石や盆栽にみるように、縮小した中に集約された美を見出す感性は、私たち日本人が世界に誇る特質です。産業方面にもこの能力は十分に活かされ、ダウンサイジング（高密度化・小型化）は日本の十八番であり、他国の追随を許しません。芸術にもこのDNAはその効果をいかんなく発揮しています。派手なアクションで、思いの丈を声高らかに訴えるオペラに対し、極限にまで所作を略し、思い入れを極度に凝縮する「能」など日本の伝統芸能は強力な磁場を創り出し、観客を自分の世界に引き込む芸術といえましょう。

　茶道はいうまでもなく、書道、華道、あるいは工芸なども同様の傾向を持ちます。剣道、柔道など、およそ"道"とつくものは、いわゆる"求道行為"であり、それ自体が精神を高める創造的行為とされています。ヨーロッパの、価値観を共有しようとするArtとは違い、日本美とは個人の到達した精神レベルに応じた、解る人にのみぞ分かる、判りにくい芸術といえましょう。その意味において日本の伝統芸術に限れば、"芸術は爆縮だ！"といいたいのです。極度に圧縮する事で、破裂寸前にまで内圧を高める。火の球と化した作品は、おのずと緊張感を持つものなのです。

物の見方

　"目が見える"とは、物事の本質を見抜く能力であり、教養の幅と深さ、品位を示すバロメーターでもあります。美・芸術を理解しようとする態度は、既にこの教養を鍛える行為を開始したことを意味します。美術図鑑を開き、先達のウンチクに耳を傾けるのも結構ですが、自分で直接、見、聞き、感ずることが大事なのです。自らコンサート、美術館、あるいは博物館などに足を運び、確かな裏づけのある本物から始めるのが望ましいのはいうまでもありません。そこで本物を体験して自分の美に対する「核」を養成するのです。感性に頼るだけでなく、その作品の持つ時代背景、作者の人となり、由来などを知ることは認識をさらに深めるのに役立ちます。

　"見たければ目を閉じよ"、ゴーギャンの言葉でしたか。"聞きたければ耳をふさげ"。芸術は多くの場合、見るものではなく入ってくるものです。見ようとすると、邪念が入る。心を明鏡止水となし、ササ立つ波動を内観するのです。邪念は捨て去らなければなりません。邪念を捨て去る、という邪念も捨てるのです。このような高僧のごとき心境に達するのは容易なことではありませんが、そこが芸術のもつ秘めたパワー（Power：力）、経験を重ねることによりいつしか身に付くものなのです。この行為こそが、目を養うということに他なりません。それまで何げなく見ていたことに、ある日突然、目が開く。これこそが、芸術が人間に差しのべる「見えない手（Invisible hand）」だと思うのです。

　作品を前にして脳波がα波に変わり、心静かに深く腹式呼吸をしている自分に気付けば、その作品は間違いなく貴方にとって魂を揺さぶる芸術、ファイン・アート（fine art：純粋芸術）です。

　腕を組み、集中し思索をさそう作品は、貴方の知恵と教養、すなわち大脳皮質を刺激するリベラル・アート（liberal art：知的芸術）です。

　自然に体を揺らし、心高ぶり、目を見張り、肩で息をするような興奮を誘う作品には、貴方の心理を刺激する"何か"がある。ポップ・アート（popular art：大衆芸術）とも呼びます。

Ⅲ　猿投古窯　陶芸編

　余談というにはお節介な話かもしれませんが、「美しい」と「きれい」、対語は「醜い」と「汚い」です。これらは混同して使われがちですが、意味する違いはかなり大きい。否、全く別物というべきでしょう。前者は精神的知覚、後者は心理的感覚です。「必要か、必要でないか」の判断は知恵を要しますが、「損か得か」は直感であり分かり易いのです。本来ならば精神が担うべき判断を過剰説明により思考停止に追い込み、言葉巧みに購買心理をあおり立てる。精神の関与を遮断し、心理作用に追い込む。最近よく見かける風潮であり、保険のコマーシャルなど、病気にならなければ損のような気にさせます。権力とは、この原理を知り尽くし、使い分け、世論を操作する技術を身につけた個人、あるいは集団のことを指すのでしょう。付和雷同、心理に支配された圧倒的多数のイグノランス（ignorance：無知）が、偏った精神に盲従し、その人口圧力をもって積み重ねてきたのが歴史ではないかと思います。

　物事の背後に潜む真実をあぶり出す作業を担っているのが、芸術であり、教養だとすれば、それらを理解する能力は時代の暴走を抑止する潜在力ともなり得るのです。誤解なきよう付け加えますが、心理は喜怒哀楽をつかさどり、生活に潤いをもたらす人間にとって極めて大切な機能であり、決して否定するものではありません。ファイン・アート（fain art：純粋芸術）は心を沈静化し、リベラル・アート（liberal art：教養）は思索を誘い深め、ポップ・アート（popular art：大衆芸術）は興奮を呼び起こし、心を活性化する。精神と心理の役割を区別し、美・芸術を理解する能力を身に付けることが個々の人生を、強いては社会の質、歴史の質を向上させる役に立つのではないでしょうか。

　暴走を通り越して爆走状態に陥り、ついつい本書の主旨から逸脱してしまいましたが、猿投陶という「媒体」を通して "美" の示唆するものを具象化するのが筆者の本業ですので本書の末尾を借りて私見を述べさせていただいた次第です。

あとがき

　名陶・多口瓶を産んだ黒笹36号など多くの古窯が散在する猿投古窯の聖域、三好町莇生の辰巳山に、2007年、ついに工事の手が入りました。大規模な工業団地を造成するためです。緊急発掘調査が行なわれ、山茶垸窯（K-G-98号）1基、須恵器窯4基、白瓷窯3基、合計8基の窯が新たに姿を現しました。特に猿投古窯最末期に稼動した最大規模の窯、K-G-98号は全長約9.6m・最大幅約3.4m、焼成室の床面には焼台が整然と並び、その数から一度に6000枚の山茶垸が焼かれたと推測されます。窯の保存状態も極めて良好で、その姿たるや保存するに値する壮観さを誇ります。　しかし、長い間、地中に眠り続けてきた貴重な文化遺産も調査が終わり次第、中断していた工事が再開され、この原稿を執筆している現在、既に痕跡すら残っていません。

　動植物ならば、絶滅危惧種として保護の対象ともなり得ましょうが、猿投陶に使用された陶土は貴重といえども、造成業者にとり地盤を弱くする邪魔者以外の何物でもありません。徹底的に取り除かれ、瓦土の増量材として業者に引き取られてゆき、現在では陶土の採取はほとんど不可能です。陶土を失うことは、猿投陶がもはや再生不可能な焼き物であることを意味します。

　目ぼしい窯の発掘調査は既に終わり、主だった何基かが各自治体によって保存されてはいるものの、発見されてからわずか50数年間、千数百年ぶりにその姿を垣間見せた猿投窯も、今度こそ歴史の霧中に永久に隠れ、そして消滅します。一般の方々の日本陶磁に対する認識が深まるにつれ、その源流ともいえる猿投古窯がクローズアップされる時が必ず来ると思いますが、その頃には証拠のほとんどが失われ、博物館のガラス越しにしか見られない、文字通り「幻の焼き物」として語られることになりましょう。恐らく最初で最後の猿投古陶専門の陶芸家であろう筆者自身も、やがて手持ちの原料を使い果たし、猿投陶と心中することになりそうです。

　このような間際の時期に当たり、本書を執筆、出版の機会を得ましたことは筆者にとりまして無常の喜びです。一陶芸家の原稿を採用し、世に紹介し

てくださいました雄山閣の久保敏明氏をはじめ、本書の完成まで辛抱強く側面から支えてくれた東京在住の黒田勇氏、資料提供面で何かと便宜を頂いた三好町立歴史民族資料館、各自治体、研究機関など、多くの方々の御助力、御支援あっての賜物と感謝しております。

　これまでに、多くの先達、研究者が猿投古窯の発掘に汗を流し、今日なお、さらに詳しくその実態を解明すべく奮闘されておられます。そこから得た成果は偉大、かつ貴重なものであり、本書もその築かれた土台の上にあるのはいうまでもありません。内容に関しましてはご異論、ご指摘もございましょう。お叱りもおありかとは思いますが、問題を提起し、本書がたとえ一段でも基礎を積み増し、さらなる蓄積の踏み石になることを願ってやみません。

　　2008年5月

　　　　　　　　　　　　　　　　　　　　　　　　陶芸家　大石訓義

編年表

編年表〔1〕

東山50号窯式		
650		
岩崎17号窯式		
Ⅲ		
岩崎41号窯式		
700		
高蔵寺2号窯式		

編年表〔2〕　　1:6

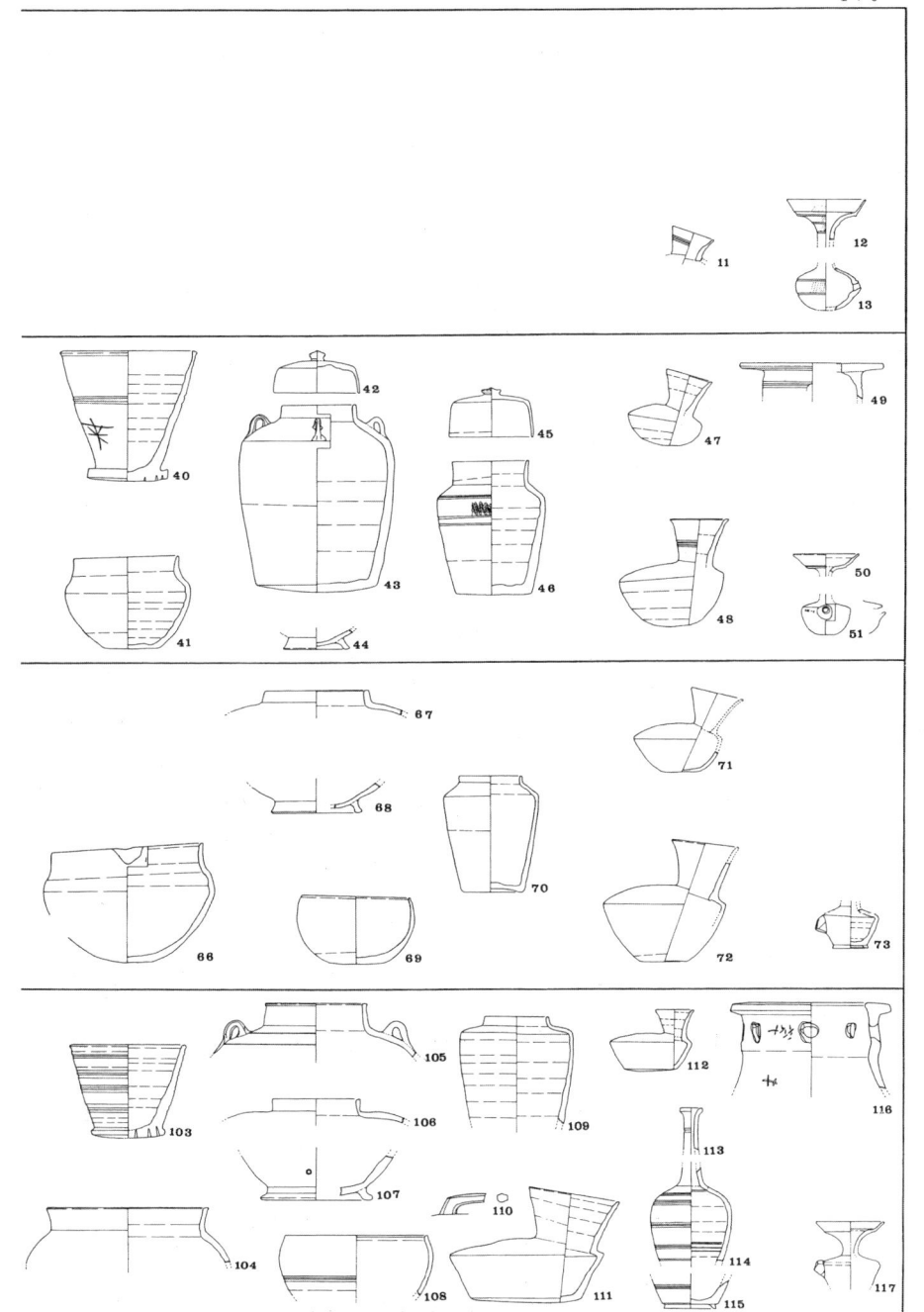

編年表〔3〕

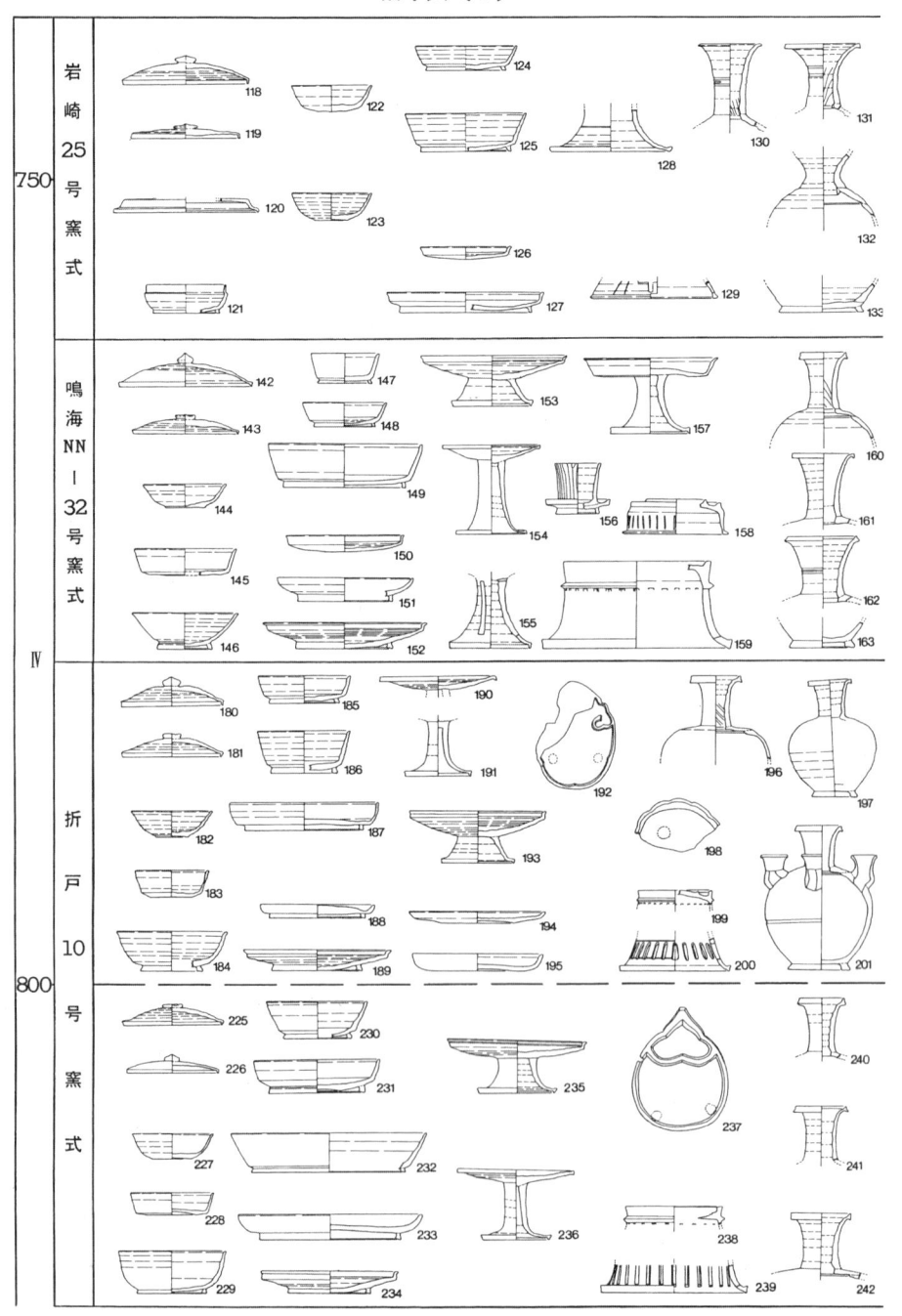

編年表〔4〕 1:6

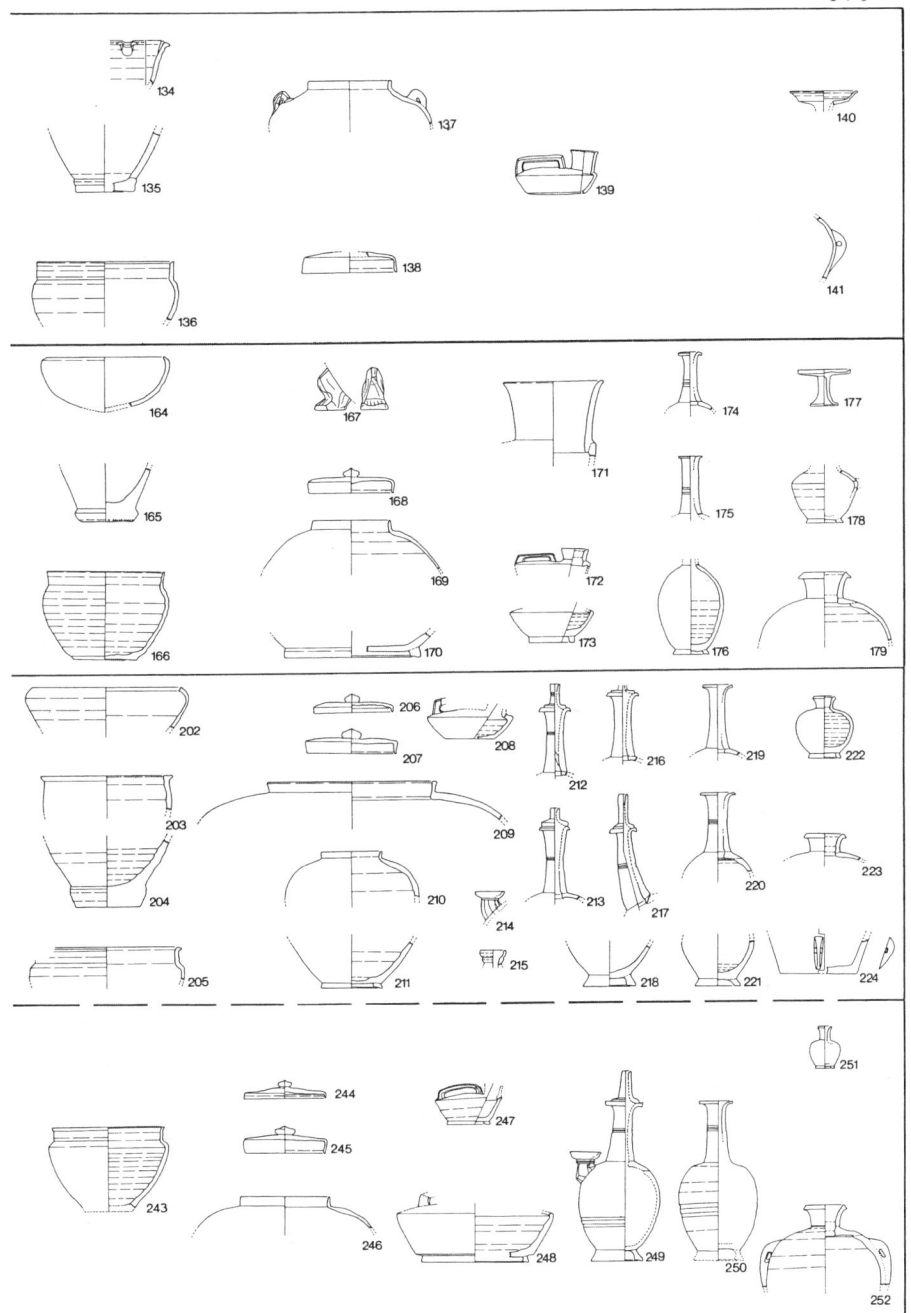

編年表〔5〕

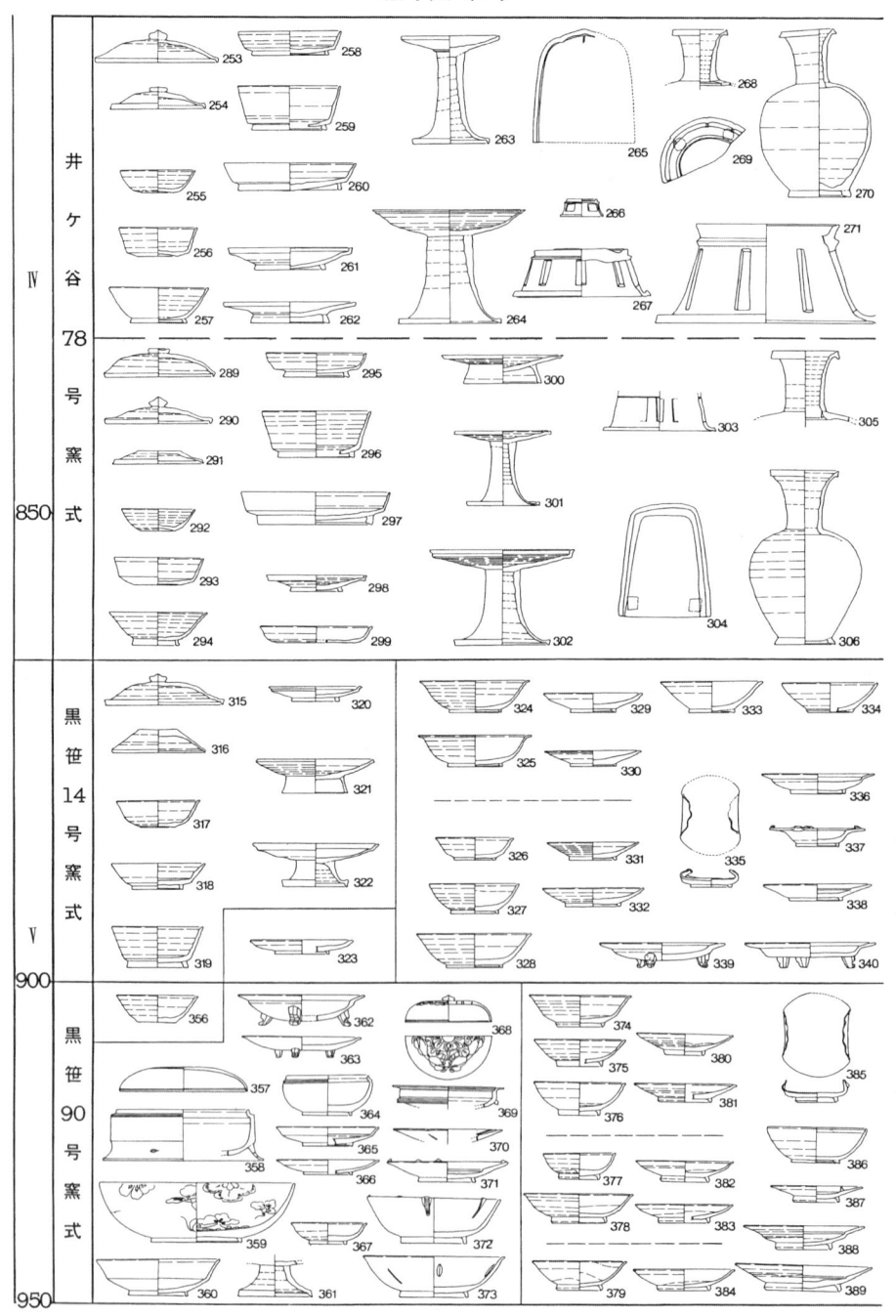

編年表〔6〕　　　　　　　　　　　　　　　1：6

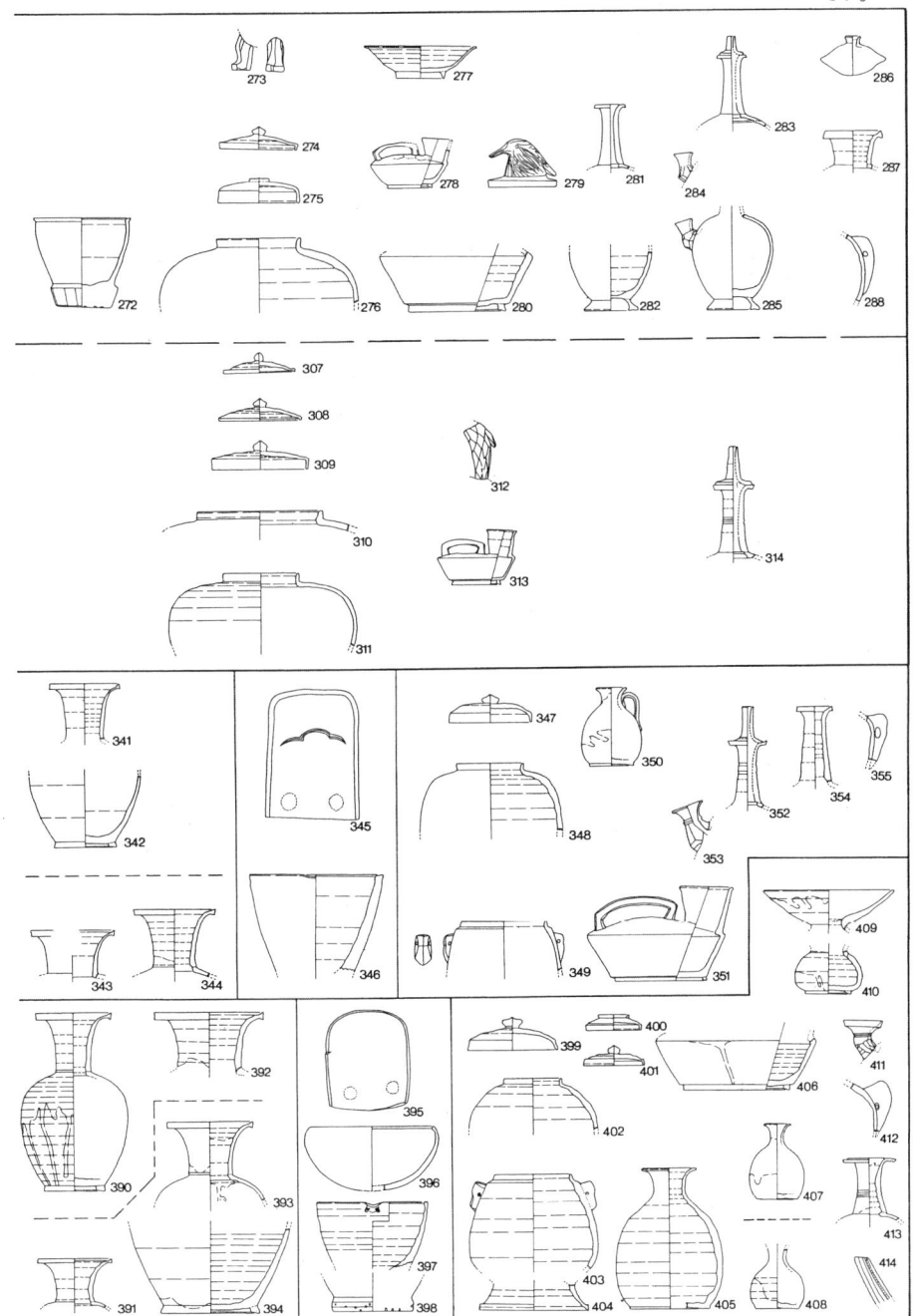

編年表〔7〕

950	折戸53号窯式		
1000	東山72号窯式	VI	
1050	百代寺窯式		
1080	東山G-105号窯期	VII	
1100			

編年表〔8〕 1：6

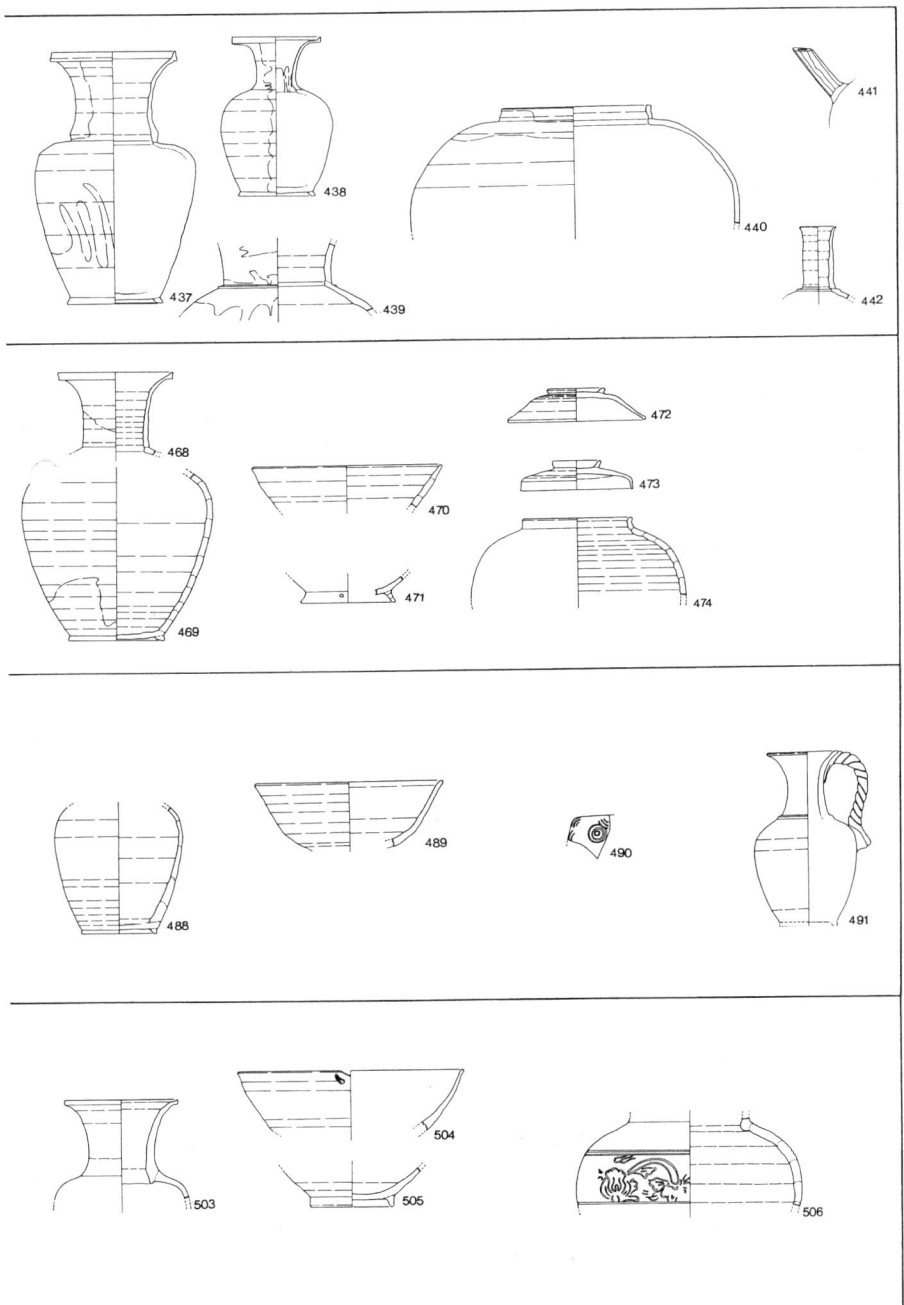

参考文献

- 『日本書紀』校注者、坂本太郎・家永三郎・井上光貞・大野晋、岩波書店 1993年版
- 『続日本紀』上・中・下　宇治谷孟　講談社
- 『国史大系　第3巻　日本後紀』吉川弘文館
- 『同上　4　三大実録　2』
- 『同上　23・24　令集解』
- 『同上　25　類聚三代格』
- 『同上　26　交替式・弘仁式・延喜式』
- 『同上　28　今昔物語集　信濃守藤原陳忠落入御坂語第38』
- 『同上　類聚三代格』
- 『尾張平野の古道』日本歴史地理総説巻2　藤岡課兼二郎編　吉川弘文館 1975
- 『古代の美濃』野村忠夫　教育社
- 『延喜式』訳注日本資料　寅尾俊哉編　集英社
- 諸本集成　『和名類聚抄』本文篇　京都大学国文学研究室編　臨川書店
- 『大日本古記録　小右記　7』東京大学史料編纂所　岩波書店
- 『大日本古文書　1』「造仏所作物帳」　東京大学編纂　明治34年
- 『同上　11』「淨清所解　申作土器事」　昭和62年
- 『大日本史料』第3篇　正倉院塵芥文書　東京大学史料編纂所
- 『類聚雑要抄指図巻』川本重雄・小泉和子編　中央公論美術出版
- 『全国古墳編年集成』石野博信編　雄山閣出版　1995
- 『世界陶磁全集2』日本古代　小学館
- 『日本陶器全集4』既説／須恵器　田中琢　田辺昭三編　中央公論社
- 『日本陶器全集6』既設／白瓷　楢崎彰一編　中央公論社
- 『須恵器集成図録』第3巻　東日本編　Ⅰ　斉藤孝正・後藤健一　雄山閣出版
- 『古陶磁の科学』内藤匡　雄山閣出版
- 『愛陶百寿』本多静雄　里文出版
- 『人口から読む日本の歴史』鬼頭宏　講談社

- 『遣唐使全航海』上田雄　草思社
- 『日本人のための宗教言論』小室直樹　徳間書店
- 『プロテスタンティズムの倫理と資本主義の精神』M・ウェーバー　大塚久雄訳、岩波文庫
- 『縄文土器の技術』新井司郎　中央公論美術出版
- 『春日井シンポジウム　1996』資料3　「続日本紀」にみえる外交・渡来関係記事
- 『同上　1998』尾張の古道復元　大下武
- 『同上　2000』"東海"のなかの尾張と美濃　大下武
- 『同上　2001』前方後方墳の拡散　兼康保明
- 『年報平成4年度』「尾張猿投窯と尾北窯」　城ヶ谷和広　愛知県埋文センター
- 『研究紀要　第8号』「愛知県下における須恵器生産と流通」　城ヶ谷和広　愛知県埋文センター　2007
- 『愛知県史研究』第7号「猿投窯岩崎17号窯出土須恵器の検討」　城ヶ谷和広　愛知県史研究編集委員会
- 『愛知県史研究』第9号「猿投窯における須恵器生産の変革期について」　城ヶ谷和広　同上
- 『研究紀要　3』「猿投窯生産転換の一側面」　浅田員由　愛知県陶磁史料館　1984
- 『同上　4』「猿投窯における土管の生産について」　浅田員由　1985
- 『同上　10』「猿投窯の古窯分布からみた生産構造」　浅田員由　1991
- 『同上　13』「古代・中世の猿投窯に見る中国陶磁の模倣」　柴垣勇夫　1994
- 『同上　14』「猿投窯製品の流通について」　浅田員由　1995
- 『下原古窯と双子山古墳』平成16年　春日井市教育委員会
- 『NA311』愛知県埋文センター調査報告書　第133集　2005
- 『NN-278号古窯跡発掘調査報告書』1981　愛知県教育委員会
- 『愛知県古窯跡群分布調査報告』(Ⅲ)　1983・3　愛知県教育委員会
- 『猿投山西南麓古窯跡分布調査報告書』(Ⅰ)　1980・3　愛知県教育委員会
- 『猿投窯－黒笹7号窯跡　発掘調査報告書』1992年　東郷町教育委員会
- 『篠岡古窯址群　篠岡第49号・50号・51号窯』1971　小牧市教育委員会
- 『篠岡112号窯　発掘調査報告書』1994　小牧市教育委員会

参考文献

- 『桃花台ニュウタウン遺跡調査報告書』Ⅴ～Ⅶ　篠岡古窯址群　小牧市教育委員会
- 『八和田山古窯跡群発掘調査報告書』1984　三好町教育委員会
- 『埋蔵文化財発掘調査報告書』1996　三好町教育委員会
- 『須恵器窯構造資料集　1』「出現期から8世紀中頃を中心にして」窯跡研究会事務局
- 『同上　2』「8世紀中頃から12世紀を中心にして」

著者略歴

大石訓義（おおいしのりよし）

1950年	静岡県島田市生まれ
1980年	土岐市陶磁器試験場研修過程終了
	以後、韓国・インド・タイなどにて古代陶法修習
1984年	猿投古窯研究のため、愛知県豊田市にて築窯
2003～4年	中国・タイにて釉薬調整技術指導

個展：民芸館・資料館・考古学館・各地百貨店などにて「猿投陶展」多数

工房　〒470-0532　愛知県豊田市大坂町25－1

平成20年10月10日初版発行　　　　　　　　　　《検印省略》

猿投古窯　—日本陶磁の源流—

著　者	大石訓義
発行者	宮田哲男
発行所	㈱雄山閣

〒102-0071　東京都千代田区富士見2-6-9
ＴＥＬ　03-3262-3231㈹　ＦＡＸ　03-3262-6938
振替：00130-5-1685
http://www.yuzankaku.co.jp

組　版	創生社
印　刷	藤原印刷
製　本	協栄製本

© 2008 OOISHI NORIYOSHI　　　法律で定められた場合を除き、本書からの無断のコピーを禁じます。
Printed in Japan
ISBN 978-4-639-02058-5　C1021

日本古代史地名事典

遠山 美都男・加藤 謙吉・仁藤 敦史・関 和彦・前之園 亮一 編

■ 定価15,750円（本体15,000円＋税）
■ A5判／上製 函入／980頁
■ ISBN978-4-639-01995-4　C3521

本書の内容

歴史学・考古学・歴史地理学をはじめ民俗学・国文学・神話学などの最新の研究成果をもとに、人名や氏族名とともに古代史研究の史料の宝庫といわれる古代地名を『倭名類聚抄』の国郡別の配列に準拠して網羅し、詳細に解説。70余名に及ぶ気鋭の執筆陣により、地名を切り口に古代日本の世界観を読み解く画期的な地名事典。近年の自治体合併による市町村名変更にも対応。

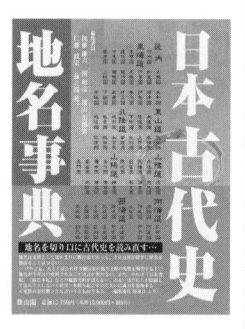

本書の特色

* 本書の地名項目配列は基本的に『倭名類聚抄』（『和名抄』）の国郡別によった。
* 地名はできる限り現地名と比定して掲げた。現地名の表記には、二〇〇七年三月までの市区町村合併に伴う行政地名の変更まで採り入れるように努めた。
* 表記は常用漢字・現代仮名遣いを原則とした。ただし、固有名詞・学術用語・慣用句などはこの限りではない。
* 固有名詞・難読語には、適宜ふりがなをつけた。
* 年次の表記は元号とし（推古朝以後）、西暦を（　）内に漢数字で付記した。ただし、同一項目内での繰り返しや、他の年号から西暦の推定が可能な場合は、その西暦付記は省略した。また、天皇名＋年の表記では、「天皇」の語をはずして表記した。例　宝亀元年（七七〇）、天武九年（六八〇）
* 参考文献は、著者名、『書名』、出版社、刊行年、もしくは、著者名「論文名」（『書名』・『雑誌名』、出版社、刊行年）の順で表記した。
* 各項目の最後尾に、当該項目の執筆者名を記した。
* 巻末に、本文中の郡名索引を付した。

(株)雄山閣　〒102-0071　東京都千代田区富士見2-6-9
TEL 03-3262-3231　FAX 03-3262-6938

雄山閣

見出された恋
― 「金閣寺」への船出 ―

岩下 尚史 著

定価 1,680 円（本体価格 1,600 円）

　昭和30年、30歳であった三島由紀夫には、当時3年間にわたって濃密に交際していた12歳年下の女性（猪瀬直樹著「ペルソナ」にも登場）がいた。著者は、これまで研究者の間でのみ話題となっていたこの女性本人に直接長期間にわたって取材し、昭和を代表する巨匠の若き日の意外な素顔とともに、この知られざる恋が「金閣寺」をはじめとする彼の代表作に大きな影響を与えていたことを、今回はじめて明かにしている。

改訂版 芸者論
― 神々に扮することを忘れた日本人 ―

岩下 尚史 著

定価 2,940 円（本体価格 2,800 円）
第20回和辻哲郎文化賞受賞作品

　古代から今日にいたる芸者の歴史的変容を解き明かし、その歴史と現状を紹介しつつ都市文化の本質を探る。魅力的な挿話による注釈とともに、実際には全く知られていない東京の芸者や花柳界を都市文化の核と位置づける画期的日本文化論。

将軍と鍋島・柿右衛門

図版は全てカラーにて掲載！

大橋　康二 著

- ■A5判/226頁　上製
- ■定価6,300円（本体6,000円＋税）
- ■ISBN 978-4-639-01992-3　C1021

■詳細

従来の古陶磁研究から、鍋島・柿右衛門の制作年代、時代変遷がこの20年くらいの中でわかってきた。鍋島のように将軍家献上という特別な目的を持っていたわが国最高の陶器について、将軍家の動きとの関係で解き明かす。鍋島に関する長年の疑問に答える意欲作。

■目次

第一章　江戸幕府政権安定に向けて　秀忠・家光時代
1 将軍家への献上品として唐物を調達
島原の乱における佐賀藩の危機／将軍家献上／中国・景徳鎮窯の磁器／中国の海外貿易とヨーロッパ勢力のアジア進出／ヨーロッパに運ばれた中国磁器／わが国の陶磁器需要増大／日本の茶の湯の盛行により「古染付」「祥瑞」を注文
2 将軍御成ノ展開
大皿の需要／茶の湯外交／謎の名工高原五郎七

第二章　国産初期色絵の登場　三代家光親政時代（一六三二年〜）
1 遠州、綺麗さびの中での国焼評価
有田皿山の発展／色絵の誕生
2 将軍家献上用磁器の開発
鍋島焼の開発／鍋島焼誕生寛永説の謎／副田喜左衛門日清／鍋島焼誕生の実態／山辺田窯の変化

第三章　色絵磁器の変容　四代家綱時代（一六五一年〜）
1 有田時代の鍋島焼
2 有田民窯のヨーロッパ輸出

国内向けに和様の意匠／柿右衛門様式の成立／ヨーロッパの王侯向け磁器／欧州王侯・貴族向け有田磁器の多様な意匠・器型・器種／初期鍋島の製品　従来から鍋島の初期と認められた一群

第四章　将軍綱吉の御成と「盛期鍋島」鍋島といえばこれを指した
1 五代将軍綱吉による盛期鍋島成立の理由
2 盛期鍋島の特徴
3 倹約令による盛期鍋島の終焉　八代吉宗時代
4 田沼意次時代に固まる後期鍋島（一七七四年〜幕末）
十代将軍家治よりの注文

第五章　将軍まつわる珍しい磁器
1 綱吉・家継にかかわる有田磁器
2 将軍と盆栽・鉢植え
3 将軍吉宗の勧奨で始まる梅干献上用の大壺

(株)雄山閣　〒102-0071　東京都千代田区富士見2-6-9
TEL 03-3262-3231　FAX 03-3262-6938